DER KAMPF GEGEN DOPING

DIE GESELLSCHAFTLICHE VERANTWORTUNG VON SPORT UND POLITIK AUF NATIONALER UND INTERNATIONALER EBENE

Werner Blumenthal (Hrsg.)

D1732442

Eine Veröffentlichung der Konrad-Adenauer-Stiftung e.V.

Print kompensiert
Ident-Nr. 106633

MIX
Papier aus verantwor-
tungsvollen Quellen
FSC
www.fsc.org   FSC® C051149

Das Werk ist in allen seinen Teilen urheberrechtlich geschützt.
Jede Verwertung ist ohne Zustimmung der Konrad-Adenauer-Stiftung e.V.
unzulässig. Das gilt insbesondere für Vervielfältigungen, Übersetzungen,
Mikroverfilmungen und die Einspeicherung in und Verarbeitung durch
elektronische Systeme.

© 2010, Konrad-Adenauer-Stiftung e.V., Sankt Augustin/Berlin

Übersetzung: Marcus Kemmerling, BONNSCRIPT Textredaktions-
und Übersetzungsdienste GmbH, Dinslaken.

Gestaltung: SWITSCH Kommunikationsdesign, Köln.
Druck: Druckerei Franz Paffenholz GmbH, Bornheim.
Printed in Germany.
Gedruckt mit finanzieller Unterstützung der Bundesrepublik Deutschland.

ISBN 978-3-941904-79-8

INHALT

VORWORT

Die Konrad-Adenauer-Stiftung übernimmt gesellschaftliche Vermittlerfunktionen indem sie den Dialog zwischen Verantwortlichen aus Politik, Verbänden, Wissenschaft, Wirtschaft und Medien initiiert und fördert. So auch im Sport.

Deshalb führt die Konrad-Adenauer-Stiftung seit über dreißig Jahren Sportforen durch. Das Ziel dieser Sportforen ist der Dialog über wichtige Themen zwischen Sport, Politik und Sportwissenschaft. Dieser Dialog versteht sich auch als Klärungsprozess, in dem anstehende Probleme diskutiert werden, stets auch unter der Fragestellung, was einerseits der Sport und die Sportverbände zur Bewältigung der Problemstellungen leisten können und leisten müssen und was andererseits die Politik beitragen soll, damit es zu einer Lösung dieser Probleme kommt.

Die Sportforen 2008 und 2010 beschäftigten sich mit der Dopingproblematik und deren Bekämpfung. Im Oktober 2008 wurde in Leipzig der Blick auf die Dopingbekämpfung in Deutschland gerichtet. Dabei sind drei Dinge deutlich geworden: Erstens, dass sich Doping nicht mehr nur auf den Spitzensport begrenzt, sondern längst Einzug in den Breitensport gefunden hat. Zweitens, dass Doping immer mehr zu einer gesamtgesellschaftlichen Herausforderung geworden ist, bei der es auch darum geht, die Menschen für die negativen Folgen des Dopings zu sensibilisieren. Doping gefährdet nicht nur die eigene Gesundheit; wer zu Doping greift, betrügt nicht nur sich um die eigene, natürliche Leistungsfähigkeit, sondern auch die Mitkonkurrenten und untergräbt somit das ethische Grundprinzip jeden sportlichen Vergleichs, die Fairness. Und drittens ist deutlich geworden: So notwendig und wirkungsvoll Dopingbekämpfung im nationalen Verantwortungsbereich auch sein mag, wirklich effizient ist Dopingbekämpfung erst, wenn es internationale Standards gibt, die auch eingehalten und durchgesetzt werden.

Nicht zuletzt deshalb veranstaltete die Konrad-Adenauer-Stiftung zusammen mit der EVP-Fraktion im Europäischen Parlament im Juni 2010 ein internationales Sportforum in Brüssel, das die internationalen, vor allem aber europäischen Aspekte wirkungsvoller Dopingbekämpfung thematisierte und diskutierte. Dies geschah auch vor dem Hintergrund, dass mit dem Vertrag von Lissabon die Europäische Union nunmehr die Möglichkeit hat, eine eigenständige europäische Sportpolitik zu entwickeln. So hat die belgische Regierung, die in der zweiten Jahreshälfte 2010 die EU-Ratspräsidentschaft übernommen hat, eine europäische Standardisierung der nationalen Anti-Doping-Bestimmungen auf der Grundlage des WADA-Codes auf die Agenda gesetzt. So notwendig eine Harmonisierung der Anti-Doping-Bestimmungen für eine wirksame und erfolgreiche Bekämpfung des Dopingmissbrauchs auch ist, darf nicht aus dem Blick verloren werden, dass staatliche Interventionen stets auch Eingriffe in die Autonomie des Sports bedeuten. Auch dieser Aspekt muss diskutiert werden.

Mit der vorliegenden Publikation möchte die Konrad-Adenauer-Stiftung die wichtigsten Positionen zum Thema Doping zugänglich machen. Die Beiträge sind allesamt Vorträge, die auf den Sportforen in Leipzig und Brüssel gehalten wurden und spiegeln die Breite und die unterschiedlichen Aspekte wider, die Verantwortliche aus Sport, Politik, Wissenschaft und Kirche zur Dopingproblematik geäußert haben. Gerade der letzte Aspekt – Sport und Ethik – findet in der medialen Aufarbeitung des Themas wenig Berücksichtigung, obwohl er bedeutsam ist. Denn: Sport ist immer ein Spiegel der Gesellschaft und ihrer Wertvorstellungen.

Berlin/Wesseling, im September 2010

Dr. Hans-Gert Pöttering MdEP
Präsident des Europäischen Parlaments a.D.
Vorsitzender der Konrad-Adenauer-Stiftung e.V.

DOPING UND DIE VERANTWORTUNG DES SPORTS

HOCHLEISTUNGSSPORT NACH DEN OLYMPISCHEN SPIELEN VON PEKING

Thomas Bach

Da Ihre Thematik ein breites Feld umfasst, werde ich einen Zwischenweg wählen aus einem 90-minütigen Grundsatzreferat zur Bedeutung des Sports in Gesellschaft und Welt und der einfachen Beantwortung Ihrer Frage „Brauchen wir Goldmedaillen?".

Die Beantwortung der Frage „Brauchen wir Goldmedaillen?" geht aus meiner Sicht und sicherlich auch aus der Sicht der vielen Vertreter und Kollegen aus dem Bereich des Sports, die ich im Plenum sehe, weit über den eigentlichen Gewinn von Medaillen hinaus. Weil nach wie vor Spitzensport und Breitensport unlösbar miteinander verbunden sind, kann und muss die Frage gleichzeitig mit der Beziehung von Gesellschaft und Sport verbunden werden.

Wir brauchen den Sport in der Gesellschaft für vielfältige gesellschaftspolitische und soziale Aufgaben. Das muss ich Ihnen als politisch Sachkundigen nicht im Einzelnen aufzählen. Aber Themen wie Integration, Bildung, Gesundheitsprävention und die Repräsentanz des Landes nach außen sowie vieles anderes mehr sind Aufgaben, in denen der Sport zunehmend gefördert werden muss aber auch selbst gefordert ist.

Um Ihnen das etwas plastischer zu machen: Wir arbeiten in verschiedenen gesellschaftlichen Feldern allein mit elf Bundesministerien und dem Bundeskanzleramt zusammen. Diese Zusammenarbeit reicht über das auswärtige Amt, das Verteidigungsministerium, das Innenministerium bis hin zum Frauen- und Bauministerium. Sie können diese Liste beliebig verlängern.

Dabei wird der Sport seiner gesellschaftspolitischen Verantwortung und seiner gesellschaftspolitischen Rolle gerecht. Dieses kann er aber nur tun, wenn er seine gesellschaftliche Kraft behält, wenn er nach wie vor in der Gesellschaft so tief und breit verankert ist, wie er das gegenwärtig ist. Ich zitiere den ehemaligen Bundespräsidenten Johannes Rau, der gesagt hat, der Sport und die Vereine sind der Kitt unserer Gesellschaft. Und dieser Kitt kann nur funktionieren, wenn sich genügend Menschen im Sport engagieren, in den Vereinen beteiligen und sich dann auch ehrenamtlich engagieren. Im Deutschen Olympischen Sportbund sind dies alleine 7,5 Millionen Menschen.

Diese breite und tiefe Durchdringung unserer Gesellschaft mit dem Sport erreicht man aber nur mit einem gesunden Spitzensport. Die Vorbildwirkung des Spitzensports ist nach wie vor unverzichtbar. Deshalb brauchen wir Goldmedaillen und Spitzenleistung. Wir brauchen sie als Korrelat zum Breitensport. Wir brauchen sie aber auch, um in unserer Gesellschaft glaubwürdig den Leistungsgedanken und Wertvorstellungen zu verbinden.

Diese Zielstellung, die sich auch der Deutsche Olympische Sportbund mit der Olympiamannschaft von Peking gesetzt hat, steht über unserem leistungssportlichen Engagement. Wir wollen Erfolg, aber wir wollen saubere Erfolge. Das heißt, wir wollen Lorbeeren, aber wir wollen keine schmutzigen Lorbeeren. Der Leistungssport und der Olympische Sport müssen wertorientiert sein und bleiben. Ansonsten entspricht er nicht mehr unseren Vorstellungen von Sport.

Um dieses zu verkörpern, um zu zeigen, dass Leistung mit fairen Mitteln nach wie vor möglich ist und dass es in unserer Gesellschaft nach wie vor junge Menschen gibt, die sich an Leistung und Werten gleichermaßen orientieren, um diese Vorbildwirkung zu erhalten, brauchen wir Erfolge auch auf der Olympischen Bühne. Ich bin sicher, Sie haben gestern mit Lena Schöneborn auch einen eigenen positiven Eindruck gewonnen, wie

Leistungssport mit der notwendigen Disziplin und Ehrgeiz verbunden werden kann mit der Überzeugung zur Fairness und mit einer auch persönlichen Unverkrampftheit, mit einer Sympathie, die unsere gesamte Olympiamannschaft ausgezeichnet hat.

Sie haben in der Olympiamannschaft von Peking junge frische Siegertypen gesehen, die gleichzeitig auf dem Boden geblieben sind, die nicht abgehoben haben, die ebenso ehrgeizig wie unverkrampft waren und die ihre sportliche Leistung durchaus richtig einzuordnen wussten und dieses auch verbunden haben mit gesellschaftlichem Bewusstsein und einem Verständnis von ihrer Rolle, die sie in der Gesellschaft spielen.

Solche Vorbilder können wir gar nicht genug haben. Diese Vorbilder fallen allerdings nicht vom Himmel. Das entsteht nicht von selbst. Hier gilt es Rahmenbedingungen zu schaffen in vielen Bereichen. Hier gilt es zu fördern. Hier gilt es aber vor allen Dingen auch – und das ist die Grundvoraussetzung für jeden Erfolg und auch für jede Unterstützung im sportlichen Bereich bei diesen jungen Athleten – ein positives Bekenntnis zur Leistung abzulegen. Nicht jede Leistung, wo auch immer sie erzielt wird, das bezieht sich nicht alleine auf den Sport, das können Sie auf die Gesamtgesellschaft mehr oder minder übertragen, darf sofort mit Neid und mit Verdacht belastet werden. Vielmehr muss sie Anerkennung finden und gefördert werden. Dies gilt natürlich nur, wenn sie mit fairen Mitteln und unter Einhaltung der Regeln erzielt wurde. Dies ist die Grundvoraussetzung, die in Deutschland nicht immer gegeben war und auch heute noch nicht in vollem Umfange gegeben ist. Wir haben in unserer Kultur nicht die Erfolgsorientierung, die Erfolgswürdigung, wie wir sie in vielen anderen Kulturbereichen erleben. Es ist auch für unsere jungen Athletinnen und Athleten durchaus schmerzlich, dass ihnen diese Anerkennung und diese Würdigung ihrer Leistungsbereitschaft und ihr Beitrag zur Entwicklung einer Gesellschaft nicht so gewährt wird, wie es ihnen eigentlich zusteht.

Es gibt weitere Rahmenbedingungen, die ich Ihnen hier nicht im Einzelnen aufzählen muss, um ein optimales Training und Wettkampfsystem zu etablieren und dann auch unseren Athleten die Möglichkeit zu geben, darin erfolgreich zu sein. Ich will mich deshalb auf den internationalen Vergleich beschränken.

Der Wert des Leistungssports zur positiven Motivation junger Menschen, der Wert des Leistungssports zur sympathischen Präsentation von Leistung, der Wert des Leistungssports zum Bekenntnis zur Leistung der Gesellschaft schlechthin und zur Offensichtlichmachung dieses Bekenntnisses, der Wert des Leistungssports auch zur nationalen Repräsentation und in vielen jungen Staaten insbesondere auch zur nationalen Identifikation – all dies hat dazu geführt, dass wir heute in einer Situation sind, in der mehr als jemals zuvor international auf großer Breite in die Entwicklung des Leistungssports investiert wird. Selbst in den härtesten Zeiten des Kalten Krieges ist nicht soviel in den Leistungssport investiert worden wie heute. Alleine in der letzten Dekade etwa sind in Großbritannien im Hinblick auch auf die damalige Olympiabewerbung und nun auf die Gastgeberrolle für die Olympischen Spiele 2012, die Investitionen in den Leistungssport verzwölffacht worden.

Sie erleben ähnliche Programme in Russland, von China muss ich nicht sprechen, unter anderen Voraussetzungen in vielen Ländern dieser Welt. Sie sehen an den Olympischen Erfolgen auch, wie diese Anstrengungen fruchten. Sie sehen es in der Spitze, wie sich Großbritannien hier nach oben gearbeitet hat. Sie sehen es in anderen Ländern, wie sich Russland wieder zurückgearbeitet hat nach einer Weile des Niedergangs. Sie sehen es aber auch in der Breite. Wenn Sie sich nämlich die Zahlen anschauen, dann stellen Sie fest, dass in Athen 2004 74 Nationen Olympische Medaillen gewonnen haben, während es in Peking 87 Nationen waren.

Wenn Sie gleichzeitig sehen, dass sich China als Gastgeber ein noch größeres Kuchenstück abgeschnitten hat von dem nicht größer werdenden Kuchen, dann haben Sie auch eine Vorstellung davon, dass der Konkurrenzkampf unter den anderen härter ist als je zuvor. In Kenntnis dieser Tatsachen und dieses Konkurrenzkampfes sind wir auch mit dem Abschneiden unserer Olympiamannschaft von Peking sehr zufrieden. Wir haben unsere drei Ziele, die wir vor den Spielen formuliert haben, verwirklicht.

Das erste Ziel war es, erfolgreich zu sein. Diese Olympiamannschaft war erfolgreich. Sie hat einen Platz besser abgeschnitten als die Mannschaft von Athen 2004. Wir sind in der inoffiziellen Nationenwertung von Platz 6 auf Platz 5 nach vorne gekommen.

Das zweite, aber dennoch gleichwertige Ziel war es, diesen Erfolg mit sauberen Mitteln zu erringen. Auch das haben wir erreicht. Wir haben dazu ein äußerst umfangreiches Anti-Doping-Management eingeführt für diese Olympiamannschaft und zwar bestehend aus kurzfristigen, aber auch langfristigen Maßnahmen, die aus unserem Zehn-Punkte-Aktionsplan gegen Doping stammen. Erstmals haben alle Mitglieder der Olympia-Mannschaft eine Athletenvereinbarung unterschreiben müssen, die ein klares Bekenntnis gegen Doping beinhaltet und mit der sich die Sportler dem gesamten Anti-Doping-System der Nationalen Anti-DopingAgentur (NADA) und des Deutschen Olympischen Sportbundes (DOSB) unterwerfen. Diese verpflichtet die Athleten für den Fall von Verstößen, insbesondere bei Anti-Doping-Verstößen, auch zu finanziellen Sanktionen, beispielsweise der Rückforderung von Entsendungskosten für die Olympiamannschaft.

Wir haben die Mitglieder dieser Olympiamannschaft vor Beginn der Spiele auch noch einmal Zielkontrollen der NADA unterworfen und wir haben während der Olympischen Spiele eine sehr strikte „Where about"-Regelung – also die Information der Athleten über ihren jeweiligen Aufenthaltsort, um sie jederzeit für unerwartete Trainings- und Zielkontrollen auffinden zu können – verfolgt. Wir haben ein sehr umfangreiches AntiDoping-Management aufgebaut mit einem eigenen Mitarbeiter im Olympischen Dorf.

Wir haben zudem Betreuer und Ärzte entsprechenden Verpflichtungen unterworfen. Auch sie mussten Verpflichtungserklärungen unterschreiben. Wir haben besondere Vorbereitungsseminare veranstaltet, gerade auch für das medizinische Personal, in dem wir deutlich gemacht haben, dass im DOSB eine „Null-Toleranz-Politik gegen Doping gilt und dass hier jeder vollumfänglich mitwirken muss, der bei den Olympischen Spielen oder im DOSB verantwortlich tätig sein will."

Es gab eine Fülle von Maßnahmen, die wir etabliert haben. Deshalb sind wir nach wie vor durchaus, auch wenn man das in Deutschland nicht so laut sagen darf, stolz darauf, dass uns der damalige Präsident der WeltAnti-Doping-Agentur (WADA), Dick Pound – sicherlich nicht bekannt für diplomatische Formulierungen, aber bekannt für seine Härte im Kampf gegen Doping – unser DOSB-Maßnahmenbündel als beispielgebend im weltweiten Kampf gegen Doping bezeichnet hat.

Umso bestürzter ist man natürlich, wenn dann trotz all dieser Maßnahmen dennoch ein Fall auftritt, wie wir ihn in Peking mit dem Fall Ahlmann
gehabt haben und ich will hierzu nur einen Satz sagen: Für diese Sperre,
die jetzt der Internationale Verband ausgesprochen hat, fehlt mir jedes
Verständnis. Man muss die Möglichkeit haben, den Einzelfall zu prüfen,
aber bei einem derartigen Verstoß, wenn er dem Grunde nach festgestellt wird, mit einer derart milden Strafe, die noch unter vergleichbaren
Mindeststrafen von sechs Monaten liegt, herauszukommen, dafür fehlt
mir jedes Verständnis. Auf der anderen Seite bin ich sehr zufrieden, dass
dieses Unverständnis geteilt wird durch den Nationalen Verband, die
Reiterliche Vereinigung, die hier entsprechende Berufungsschritte einleiten und sich gegen diese Sperre wehren will, soweit das in ihren Sta-
tuten möglich ist. Hier muss ein klares und deutliches Zeichen gesetzt
werden im Interesse des Reitsports, gerade auch im Interesse des Reitsports in Deutschland, für den dieser Fall ja nicht der erste ist.

Wir alle erinnern uns noch leidvoll an die Erfahrungen von Athen 2004,
als sogar eine Goldmedaille zurückgegeben werden musste. Wenn ausgerechnet ein Reiter, der damals betroffen war, vier Jahre später dennoch
entsprechende Versuche unternimmt, dann ist das wirklich bestürzend
und erschreckend und ich hoffe, dass hier mit aller Härte und Klarheit
vorgegangen wird.

Der DOSB jedenfalls wird das seine dazu tun. Wir werden, sobald der
Verstoß rechtskräftig festgestellt ist, von Herrn Ahlmann die Entsendungskosten zurückfordern. Schon vor Ort haben wir in Zusammenarbeit
mit den für das Reiten Verantwortlichen dafür gesorgt, dass er sofort
nach Hause geschickt und aus der Olympiamannschaft gestrichen wurde.
Wir werden dafür sorgen, dass die Sanktion aus der Athletenvereinbarung greift und ich hoffe, dass dieses dann auch seine abschreckende
Wirkung nicht verfehlt.

Herr Pfeifer hat mich gebeten, nicht nur über Doping zu sprechen. Dennoch möchte ich das Thema an dieser Stelle noch etwas näher beleuchten. Denn diese Frage und das Dopingproblem ist im Augenblick die
Kernfrage bei der Glaubwürdigkeit des Sports. Deswegen will ich auch
noch auf einen zweiten Fall eingehen, der im Nachhinein die Olympiamannschaft auch noch erfasst hat.

Das ist der Fall Schumacher. Wäre sein Verstoß bei der Tour de France vor den Olympischen Spielen erkennbar geworden, dann hätte er nicht Mitglied der Olympiamannschaft sein können und wir hätten ihn auch nicht nominiert. Vor den Spielen und bei der Nominierung war hier die Beweis- und Rechtslage jedoch noch eine andere – auch wenn ich Ihnen nicht verschweigen möchte, dass wir uns mit der Nominierung gerade in diesem Fall nicht leicht getan haben. Wir haben sehr lange abgewogen, weil es auch vorher viele Momente gab, die uns – um es ganz vorsichtig zu sagen – sehr stutzig gemacht haben und dass am Ende die Nominierung eine Rechtsfrage war, weil schlichtweg die Mittel für eine Nichtnominierung nicht ausgereicht haben.

Nun ist dieser Fall aufgetreten. Die Dummdreistigkeit, die damit verbunden ist, entzieht sich eigentlich jeglicher Beschreibung. Es war und musste jedem klar sein und das ist ja auch mehrfach deutlich gemacht worden, dass gerade bei der Tour de France der Tourveranstalter ein sehr rigides Anti-Doping-Management führen wird.

Wenn es nun trotzdem jemand versucht, dann zeigt das, dass der notwendige Bewusstseinswandel offensichtlich noch nicht eingetreten ist. Wenn bei dieser Sachlage immer noch jemand glaubt, er könne sich durchschlängeln, dann zu Etappensiegen fährt und glaubt, entweder das Mittel sei noch nicht entdeckbar oder er würde sich anderweitig irgendwie drücken können, dann hat er schlichtweg nicht verstanden, was auf dem Spiel steht.

Das wird sicher einerseits gefördert durch die Vergangenheit, aber auf der anderen Seite auch durch organisatorische Eigenheiten des Radsports. Wir haben im Radsport eine Situation, dass es viele durchaus wegweisende und gute Konzepte im Kampf gegen Doping gibt, dass diese Konzepte aber nicht miteinander koordiniert sind und dass sie deshalb nicht wie jedes wirksame Anti-Doping-Konzept 365 Tage im Jahr und 24 Stunden am Tag wirken. Sie haben ein Anti-Doping-Konzept der UCI, des Internationalen Radsport-Verbandes. Darin ist von Blutpässen und Blutprofilen die Rede, von einer Vielzahl von Kontrollen und so weiter. Aber es wird nicht über das ganze Jahr hinweg durchgesetzt und kann nicht durchgesetzt werden, weil sie daneben ein ebenso hartes wie klares Konzept der Tourveranstalter, der Amaury Sport Organisation (ASO), haben, die aus vielerlei Gründen nicht mit der UCI zusammenarbeiten will. Je nachdem, wen Sie fragen, hat jeder seine Sicht der Dinge. Dies führt letztendlich dazu, dass bei unterschiedlichen Veranstaltungen zu unterschiedlichen Zeiten unterschiedliche Verantwortlichkeiten greifen. Ich will hier gar nicht von der Verantwortung der Rennstallbesitzer, der Verantwortung der Sponsoren, der Verantwortung anderer Tourveranstalter reden.

All das führt zu einem Tohuwabohu, das dann auch bei den Athleten zu dem Eindruck führt und offensichtlich vielleicht auch führen muss, man könne sich hier elegant hindurchschlängeln und es sei alles schon nicht so schlimm, wie es aussieht. Deshalb ist aus meiner Sicht Grundvoraussetzung, wenn der Radsport eine Chance haben will, Glaubwürdigkeit zurückzugewinnen, dass hier eine sehr sorgfältige, eine enge Abstimmung stattfinden muss, dass alle sich zusammenfinden müssen und dass es ein nahtloses Anti-Doping-Konzept in Zusammenarbeit mit der WADA gibt, das dann 365 Tage im Jahr, 24 Stunden am Tag für die Radfahrer greift.

Auch in diesen Fällen ist deutlich geworden, dass wir im Kampf gegen die Hintermänner des Dopings die Unterstützung des Staates dringend brauchen. Das ist im Übrigen auch Bestandteil unseres Zehn-Punkte-Aktionsplans, indem wir genau bei diesen Hintermännern deutlich gemacht haben, dass hier der Arm des Sports zu kurz ist und wir hier nicht ausreichend tätig werden können. Dieser Sumpf um die Athleten herum muss ausgetrocknet werden, eben auch durch staatliche Maßnahmen, indem der Handel, indem die Anstiftung, indem andere Hilfsmaßnahmen im Kampf gegen Doping bekämpft werden mit den Mitteln des dementsprechend verschärften Arzneimittelgesetzes. Dieses erlaubt sogar das Abhören von Telefongesprächen, und die Einschaltung des Bundeskriminalamtes und bietet ein Fülle von Ermittlungsmöglichkeiten, die ausgeschöpft werden sollen und müssen. Doping-Mittel fallen nicht vom Himmel. Hier muss es Hintermänner geben, die Radfahrer und andere damit versorgen, die für entsprechenden Nachschub sorgen, die ggf. sogar Sonderproduktionen vornehmen und was es alles an Möglichkeiten gibt, die wir in der Vergangenheit gesehen haben.

Ich hoffe nach wie vor und rufe eben auch die Justizbehörden auf, von diesen Ermittlungsmöglichkeiten und von diesen Strafverfolgungsmöglichkeiten größeren Gebrauch zu machen und wir glauben, dass ein Schritt dazu die Einrichtung von Schwerpunktstaatsanwaltschaften wäre.

Das ist aber, auch das muss man sagen, keine Einbahnstraße. Wir können nicht nur Forderungen erheben an die Justizbehörden und sagen, werdet mal tätig. Es muss auch auf der Seite der Verbände und der im Sport Verantwortlichen noch mehr ins Bewusstsein rücken, dass es diese Möglichkeiten der Strafverfolgung gibt und dass sie dann auch bei entsprechenden Verdachtsmomenten zur Anzeige gebracht werden, dass man sich nicht beschränkt, darauf ein sportliches, ein disziplinarisches Verfahren einzuleiten, sondern dass man dann auch gleichzeitig Anzeige erstattet bei den Behörden.

Wenn dies funktioniert, muss ein weiterer Punkt dazukommen. Es muss ein besserer Informationsaustausch stattfinden zwischen den im Sport für die Disziplinarverfahren Verantwortlichen und den Strafverfolgungsbehörden. Hier gibt es national wie international großen Nachholbedarf. Bis heute haben wir trotz verschiedenster Nachfragen, Nachhaken und Forderungen, von den spanischen Behörden im Fall Fuentes nicht die Information erhalten, um weitere disziplinar-rechtliche Maßnahmen einzuleiten.

Sie haben auf der anderen Seite ein positives Beispiel gesehen. Wir haben mit der von mir geleiteten Disziplinarkommission bei den Olympischen Winterspielen in Turin 2006 in dem Verfahren gegen die österreichischen Athleten sehr eng mit der italienischen Staatsanwaltschaft zusammengearbeitet, eine Fülle von Informationen erhalten und haben eine Fülle von Informationen geliefert, die es dann auch erlaubt haben, jetzt die Anklage gegen einige der damals Beteiligten in Italien vorzubereiten während wir auf der anderen Seite in die Lage versetzt waren, unsere Verfahren, die im Wesentlichen in lebenslangen Sperren geendet haben, bereits etwa vor einem Jahr abzuschließen.

Die dritte Zielsetzung, die wir mit der Mannschaft verbunden haben, war jene, dass sie ein guter Botschafter unseres Landes sein soll. Das, so glaube ich, war sie. Sie war in ihrem Auftreten sympathisch. Sie hat den modernen Sport, den frischen jugendlichen Sport repräsentiert. Sie ist sowohl in China als auch bei den anderen Mannschaften gut angekommen, und ich glaube, sie hatte auch eine sehr positive Wirkung zurück nach Deutschland, in unser Land hinein. Insoweit kann man alle nur beglückwünschen, die an diesem Erfolg beteiligt waren und die Deutschland gut und würdig vertreten haben in einem Gastgeberland, in dem sie mit großer Freundlichkeit aufgenommen worden sind.

Deshalb wollen auch wir hoffentlich bald einmal wieder freundliche Gast-geber Olympischer Spiele sein. Wir haben uns entschlossen, die Bewer-bung von München um die Olympischen Winterspiele 2018 mit aller Kraft zu unterstützen und hoffen hier, dass diese Olympiabewerbung, so wie sie in München und Bayern breit getragen wird von der Bevölkerung und von allen politisch Verantwortlichen, dass sich diese Unterstützung fort-pflanzt auf unsere gesamte Gesellschaft, auf das ganze Land. Denn das ist eine der Voraussetzungen, die wir schaffen müssen, um Erfolg haben zu können mit dieser Bewerbung und ich bin sicher, dass auch die neue Landesregierung in Bayern diese Olympiabewerbung von München 2018 mit aller Kraft unterstützen wird. Was wir im Sport tun können, werden wir tun und ich würde mich freuen, wenn auch Sie diesen Gedanken Olympischer Spiele in Deutschland aufnehmen und weitertragen könnten.

DER ANTI-DOPING-KAMPF ALS AUFGABE DES IOC

Arne Ljungqvist

Zunächst einmal möchte ich mich herzlich für die Einladung bedanken. Es ist mir eine große Freude, stellvertretend für das International Olympic Committee (IOC) und die Welt-Antidoping-Agentur (WADA) über das Thema Antidoping zu sprechen, insbesondere bei einem so namhaften Ereignis wie diesem und vor einem so kompetenten und bewanderten Publikum. Ich werde den Standpunkt des IOC gegenüber der Dopingproblematik schildern und wie das IOC mit der Situation umgegangen ist. Dann werde ich die derzeitige Situation beleuchten und auch einen Blick in die Zukunft werfen.

Ich zitiere an dieser Stelle gewöhnlich Winston Churchill, der 1944 an der königlichen Hochschule für Medizin in London Folgendes sagte: „Je weiter man zurückblicken kann, desto weiter wird man vorausschauen." Und genau dies trifft in hohem Maße auf den Kampf gegen Doping zu. Kennt man nämlich nicht die Geschichte, so kann man auch nicht voll und ganz die heutige Situation verstehen und auch nicht, warum wir gerade an dieser Stelle angelangt sind, an der wir uns befinden und wird auch Schwierigkeiten dabei haben, eine Strategie für die Zukunft zu entwickeln.

Leider bzw. zum Glück – suchen Sie es sich aus – können wir nicht weit zurückblicken, da der Kampf gegen Doping nicht vor den 60er Jahren der Nachkriegszeit begonnen hat. Ich möchte mit Ihnen gemeinsam in diese Geschichte eintauchen. Doping kam schon eine ganze Zeit lang im Spitzensport vor, wurde aber von den Sportverbänden nicht ernst genommen. Soweit bekannt ist, kam Doping zu dieser Zeit vor allem im Profiradsport vor und in geringerem Ausmaß im sogenannten Amateursport.

Das IOC reagierte erst 1960 zum ersten Mal, als bei den Olympischen Spielen in Rom ein dänischer Radsportler während eines Straßenrennens starb. Die Reaktion des IOC war vor allem auf die Tatsache zurückzuführen, dass die Spiele in Rom die ersten waren, die weltweit im Fernsehen übertragen wurden, was bedeutete, dass ein Olympionike vor den Augen eines weltweiten Zuschauerpublikums starb, und das war für das IOC etwas zu viel.

Sie mussten etwas tun. Und taten auch etwas, indem sie 1961 eine medizinische Kommission gründeten, deren einzige und ausschließliche Aufgabe es war, eine Philosophie oder einen Ansatz zu entwickeln bzw. vorzuschlagen, um den Dopingmittelmissbrauch im olympischen Sport zu bekämpfen. Das war die Aufgabe mit der die Medizinische Kommission des IOC betraut wurde. Sie fingen bei Null an und es war nicht überraschend, dass die Medizinische Kommission einige Zeit benötigte, um die richtigen Leute zu finden und die Situation zu prüfen und loszulegen. Ich würde sagen, dass die Medizinische Kommission des IOC erst 1965/67 eine effiziente Arbeit aufnahm, was vor allem auf ein junges IOC-Mitglied zurückzuführen ist, das als Vorsitzender der Medizinischen Kommission die Verantwortung übernahm.

Der Belgier, der hier in Brüssel einen Vortrag hielt, ist eine bekannte Figur in der Geschichte des Antidopings. Er war selbst kein Arzt, verfügte aber über das Talent und die Fähigkeit, die richtigen Leute zu erkennen und zusammenzubringen und er übernahm die Führung, die zu der damaligen Zeit stark benötigt wurde. Bereits 1964, vor allem aber 1968 begannen sie mit ersten Tests bei den Olympischen Spielen. Die ersten umfassenderen Dopingtests wurden dann bei den Olympischen Spielen 1972 in München durchgeführt.

Zu der damaligen Zeit handelte es sich bei den Drogen vor allem um Stimulanzien, wie z.B. Amphetamine. Dabei ist interessant zu wissen, dass Drogen wie Amphetamine kein moralisches Problem waren. Amphetamine wurden als völlig unschuldige Arzneimittel betrachtet, deren aggressions- und aktivitätsfördernde Wirkung man kannte, durch die sich ein Dopingeffekt erzielen lässt. Sie wurden zu der damaligen Zeit im Sport verwendet. Ich weiß nicht, wie es in Deutschland oder in Belgien ist, aber in meiner Heimat Schweden waren Amphetamine damals kein soziales oder ethisches Problem. Sie wurden in Schweden erst 1974 als Rauschgift eingeordnet. Zuvor wurden sie häufig von Soldaten verwendet oder von Studenten, um in harten Zeiten während des Studiums wach zu bleiben, und insofern waren sie kein soziales oder ethisches Problem, aber sie wurden zu einem Problem im Sport.

Das IOC hatte jedoch ein Problem, einen wirksamen Kampf gegen Doping zu führen, da es nur alle vier Jahre einen bzw. zwei Wettkämpfe gab, nämlich die Olympischen Spiele im Winter und im Sommer. Um Doping effizient zu bekämpfen, sollte deshalb die eigentliche Verantwortung bei den internationalen Verbänden liegen, die im ganzen Jahr für die internationalen Sportaktivitäten verantwortlich sind. Aber kein Verband nahm die Angelegenheit ernst.

Der Internationale Radsportverband UCI nahm als erstes die Angelegenheit ernst, da es zu der damaligen Zeit Dopingprobleme gab. Der Verband stellte als Erster Regeln auf und führte Tests ein, um bestimmte Stimulanzien zu verbieten. Das IOC hatte wie bereits erwähnt das besagte Problem, da es nur alle vier Jahre ein Mandat hatte. So übernahm der Internationale Leichtathletikverband IAAF schnell die Führungsrolle in diesem Bereich. Als ich 1972 zur IAAF hinzukam, wurde in München die Medizinische Kommission der IAAF gegründet und wir nahmen den Kampf gegen Doping auf ganzjähriger Basis auf. Ich warb die zwei Topkräfte der Medizinischen Kommission des IOC ab, nämlich den Vorgänger von Dr. Schänzer, Manfred Donike und den weltbekannten Pharmakologen und Doping-Experten Prof. Arnold Beckett aus London. Sie traten der Medizinischen Kommission der IAAF bei und wir begannen den Kampf gegen Doping. Vieles, was seit dem in diesem Bereich erreicht wurde, ist auf die IAAF zurückzuführen, wobei das IOC durch Kontrollen und Überwachungen unterstützend mitgewirkt hat.

Bei den Leichtathletik-Europameisterschaften in Rom 1974 konnte man das erste Mal anabole Steroide nachweisen und auf sie testen. Ich spreche hier viel von den Tests. Es ist nur allzu offensichtlich, dass jedes Antidoping-Programm die Aufklärung und die Aufstellung von Regeln umfasst sowie Kontrollen damit die Regeln eingehalten werden und daher sind Dopingtests bei den Athleten bzw. Wettkämpfern unerlässlich. Diese Tests liefern auch sichtbare Resultate und bringen sogenannte „Dopingfälle" ans Licht, denen von den Medien viel Beachtung geschenkt wird.

Ich denke, dass es wichtig ist, die Geschichte zu kennen, um zu verstehen, warum sich die Dinge gerade so entwickelt haben, wie sie es taten und um zu verstehen, warum wir gerade an dieser Stelle angelangt sind, an der wir jetzt stehen und was wir in der Zukunft tun können. Innerhalb der IAAF haben wir Ende der 1970er Jahre ein Programm zur Akkreditierung von Labors aufgenommen. Alle Regeln und Vorschriften für die Durchführung von Dopinganalysen in akkreditierten Labors waren vorhanden. Um diese Labors auch für andere Sportarten zugänglich zu machen, haben wir 1983 das Akkreditierungsprogramm der IAAF an das IOC übergeben. Dies ist alles in einem Buch dokumentiert, das 1997 erschien und folgenden Titel trägt: *First 30 years of the IOC medical commission* (*Die ersten 30 Jahre der Medizinischen Kommission des IOC*). Der Autor ist ein belgischer Arzt aus Brüssel. Die Labors nahmen also in den 1970er Jahren unter dem Dach der IAAF ihre Arbeit auf und von 1983 an unter dem Dach des IOC.

In den 1970er und 1980er Jahren war der Kampf gegen Doping äußerst schwer und dies aus einem einzigen Grund, den auch die Politiker unbedingt kennen sollten: Wir hatten keine Unterstützung. Keine Unterstützung von der Gesellschaft und nicht einmal von Sportverbänden. Es besteht kein Zweifel daran, dass dies mit dem Kalten Krieg zusammenhing und ich denke Sie in Deutschland sind sich dessen bewusst. Wir haben viel Beifall bekommen für das, was wir versuchten zu erreichen, aber wurden nicht dabei unterstützt. Offiziell wurde applaudiert, inoffiziell gegen uns gearbeitet. Und wir bekamen den Gegenwind sehr deutlich zu spüren. Verschiedene Mächte haben den Erfolg im Olympischen Sport dazu verwendet, um die Überlegenheit ihres politischen Systems herauszustellen. Uns allen ist das bekannt, und womit ein Land angefangen hat, das wurde später von einem anderen Land fortgeführt. Ich glaube 1988 erreichte die fehlende Unterstützung im Kampf gegen Doping ihren Höhepunkt.

Ich war letztes Jahr (2009) bei den Leichtathletik-Weltmeisterschaften in Berlin. Ich kann Ihnen sagen, die Goldmedaillengewinner von Berlin hätten sich in vielen Sportarten nicht für die Olympischen Spiele in Seoul vor 21 Jahren qualifizieren können. Nehmen wir zum Beispiel den deutschen Diskuswerfer, der überraschend Gold holte. Er schaffte nicht einmal 70 Meter. Die ersten Diskuswerfer haben 1978 die 70-Metermarke geschafft. Sehen Sie sich doch einfach die Statistiken an. Insbesondere beim Wurf der Männer und Frauen haben wir immer noch die gleichen Geräte, an den Umständen selbst hat sich nicht viel geändert. Nehmen wir zum Beispiel den Hammerwurf der Männer, denn 1988 gab es den Hammerwurf noch nicht für Frauen. In Berlin hatten acht Finalisten jeweils sechs Würfe, d.h., es waren insgesamt 48 Würfe. Dabei wurde nur bei einem einzigen Wurf die Marke von achtzig Metern überschritten. Vor 21 Jahren in Seoul hätte dieser Mann gerade mal den 8. Platz belegt. Etwas war geschehen und ich erinnere mich an ein Gespräch mit Herrn Samaranch vor einigen Jahren bei den Hallenmeisterschaften in Valencia. Er sagte zu mir: „Arne, etwas ist geschehen." Und wir wissen alle, was es ist. Es ist der erfolgreiche Kampf gegen Doping, in dem wir heute ein ganz anderes Spielfeld vorfinden als noch vor 21 Jahren.

Aber was genau ist vor 21 Jahren passiert? Es passierte Folgendes, was ganz entscheidend im Kampf gegen Doping war: Der 100-Meter-Sieger wird im Allgemeinen als die Nummer 1 des Weltsports angesehen. Ob uns das gefällt oder nicht, so ist es einfach. Hier war es Ben Johnson, der kanadische Sprinter, der mit einem fantastischen Rennen den Weltrekord brach und Carl Lewis und alle anderen hinter sich ließ. Doch es stellte sich heraus, dass er gedopt war. Die Welt fühlte sich betrogen und war enttäuscht. Die Sportführung erkannte schließlich, dass dies so nicht weitergehen kann und der Wettbewerbssport als solcher stand auf dem Spiel. Wir kennen die politischen Veränderungen, die sich ein Jahr später in Europa und der ganzen Welt vollzogen und dazu führten, dass der Kalte Krieg abebbte. In diesen zwei Jahren um 1988 und 1990 hatte sich der Wind gedreht, vom Gegenwind gegen uns Antidoping-Kämpfer hin zur Unterstützung.

Am Anfang war die Unterstützung schwerfällig, aber sie wurde immer stärker und wir fanden immer mehr Unterstützung. Das hat das IOC ganz deutlich gespürt. Ich denke, dass hier die Tatsache ausschlaggebend war, dass das IOC nach dem Ben Johnson Vorkommnis einen eindeutigen Standpunkt bezogen hat. In den 1990er Jahren entwickelten sich die Dinge zweifelsohne in die richtige Richtung. Wir stellten in den 1990er Jahren fest, dass wir weltweit einheitliche Regeln und eine einheitliche Vorgehensweise benötigen, da sich zeigte, dass gedopte Athleten in verschiedenen Ländern und in verschiedenen Sportarten ganz unterschiedlich behandelt und bestraft wurden. Dies konnte so nicht weitergehen.

Wir stellten auch fest, dass einige Regeln Strafen vorsahen, die das IOC so nicht akzeptieren konnte. Sehr viele Fälle endeten vor Zivilgerichten und wurden entweder widerrufen oder geändert. Wir befanden uns in einem Regel-Chaos und auch die Umsetzung dieser Regeln befand sich in einem Chaos. Deshalb erarbeitete das IOC in den 90er Jahren Regeln und legte 1999 ein Regelwerk vor, das einheitliche Regeln auf der ganzen Welt vorsieht. Diese Regeln, das IOC-Regelwerk, wurden weltweit nicht besonders gut angenommen. Deshalb bat das IOC die Regierungen auf der ganzen Welt um Unterstützung im Kampf gegen Doping mit dem Ziel die Aktivitäten, Regeln und Strafsysteme zu vereinheitlichen.

So wurde die WADA geschaffen. Ich denke, es handelt sich hierbei um ein beachtenswertes Ereignis. Die WADA ist eine einzigartige Organisation. Sie ist eine Ehe zwischen dem Weltsport unter dem Dach des IOC und den politischen Institutionen/Regierungen auf der ganzen Welt. Wir, die von der Sportseite her kamen, konnten uns leicht als Partner der WADA organisieren. Die Regierungen hatten dabei jedoch aus offensichtlichen Gründen größere Schwierigkeiten. Die WADA benötigte ein finanzielles Rückgrat. 25 Millionen Dollar sind nicht gerade viel, aber besser als nichts. Die Regierungen hatten ein Problem, eine private Organisation mit Sitz in der Schweiz zu unterstützen, wie dies auf die WADA zutrifft. Weltweit waren Änderungen in der Gesetzgebung und der Abläufe auf Regierungsebene nötig, aber es ist einfach fantastisch, dass heute 98 Prozent aller Regierungen überall auf der Welt die WADA finanziell unterstützen. Ich würde sagen, dass der WADA heute 100 Prozent Loyalität von der Sport- und Regierungsseite entgegengebracht wird. Wir verfolgen alle das gemeinsame Ziel, den Dopingmittelmissbrauch im Sport zu beseitigen. Die WADA ist bis jetzt eine Erfolgsgeschichte in Rekordzeit und ich möchte später darauf zurückkommen.

Und was tat das IOC? Die WADA übernahm die Erarbeitung von Regeln und in einer Rekordzeit von 4 Jahren hatten wir ein gemeinsames Regelwerk. Ich erinnere mich an einen deutschen Artikel in den 90er Jahren

mit dem Titel „Kann eine Vereinheitlichung jemals erreicht werden?"
und die Antwort lautete wahrscheinlich nein. Sie warfen alle Fragen auf,
die Versuche weltweit gemeinsame Regeln für den Weltsport zu finden,
erschweren würden. Aber nach vier Jahren legte die WADA 2004 ein
Regelwerk vor. Einige von uns erinnern sich sicherlich an die Geschichte
auf der Konferenz in Kopenhagen 2003, wo die Regierungen Anfangs-
unterstützung gewährten. Was tat das IOC für die Umsetzung des Regel-
werks? Sie entschieden sich für eine mutige Aktion und zwar bestimmten
sie, dass alle Olympischen Sommersportarten, die nicht vor den Spielen
2004 in Athen das Regelwerk annehmen, nicht zu einer Teilnahme an den
Olympischen Spielen berechtigt sind.

Sprichwörtlich eine Minute vor zwölf akzeptierte die FIFA als letzter
Verband das Regelwerk. Ich denke, dies ist eine sehr effiziente Art und
Weise, wie das IOC handeln kann. Es muss seine Macht umsichtig und
klug ausüben und genau das tat es auch in diesem Fall und es funktio-
nierte. Auch die Regierungen an ihren Seiten arbeiteten äußerst effizient
und die politischen Vertreter hier im Saal werden dies sicherlich besser
wissen als ich.

Mir wurde gesagt, dass die UNESCO-Konvention in Rekordzeit erstellt
wurde. Noch nie wurde eine solche Konvention in einem kürzeren Zeitraum erarbeitet, vorgelegt und unterzeichnet. Wie kam es dazu? Nun, es
lag an den Regierungsvertretern der WADA. Ich bin bei der WADA seit
ihrem Beginn 1999 und habe alle Diskussionen verfolgt. Die Regierungs-
vertreter waren der Ansicht, dass man den Regierungen weltweit nicht
befehlen kann, Rechtsvorschriften einzuführen. Es ist ein Problem inner-
staatlicher Entscheidungen. Durch eine UNESCO-Konvention ließe sich
am ehesten ein verbindliches Dokument erreichen. Dabei handelt es sich
um eine zwingende Empfehlung an die Regierungen, den Inhalt der
Konvention zu befolgen. Die Konvention bietet eine Unterstützung im
Kampf gegen Doping und unterstützt die Regelungen der WADA. Sie ist
von den UN-Mitgliedstaaten auf Inlandsebene umzusetzen.

Dieses Regelwerk wurde in fünf Jahren, von 2000 bis 2005 erstellt und
im Jahr 2007 von den notwendigen 40 Mitgliedstaaten ratifiziert. Es
wird gesagt, dass so etwas nie zuvor bei der UNESCO passiert ist. Im
Kampf gegen Doping steht also heute ein ganzes politisches Establishment hinter uns, was sich von der Situation in den 1980er Jahren stark
unterscheidet. Dann passierten einige Dinge, die von Bedeutung für den

WADA-Code und die UNESCO-Konvention waren. Bei den Spielen in Turin 2006 kam es zu einem Zwischenfall, an den wir uns, glaube ich, alle erinnern können.

Es stellte sich heraus, dass im österreichischen Langlauf- und Biathlonteam systematische und komplexe Dopingaktivitäten durchgeführt wurden. Als die Österreicher dies erfuhren, zogen sie daraus die notwendigen Konsequenzen. Für das was sie taten, hätte man ihnen Beifall zollen sollen, da so etwas in jedem Land hätte passieren können. Aber es geschah ausgerechnet in Österreich und ich denke, dass dies eine Botschaft an die Welt sein sollte, dass selbst in einem Land wie Österreich Doping auf einem hoch entwickelten und fortgeschrittenen Niveau vorkommt. Die Geschichte ist folgende, und da ich mittendrin steckte, denke ich, dass ich sie erzählen kann. Wir, von der Medizinischen Kommission des IOC erhielten eine Nachricht der WADA, dass Dopingkontrolleure beim vorhergesehenen Lager des österreichischen Langlauf- und Biathlonteams waren, wo sich die Athleten in Österreich auf die Spiele in Turin vorbereiten sollten.

Es gibt eine Regel, die besagt, dass jeder Olympionike in der Zeit der Olympiade für Tests erreichbar sein muss. Wir erhielten also die Nachricht, dass die Österreicher nicht bei dem vorhergesehenen Lager waren und dass es auf der österreichischen Seite der österreichisch-italienischen Grenze eine Pension gab. Es stellte sich heraus, dass das Lager eine kleine Pension war, zu der auch Walter Mayer Beziehungen hatte, der bereits bei den Spielen in Salt Lake City unter Verdacht stand. Obwohl eine Frau den Kontrolleuren sagte, dass die Teams nicht anwesend seien, drangen die Kontrolleure der WADA in die Pension ein, um sicherzustellen, dass nichts Illegales vor sich geht. Anstelle der Athleten fanden sie ein hämatologisches Labor mit bester Ausstattung im Wert eines modernen Krankenhauslabors. Dies erzählten uns die Kontrolleure, als ich in Turin war. Sie fanden keine Athleten, aber das, was sie stattdessen fanden, war eine durchaus ernstzunehmende Botschaft.

Diese Botschaft wurde einige Tage später noch bedenklicher, als berichtet wurde, dass Walter Mayer in dem Gebiet von Turin gesehen wurde, wo sich die österreichischen Teams außerhalb des Olympischen Dorfs niedergelassen hatten. Wir waren der Ansicht, dass dies bedeuten könnte, dass in Italien etwas Illegales vor sich geht. Und nun komme ich zu dem springenden Punkt: Die italienischen Gesetze stimmen vollkommen mit dem WADA-Code überein und gehen sogar noch etwas darüber hinaus. Dementsprechend ist der Besitz von Dopingstoffen und Dopingmitteln in Italien eine Straftat. Ich bat um ein Treffen mit Jacques Rogge und wir hatten eines Morgens ein Geheimtreffen in seinem Büro. Daraufhin verständigten wir die italienischen Behörden, übergaben ihnen die uns vorliegenden Informationen und teilten ihnen mit, dass das IOC sie benachrichtigen musste, da davon auszugehen war, dass sich etwas Illegales in Italien während der Zeit der Spiele abspielte. Wir vom IOC haben keine Handlungsbefugnisse und nur das Testen der Athleten liegt in unserem Verantwortungsbereich. Wir teilten den Behörden mit, dass wir vorhatten, in zwei Tagen, ich glaube, es war ein Sonntagabend, einen Überraschungstest beim österreichischen Team durchzuführen. Nachdem die italienischen Behörden die Informationen analysiert hatten, kamen sie innerhalb von 24 Stunden wieder auf uns zurück und meinten, dass es ernst aussehen würde. Geplant sei eine Polizeirazzia im österreichischen Lager und ob wir uns absprechen könnten, sodass wir unsere Aktionen nicht hintereinander durchführen und der Letzte nichts mehr vorfindet. Es ist traurig für den Sport, dass eine solche Aktion während der Olympischen Spiele notwendig war, aber es musste sein. Ich saß also in einer Art „Spionagezentrale" in Turin und wir planten strategische Züge für unsere Truppen, wenn man das so sagen kann. Die Carabinieri und die IOC-Kontrolleure schlugen dann gemeinsam mit einem enormen Überraschungseffekt im österreichischen Lager zu.

Material und Dopingausrüstungen flogen aus den Fenstern und Athleten flüchteten über die Grenze nach Österreich. Einige Athleten verkündeten umgehend vor der Öffentlichkeit das Ende ihrer sportlichen Karriere. Die ganze Angelegenheit war ein Drama für Österreich, das IOC und die Olympischen Spiele in Turin. Hierbei ist interessant, dass alle Dopingtests der Athleten negativ ausfielen. Kein einziger Athlet wurde positiv getestet. Im Lager der Österreicher fanden die italienischen Behörden dann das, was die Kontrolleure der WADA bereits in Österreich vor den Spielen gesehen hatten, nämlich ein volles hämatologisches Labor, Dopingmittel und Dopingausrüstung für Dopingmethoden usw.

Wie Sie bereits wissen, liegt hier eine Straftat vor, die in Italien noch immer strafrechtlich verfolgt wird. Die österreichischen Behörden trafen umgehende Maßnahmen und ich möchte später darauf zurückkommen.

Aus Sicht des IOC lag hier ein ganz eindeutiges Dopingvergehen vor. Einige österreichische Athleten wurden disqualifiziert, da sie gegen Antidoping-Regeln verstoßen hatten. Das österreichische Olympiakomitee musste wegen unzureichender Kontrolle ihres Olympiateams an das IOC zahlen. Das alles wurde nur aus einem einzigen Grund aufgedeckt, nämlich durch entsprechende Rechtsvorschriften in Italien. Hätte es die italienischen Gesetze nicht gegeben, wäre dieser Fall nie aufgedeckt worden, da alle Athleten negativ getestet wurden. Daraus kann man also seine Lehren ziehen.

Wir hatten das österreichische Team erwischt und dies ist eine kontroverse Angelegenheit, da Walter Mayer seit seinem verdächtigen Verhalten in Salt Lake City von Olympischen Spielen ausgeschlossen wurde, aber unglücklicherweise für die Österreicher, hatten sie Walter Mayer in ihren Dokumenten in Turin als offiziellen Leiter des Biathlonteams aufgeführt. Die Olympischen Spiele in Peking zeigen, dass der Kampf gegen Doping immer intensiver und effizienter geworden ist. Der heutige WADA-Code sieht eine Verjährungsfrist von acht Jahren vor, was bedeutet, dass die Sportbehörden dazu berechtigt sind, sogar bis zu acht Jahre zurückliegende Verstöße gegen die Antidoping-Regeln zu ahnden.

Die Botschaft an die Athleten und ihr Begleitumfeld ist daher folgende: Wenn du nicht heute als Doper identifiziert wirst, dann vielleicht morgen oder in acht Jahren, denn es gibt entsprechende Methoden. Lassen Sie mich einen Blick auf diese Methoden aus medizinischer Sicht werfen, da ich selbst Arzt bin. Heutzutage kommen Arzneimittel unter strenger Kontrolle auf den Markt. Man kann im Allgemeinen davon ausgehen, dass es bis zu zehn Jahre dauert, von dem Zeitpunkt, wo eine chemische Verbindung als mögliches Arzneimittel entdeckt wird, das zur Heilung von Krankheiten eingesetzt werden kann, bis zu seiner Markteinführung nach Durchlauf von verschiedenen klinischen und anderen Studien. Die letzte Phase der klinischen Studien kann bis zu drei Jahre dauern, bis die Substanzen offiziell als Arzneimittel zugelassen und registriert werden. In diesen drei Jahren sind die Substanzen schon auf dem Markt erhältlich – illegal natürlich – aber die Athleten und ihr Umfeld wissen, wie man an sie gelangt, da sie aufgrund der klinischen Studien in verschiedenen Studienzentren und Kliniken auf der ganzen Welt inoffiziell erhältlich sind. Bei diesen klinischen Studien handelt es sich normalerweise um multizentrische Studien.

Als der Gastgebervertrag mit den Veranstaltern in Peking unterzeichnet wurde, gab es noch keine Methode, um auf die neue Generation von Erythropoetin, dem Blutbildungshormon, zu testen. Diese neue Generation wird als CERA (*Continuous Erythropoetin Receptor Activator*) bezeichnet. Zur Zeit der Olympischen Spiele gab es eine vorläufige Methode, die wir aber in Peking nicht verwenden konnten, da sie nicht im Gastgebervertrag beinhaltet war, aber wir hatten keine Eile, da wir ja schließlich acht Jahre zur Verfügung haben. Während der Spiele in Peking fanden wir neun gedopte Athleten mit verschiedenen Subtypen von Dopingmitteln, anabolen Steroiden und Stimulanzien. Nach den Spielen nahmen wir bei einer Reihe von Proben weitere Analysen vor und führten auch Tests auf CERA in den Labors in Lausanne und Paris durch, die über die entsprechende Kombimethode verfügen. Wir fanden fünf weitere Athleten, die dieses neue Dopingmittel genommen hatten und dies ist eine starke Botschaft: Wir haben acht Jahre zur Verfügung und wir werden jeden finden, entweder früher oder später. Unter den gedopten Athleten waren ein Goldmedaillengewinner im 1500-Meter-Lauf und ein Silbermedaillengewinner im Radsport.

In Bezug auf die Tests arbeiten wir heutzutage auf Basis von Informationen, die wir erhalten und die mehr oder weniger sicher sind. Als wir davon gehört haben, dass CERA wahrscheinlich schon zur Zeit der Spiele in Turin 2006 erhältlich war, haben wir beschlossen, einige Proben der Spiele von Turin im Nachhinein auf CERA zu testen. Ich glaube, das wird ganz interessant.

Wo stehen wir heute in Bezug auf die IOC-Aktivitäten? Nun, 1999 wurde die WADA gegründet. Das IOC übt heute seine Antidoping-Funktion durch seine 50-Prozent-Beteiligung an der WADA aus. Die Kontrolle und Überwachung von weltweiten Antidoping-Aktivitäten liegt in der Verantwortung der WADA und nicht in der Verantwortung des IOC. Das IOC hat seine frühere Rolle als Antidoping-Dachorganisation der Sportwelt der WADA überlassen.

Aber das IOC hat die endgültige Verantwortung für die Antidoping-Kontrollen bei den Olympischen Spielen. Das ist immer noch unsere Aufgabe und war es auch schon bei den Spielen in Peking, Vancouver und Athen. Dies beinhaltet die Aufstellung von Regeln speziell für die Olympischen Spiele und in Übereinstimmung mit dem WADA-Code. Es beinhaltet auch die Entscheidung für einen Testverteilungsplan, worauf ich später zurückkommen möchte, sowie die Durchführung von Kontrollen durch die Organisationskomitees vor Ort. Dabei werden wir von der WADA unterstützt und sind für das Ergebnis-Management verantwortlich. Für diejenigen hier, die lokale Antidoping-Kommissionen vertreten, könnte man sagen, dass wir als nationale Antidoping-Agentur während der Olympischen Spiele fungieren.

Es gibt besondere IOC-Regeln in Bezug auf die Antidoping-Aktivitäten während der Olympischen Spiele und drei wichtige Zusatzregeln zu den Regelungen der WADA. Die erste Zusatzregel sieht vor, dass eine „Olympische Periode" festgelegt wird, die mit der Öffnung des Olympischen Dorfs etwa ein oder zwei Wochen vor den Spielen beginnt und mit der Abschlussfeier der Spiele endet. In diesem Zeitraum hat das IOC die volle Verantwortung und das Mandat zur Durchführung von Antidoping-Aktivitäten bei den Olympischen Teilnehmern. In dieser Zeit führen wir vorschriftsgemäße Trainingskontrollen durch und testen auf Dopingmittel, die sowohl während und auch außerhalb des Wettkampfs verboten sind. In der Olympischen Periode haben wir das Recht, in dieser Zeitspanne ständig Tests durchzuführen, also nicht nur direkt nach dem Wettkampf, sondern auch dann, wenn der betreffende Sportler z.B. gerade zu Hause ist. Dies sind per Definition Trainingskontrollen, bei denen aber auch auf Stoffe getestet wird, die im Wettkampf verboten sind. Wir möchten keine Doper unter den Athleten während der Olympischen Spiele.

Die Olympischen Athleten müssen sich für die Tests bereithalten, egal, wo sie sich aufhalten und zu jeder Zeit. Hierzu möchte ich einige Beispiele anführen. Es tut mir leid, wenn ich jetzt die Ungarn namentlich nenne, aber es ist nun mal offiziell bekannt, dass es bei den Spielen in Athen zwei ungarische Medaillengewinner gab, die gefälschte Proben abgaben. Wir fanden heraus, dass sie Proben von einer Maschine abgaben, die sauberen Urin gespeichert hatte und wir forderten daher eine zweite Probe während der Olympischen Periode. Ein Athlet war bereits nach Hause gereist und der andere immer noch in Athen. Beide weigerten sich, mussten ihre Medaillen abgeben und wurden für die damals vier notwendigen Jahre gesperrt. Die Sache mit dem einen Athleten war ziemlich dramatisch, da er in seinem Haus in Ungarn von seinen Fans und dem Team geschützt wurde. Die Kontrolleure der WADA wurden bedroht und trauten sich nicht ins Haus. Der Rechtsausschuss hielt dies für eine Absprache, um der Bereitstellung einer Probe zu entkommen und der Sportler wurde gesperrt.

Noch dramatischer war die Sache mit den zwei Griechen. Es war ziemlich unangenehm, Vorsitzender der Medizinischen Kommission des IOC zu sein, und die Angelegenheit war auch ziemlich unangenehm für den Präsidenten des IOC. Einige Tage vor den Spielen fanden wir heraus, dass zwei Sprint-Stars des Gastgeberlandes – darunter ein Goldmedaillengewinner von Sydney – versuchten, vor den Dopingtests zu fliehen. Während der Olympischen Periode wurden sie um die ganze Welt verfolgt, von Kanada, den USA, nach Deutschland und bis nach Griechenland. Die Dopingtester waren ihnen auf den Fersen, aber holten sie nie ein. Schließlich erhielten wir die Nachricht, dass sie sich im Olympischen Dorf in Athen aufhalten würden. In wenigen Tagen sollten die Spiele beginnen und ich war froh, dass wir sie letztendlich gefunden hatten, um sie testen zu können, aber bevor die Tester im Olympischen Dorf eintrafen, waren sie verschwunden und wurden einige Stunden später in einem Krankenhaus aufgefunden, weil sie angeblich in einen Motorradunfall verwickelt waren, was nie bewiesen wurde. Die Angelegenheit wurde nicht gerade angenehmer durch die Tatsache, dass der Mann die Olympische Fackel ins Stadion tragen sollte. Er war der Nationalheld und diese Sache war nicht nur peinlich für unseren Gastgeber, sondern für jeden von uns. Dies zeigt, wie viel Akzeptanz der Kampf gegen Doping in den letzten Jahrzehnten gefunden hat. Auch in solchen Situationen wurden wir stets bei der Durchführung unserer Aktionen unterstützt. Die Athleten wurden natürlich gesperrt und verschwanden dann von der Bildfläche.

Ich würde sagen, dass diese beiden Vorfälle mit den Ungarn und den Griechen bei den Spielen in Athen neue Begriffe geschaffen haben, nämlich die der nicht analytisch-positiv Getesteten und der nicht-analytischen Fälle, und dies ist beachtlich. Es ist wieder ein Schritt in die richtige Richtung, dass wir heute Athleten strafrechtlich verfolgen können, die offensichtlich betrügen, obwohl sie vielleicht niemals positiv getestet wurden. Wir können dies aufgrund anderer Beweise tun und dies ist auch ein sehr wichtiger Schritt in die richtige Richtung. Wenn ich so rede, könnten Außenstehende den Eindruck gewinnen, dass wir Athleten um jeden Preis jagen. Dies ist nicht der Fall, wir hoffen natürlich nicht, dass wir gedopte Athleten finden, aber was wir versuchen, ist zu gewährleisten, dass all diese Menschen und die Mehrheit der Athleten auf der Welt nicht gegen diejenigen antreten müssen, die Dopingmittel nehmen und betrügen. Das ist die Philosophie. Das bedeutet einen Mechanismus zu verwenden, der dieses so sicher wie möglich macht.

Ich denke, die Beispiele, die ich Ihnen genannt habe, zeigen, dass uns dies zu einem gewissen Grad gelungen ist – Beispiele wie das Vergleichen der Ergebnisse bei der Weltmeisterschaft in Berlin mit gleichen Veranstaltungen bei den Olympischen Spielen vor 21 Jahren in Seoul.

Die nächste Regel, die Osaka-Regel – sie wird Osaka-Regel genannt, da diese Regel beim Treffen des IOC in Osaka 2007 beschlossen wurde – besagt, dass jede Person, die über sechs Monate durch eine Antidoping-Organisation aufgrund einer Verletzung von Antidoping-Bestimmungen gesperrt wurde, in keiner Funktion an den nächsten Olympischen Sommer- und Olympischen Winterspielen, die auf den Tag der Aufhebung einer solchen Sperrung folgen, teilnehmen darf. Wenn man also für einen Zeitraum von über sechs Monaten gesperrt worden ist, darf man auch dann nicht an den nächsten Olympischen Spielen teilnehmen, wenn die Sperrung bereits abgelaufen ist. Es wurde gefragt, ob dies nicht eine doppelte Strafe sei. Diese Regel wurde vom CAS, dem Schiedsgerichtshof für Sport, bewertet und der CAS hat diese Regel akzeptiert, wobei jedoch ausgeführt wurde, dass von Fall zu Fall entschieden werden sollte. Aber im Prinzip war diese Regel für den Schiedsgerichtshof für Sport akzeptabel. Also war sie rechtlich in Ordnung. Sie sollte in Vancouver angewandt werden, aber die betroffenen Athleten hatten sich nicht für das Team qualifiziert.

Und jetzt komme ich zu der meiner Meinung nach wichtigsten Nachricht, die ich für Sie und besonders für diejenigen habe, die für politische Entscheidungen verantwortlich sind. Dieses ist auf der Basis der Erfahrung von Toronto akzeptiert worden, das IOC hat sich die Gesetzgebung der Gastgeberländer angeschaut und es war ein Thema beim Treffen des IOC in Kopenhagen im letzten Jahr, als die im Jahre 2016 stattfindenden Spiele an Rio vergeben wurden: Die Frage war, ob es in dem Gastgeberland eine diesbezügliche Gesetzgebung gibt und die Frage wurde allen Kandidaten gestellt, Madrid und allen anderen Mitbewerbern. Die Frage war, ob es nationale Gesetze gibt, die den Polizeibehörden das gleiche Vorgehen ermöglichen wie den Italienern in Turin. Die Antworten waren gelinde gesagt sehr vage. Solche Gesetze gibt es offensichtlich nicht. Deshalb hat der Vorstand des IOC entschieden, solch ein Vorgehen zu fördern. Dies bedeutet, dass die zuständigen Behörden des Gastgeberlandes bei der Durchsetzung der Antidoping-Regeln des IOC ihre volle Kooperation und Unterstützung während der Spiele gewährleisten werden, vor allem in Bezug auf die Untersuchungen und Verfahren bezüglich des Hilfspersonals der Athleten oder anderer Personen, die am Handel mit verbotenen Stoffen oder Methoden beteiligt sind oder auf irgendeine Art und Weise bei ihrer Verwendung behilflich sind.

Dies bezieht sich auf die italienische Situation, dass es entsprechende Gesetze gibt, um das Vorhergehende zu gewährleisten. Obwohl es sich um komplizierte juristische Formulierungen handelt, kommen Mediziner gewöhnlich klarer auf den Punkt, aber die juristische Terminologie verlangt diese ganze Art von Schutz. In diesem Sinne bedeutet dies, dass während des Bewertungsprozesses der sich zukünftig bewerbenden Städte gewährleistet werden muss, dass, wer mit anderen Bewerber-Städten in Konkurrenz treten will, über angemessene nationale Gesetze verfügen muss, die ein ähnliches Vorgehen wie das der italienischen Carabinieri in Turin ermöglichen würden. Im Dezember 2009 wurde beschlossen, dass dieses in Zukunft gelten muss und ich weiß, dass die Leute in Rio jetzt sehr hart daran arbeiten.

Es ist sicherlich auch interessant für Sie zu hören, dass ich vor zwei Wochen, als ich in Peking war, erfahren habe, dass wir Bedenken bezüglich der chinesischen Gesetzgebung hatten und vor den Spielen Untersuchungen anstellten, ob die Gesetzgebung des IOC vor dem Hintergrund der Erfahrung in Turin akzeptiert werden würde und der Chef der Staatssicherheit sagte, ja, wahrscheinlich. Aber wir konnten nicht mehr erreichen, aber es waren ja auch neue Ereignisse, die sich erst viel später nach der Unterzeichnung der Gastgeberverträge zutrugen. Jetzt hörte ich vor zwei Wochen, dass ein ehemaliges Mitglied des WADA-Vorstands, ein chinesischer Parlamentarier, einen Antrag an die chinesische Regierung geschickt hat, um neue Gesetze gegen Doping im Land einzuführen. Ob dieser Antrag von der Regierung angenommen wird, ist sehr fraglich, aber er ist zumindest ein Zeichen, wie die Leute diese Dinge heutzutage auf der Welt sehen – Leute, die einen Hintergrund und Wissen bezüglich Doping haben. Dieser Mann, Herr Chi, war ein früheres chinesisches Mitglied des WADA-Vorstands und sah jetzt offensichtlich, dass die Gesetze in China nicht ausreichend sind, und es ist das Vermächtnis der Spiele, dass in diesem Land ein Gesetz gegen Doping Realität werden kann.

Nun komme ich zurück auf die UNESCO-Konvention, weil dies im Rahmen der UNESCO-Konvention erwartet wird. Dies ist ein Zitat des WADA-Generaldirektors, der in einem offiziellen WADA-Bulletin mit dem Namen

Play True („aufrichtig spielen") sagte, dass die UNESCO-Konvention beabsichtigt, Regierungen in die Lage zu versetzen, ihre nationale Gesetzgebung an den WADA-Code anzupassen, und zwar durch Angleichung der öffentlichen Gesetze und der Sportgesetze, um gegen Doping im Sport zu kämpfen. Ich habe es bei einem Treffen mit europäischen Behörden in Athen letzten Sommer verwendet. Einige von Ihnen waren da. Ich sagte Folgendes: Die Ratifizierung der UNESCO-Konvention ist schön und gut, aber die Umsetzung ist viel wichtiger und dass die Umsetzung und die Schaffung eines nationalen Gesetzes die Umsetzung der UNESCO-Konvention bedeutet.

Anhand eines Beispiels, wie sich das IOC während der Spiele in Peking verhalten hat, können Sie sehen, dass wir die Spiele ziemlich gut abgedeckt haben. 10.500 Athleten traten in Peking an. Fast 50 Prozent mussten sich während der sogenannten „Olympischen Periode" Dopingkontrollen unterziehen, außerhalb des Wettbewerbs 1.400 und während des Wettbewerbs 3.300. Wie ich sagte, sind neun Athleten während der Spiele positiv getestet worden und fünf Athleten danach. Wie bereits erwähnt, war ich vor zwei Wochen in Peking und habe die Informationen über die Diskussion bezüglich der zukünftigen Gesetzgebung im Land erhalten. Das gehört eigentlich nicht richtig zur Sache, aber es ist so frisch, dass ich es mit Ihnen teilen möchte.

Der Grund meines Besuchs war die Feier zur Veröffentlichung des Buches *The health legacy of the 2008 Beijing Olympic Games* (*Das Gesundheits-Vermächtnis der Olympischen Spiele 2008 in Peking*), einer gemeinsamen Veröffentlichung der WHO, des IOC und den Pekinger Gesundheitsbehörden in China, in der dokumentiert ist, dass die verschiedenen Maßnahmen, die ergriffen wurden, um Athleten, Besuchern und Chinesen während der Zeit der Spiele optimale Bedingungen zu bieten, eine dauerhafte Wirkung haben. Ein Rauchverbot wurde eingeführt, sich im Stadtzentrum befindende schmutzige Industrie wurde heraus geschafft, verschiedene Arten von Gesetzen über Änderungen der Infrastruktur wurden erlassen, das Metronetz erweitert, Verkehrsvorschriften eingeführt, von denen ein Teil immer noch mithilfe der Leute in Kraft ist. Jeder Privatwagen darf an einem Arbeitstag in der Woche nicht fahren. Heute sehen Sie blauen Himmel über Peking, den Sie früher nicht gesehen hätten. Die WHO war sehr interessiert und wir initiierten diese Dokumentation, welche auch ein Kapitel über Antidoping enthält, das zeigt, dass die Großmacht nun über ein Antidoping-Mittel verfügt, das sie nie zuvor hatte und wahrscheinlich auch nie erreicht hätte, wenn sie die Olympischen Spiele nicht ausgerichtet hätte. Als Vorsitzender der Medizinischen Kommission des IOC ist es schön, am Ende einer solchen Präsentation zeigen zu können, dass das Ausrichten der Spiele nicht eine enorme Investition von Geld und Mitteln und teuren Einrichtungen bedeutet. Es kann auch ein Gesundheits-Vermächtnis für Ihre eigene Bevölkerung bedeuten, und wenn dies der Fall sein kann, denke ich, dass die Olympischen Spiele auch in der Zukunft eine große Aufgabe erfüllen müssen und ich weiß, dass die Leute in Rio auch wirklich daran interessiert sind.

DOPING UND DIE VERANTWORTUNG DER POLITIK

DOPING UND DIE VERANTWORTUNG DES STAATES

Christoph Bergner

Es ist erst wenige Wochen her, dass in Peking die Olympischen und die Para-Olympischen Spiele zu Ende gingen.
Die Banken-Krise hat das schon fast wieder aus unserem
Bewusstsein verdrängt. Da sieht man, wie schnelllebig
unsere Zeit ist. Dabei waren die Spiele in Peking durchaus
bemerkenswert. Da stimme ich Jacques Rogge ausdrücklich
zu.

Ich glaube, wir haben selten ein so gewaltiges Weltsportfest
erlebt. Es waren in jeder Hinsicht rekordverdächtige Spiele,
sowohl was sportliche Spitzenleistungen der Athletinnen und
Athleten angeht, als auch in den Entwicklungen, die sich in
China und in Auseinandersetzung mit dem Gastgeberland
vollzogen haben. Die Tibet-Frage wurde global diskutiert,
ebenso die Pressefreiheit und die Situation der Menschenrechte in einem Land, das sich durch perfekte Organisation
auszeichnen wollte. Was den Sport angeht, haben die vielen
Weltrekorde und die Flut von chinesischen Medaillen wohl
niemanden unbeeindruckt gelassen.

Das deutsche Team stand schon alleine wegen der Ziel-
vorgabe der Sportfunktionäre, mindestens so viele Medaillen
wie bei den vorangegangenen olympischen Spielen in Athen

zu gewinnen, unter großem Erfolgsdruck. Aber auch andere haben zu einer großen Erwartungshaltung beigetragen, vor allem die Medien und die Wirtschaft. Und natürlich haben auch die staatlichen Förderer des Sports und wir alle als Sportfans auf viele Medaillen gehofft.

Als dann in den ersten Wettkampftagen die Medaillenausbeute nicht so besonders war, kamen gleich die ersten Unkenrufe, die deutschen Sportler seien international nicht mehr konkurrenzfähig. Ein gewisses Maß an Zufriedenheit kehrte erst ein, als der Medaillenspiegel mehr Gold als in Athen auswies. Plötzlich drehte sich die Stimmung. Ein Marketingverbund großer Unternehmen gewährte sogar eine Art „Goldrabatt" in Form von Bonuspunkten für jede Goldmedaille des deutschen Teams.

Das alles ist nicht nur menschlich, sondern auch im System des Sports selbst und auch in unserer freiheitlichen Gesellschaftsordnung angelegt, die auf den Leistungen von Menschen basiert. Ohne Leistung kein Erfolg. So lautet die einfache, aber immer noch gültige Formel. Ohne Leistung und Wettbewerb würde unsere Wirtschaft und würde auch jeder andere Lebensbereich – ob Sport, Bildung, Wissenschaft oder Kultur – stagnieren.

Sport motiviert zu Leistung. Es beflügelt uns, wenn wir als Breiten- oder Freizeitsportler unser Bestes geben. Und es begeistert uns, wenn Athletinnen und Athleten mit Spitzenleistungen aufwarten, die davor keiner für möglich gehalten hat. Bei den Olympischen Spielen zählt eben nicht nur „Dabei sein ist alles", sondern auch „*citius, altius, fortius*" und die Medaille. Ganz oben zu stehen ist der Traum eines jeden Olympiateilnehmers.

Manch einer oder manche eine kann da versucht sein, dem Erfolg etwas nachzuhelfen. Und man kann ins Grübeln kommen, wenn man sich anschaut, was für schier übermenschliche Leistungen in Peking gezeigt worden sind. Ob nun die Sprint-Rekorde, die acht Goldmedaillen, die ein Schwimmer in sieben Tagen und mit sieben Weltrekorden geholt hat, oder auch der schiere Goldregen für die chinesischen Sportlerinnen und Sportler: Kann das alles mit rechten Dingen zugehen? Sind so viele Weltrekorde ohne verbotene Leistungssteigerung möglich? Können so enorme Fortschritte einzelner Athleten in sehr kurzer Zeit alleine durch intensives Training erreicht werden?

Für saubere Spiele spricht, dass trotz des verschärften Dopingregimes – es gab ca. 5000 Dopingkontrollen – in Peking nur vergleichsweise wenige Dopingsünder ermittelt wurden. Die Welt-Anti-Doping-Agentur WADA spricht auch deshalb von sauberen Spielen, weil bereits im Vorfeld etwa fünfzig Sportler gesperrt worden sind. Wir müssen aber weiter genau hinschauen. Solange der Erfolg mit einem durch die Medien erzeugten „Starrummel" und einem „Geldsegen" der Sponsoren einhergeht, solange wird es auch die Versuchung des Betrugs geben. Das gilt sicher auch für das größte Sportevent der Welt. Solange das Kontrollregime nicht weltweit einheitlich und intelligent gehandhabt wird – etwa bei den leistungsaufbaurelevanten Trainingsphasen deutlich vor den Wettkämpfen –, wird sich der Sportbetrug aus Sicht vieler lohnen.

Ist der Kampf gegen Doping also ein Kampf gegen die berühmten Windmühlenflügel? Manche sehen das so und befürworten die Freigabe des Dopings. Ich würde einer Freigabe trotzdem nicht zustimmen. Ich halte den Kampf für schwierig und schwer zu gewinnen, dennoch für lohnenswert. Dies zum einen, weil die Glaubwürdigkeit des Spitzensportes auf dem Spiel steht. Sportliche Topevents lassen sich auf Dauer nur vermarkten, wenn Spielregeln eingehalten und damit die Fairness der Wettkämpfe gewährleistet werden. Bei der „Tour de France" hat man exemplarisch sehen können: Dopingfälle häuften sich, die Zuschauer verloren das Interesse, Medien klinkten sich aus, die Sponsoren sahen ihre Werbeplattform beschädigt und es floss weniger Geld.

Jetzt könnte man sagen: So regelt sich das System erfolgreich selbst. Gerade wenn man für die Autonomie des Sports und auch die Eigenverantwortung des Sports in der Doping-Bekämpfung eintritt, könnte man versucht sein, eine solche Entwicklung zu begrüßen. So einfach ist es dann aber leider doch nicht. Mit dem Versiegen des Unterstützungskreislaufs würde nämlich nicht nur der Spitzensport geschwächt. Auch der Breitensport würde seinen lebenswichtigen Motor verlieren. Wir können also nicht darauf setzen, dass die bösen Kinder schon in den Brunnen fallen werden. Dann ist es zu spät – für diejenigen, die Regeln brechen, und für den Sport insgesamt.

Wir müssen deshalb gegen Doping vorgehen, wo immer wir können. Am besten möglichst früh. Das ist primär der Sport sich selbst schuldig, aber auch die öffentlichen Förderer wegen der positiven gesellschaftlichen Wirkung des Sports. Wir können es auch gesundheitspolitisch nicht verantworten, dass sich Spitzensportler mit schädlichen Medikamenten voll pumpen. Denn die Sieger im Sport sind Vorbilder für unsere Jugend.

Schon heute haben wir es mit einem enormen Verbrauch von Dopingsubstanzen im Breitensport zu tun – etwa in den Fitnessstudios. Es gibt Studien, wonach 250.000 bis 400.000 Studiobesucher Dopingstoffe zu sich nehmen. Auch bei Volkssportveranstaltungen werden Dopingsubstanzen verwendet: In Rheinland-Pfalz hat man Dopingtests bei einem für die Bürger offenen Marathonlauf durchgeführt. Obwohl nur wenige Sportler getestet wurden, fand man fünf positive Proben.

Andere Länder wollen dem Beispiel von Rheinland-Pfalz folgen und künftig Kontrollen bei Breitensportveranstaltungen durchführen. Wir dürfen nicht zulassen, dass Doping im Spitzensport eine Sogwirkung auf den Breitensport ausübt. Denken Sie nur an die gesundheitlichen Risiken, vor denen wir nicht nur die Sportler schützen wollen, sondern auch die Gemeinschaft der Krankenversicherten, die für die Folgekosten aufkommen müssten.

Es ist die Verantwortung des Staates, solche gesellschaftlichen Folgen des Dopings abzuwehren. Die Bekämpfung des Dopings selbst muss jedoch vor allem durch den Sport und seine Institutionen geschehen. Aber auch hier will sich der Staat nicht der Aufgabe entziehen, die ihm in einer freiheitlichen und subsidiären Ordnung zukommt: einen Rahmen zu schaffen, in dem dann der Sport Instrumente entwickelt, um Doping wirksam zu bekämpfen.

Wenn wir Verbotsregeln aufstellen, dann müssen sie eindeutig sein. Grauzonen darf es nicht geben. Nun ist die Grenzziehung zwischen natürlicher und künstlicher Leistungsverbesserung oftmals schwierig. Sportler, die in der Höhe leben und trainieren, haben einen natürlichen Leistungsvorteil. Wenn andere Sportler durch Blutaustausch denselben Effekt künstlich erreichen möchten, ist es Doping. Auch die Frage der Grenzziehung zwischen „Gesunderhaltung" und „verbotener Leistungssteigerung" ist manchmal schwierig. Wo endet die Gesunderhaltung und wo beginnt die illegale Leistungssteigerung? Diese Fragen müssen wir beantworten, um zu einem glaubwürdigen Regelwerk zu gelangen. Dann sind auch harte Sanktionen – solche, die die Karriere kosten können – vertretbar.

Nun haben wir seit 2003 einen weltweiten Anti-Doping-Code. Seine neue Fassung tritt 2009 in Kraft. Inzwischen haben praktisch alle internationalen Sportverbände der olympischen Bewegung, alle Nationalen Olympischen Komitees und Anti-Doping-Organisationen diesen Code angenommen und sich zu seiner Umsetzung verpflichtet. Aber werden diese Regeln auch wirklich beachtet? Nach ersten so genannten „Compliance-Untersuchungen" der WADA hat nur etwa die Hälfte der nationalen Olympischen Komitees und der Nationalen Anti-Doping Agenturen den Code zufrieden stellend umgesetzt. Eine Zahl, die sicher weiter ausgebaut werden muss.

Wir müssen aber auch fragen, wie diese Regelungen in der Praxis angewendet werden. Wie wird z.B. die Vorschrift nach hinreichenden Trainingskontrollen umgesetzt? Nehmen wir China: Dort werden jedes Jahr etwa 10.000 Kontrollen durchgeführt. Das entspricht in ungefähr der deutschen Kontrollzahl, wobei China aber ein Vielfaches an Leistungssportlern besitzt. Die Aussagekraft der Kontrollen ist also kaum vergleichbar. Das gilt erst recht für Länder, in denen es gar keine Kontrolllabore und vermutlich extrem wenige Kontrollen gibt. Hier ist die WADA gefordert, vergleichbare Rahmenbedingungen anzustreben. Glaubwürdigkeit erreichen wir nur, wenn die Sportler weltweit ähnliche Kontrollen auf sich nehmen und so für alle Chancengleichheit herrscht. Auch dies ist ein Beitrag zu mehr Vertrauen in die Top-Leistungen bei internationalen Wettbewerben.

In Deutschland sind wir mit dem so genannten „intelligenten Kontrollsystem" gut aufgestellt. Es differenziert die Belastungen der Sportler entsprechend der Dopinggefährdung und -wahrscheinlichkeit. Die überwiegende Mehrzahl der Tests konzentriert sich auf den nationalen Testpool. Auch die absolute Zahl der Tests wurde deutlich erhöht. Insgesamt ergibt das eine stark erhöhte Testfrequenz bei den Spitzenathleten – in der höchsten Gefährdungsstufe bis zu sieben Mal im Jahr. Natürlich kenne ich in diesem Zusammenhang auch die Klagen einiger Sportler, die die notwendigen Angaben zu ihren Aufenthaltsorten als Eingriff in ihre Persönlichkeitsrechte sehen. Andere Sportler betonen dagegen die Notwendigkeit der Angaben, um unangemeldete Kontrollen zu ermöglichen. Ich bin überzeugt, dass dieses System letztlich zur Erhaltung des Spitzensportes beiträgt.

Es gibt sie also, die Erfolge im Anti-Doping-Kampf. Wahr ist aber auch, dass sich die Institutionen des Sports oftmals schwer tun, Doping wirksam zu bekämpfen. Viele rufen dann nach dem Staat als Retter des Sports. Um es klar zu sagen: Dopingbekämpfung war und bleibt in erster Linie eine Aufgabe des Sportes selbst. Seine Institutionen müssen die Werte definieren, die sie für schützenswert halten. Sie müssen Regeln für deren Beachtung durch die Sportler, deren Betreuer und die Funktionäre schaffen. Und sie müssen auch für eine glaubwürdige Umsetzung ohne Augenzwinkern sorgen. Welchen Sinn macht zum Beispiel eine sportrechtliche Kronzeugenregelung für Dopingtäter, wenn diese damit zwar ihre Sperre reduzieren können, nachher aber faktisch als angebliche Nestbeschmutzer keine Möglichkeit mehr finden, ihren Sport auszuüben? Eine glaubwürdige Umsetzung der eigenen Regeln durch den Sport sieht anders aus.

Während der Sport mit seiner „strict liability" primär den Sportler in den Fokus nimmt, muss der Staat über den rechtlichen Rahmen dafür sorgen, dass es nicht zu Flächenwirkungen des Dopings kommt. Er muss verhindern, dass im Sport gesundheitsschädliche Stoffe an Dritte weitergegeben werden. Doping ist heute im Leistungssport, aber auch im Breitensport ohne ein dichtes Netz unterstützender Strukturen kaum denkbar. Zum Teil sind diese Strukturen, insbesondere die Zuliefernetzwerke, kriminell. Strafvorschriften und eine effiziente Strafverfolgung können diese bekämpfen. Dafür haben wir im letzten Jahr die Gesetze verschärft und Zuständigkeiten beim Bundeskriminalamt eingerichtet.

Einige meinen, man solle zusätzlich eine umfassende Besitzstrafbarkeit für Dopingsubstanzen, also auch für die dopenden Sportler, einführen. Die Mehrheit der Experten hält das für problematisch. Unsere Rechtsordnung baut auch auf dem Grundsatz der straflosen Selbstschädigung auf. Der Staat kann Sportler, wie alle anderen Bürger auch, nicht mit rechtlichem Zwang von einer Selbstschädigung abhalten. Sportler machen sich allerdings strafbar, wenn sie größere Mengen von Dopingmitteln besitzen. Dann nämlich überwiegt die Vermutung, dass sie als Teil eines Versorgungsnetzwerkes agieren.

Andere fordern die Einführung eines Straftatbestandes „Sportbetrug". Auch hier haben wir uns der herrschenden Auffassung der Rechtsexperten angeschlossen, die die Einführung eines solchen Tatbestandes in rechtlicher Hinsicht – insbesondere wegen des Schutzgutes – für pro-

blematisch halten. Auf solche Regelungen haben wir also aus gutem
Grund verzichtet.

Wir haben in der Dopingbekämpfung kein Regelungsproblem, sondern
Umsetzungsprobleme. In der Strafverfolgung würde z.b. die Konzentration der Ermittlungsbefugnisse beim BKA durch eine ebensolche bei
den Staatsanwaltschaften hervorragend ergänzt. Dem widersetzen sich
die Länderjustizminister. Wenn aber das Dopingmaterial immer komplexer wird – denken wir nur an das Gendoping –, kommen wir um solche
spezialisierten Schwerpunkt-Staatsanwaltschaften gar nicht herum.

Umsetzungsprobleme haben wir auch bei der Finanzierung der zentralen
Kompetenzstelle für die Dopingbekämpfung, der Nationalen Anti-Doping
Agentur. Zwar waren sich Bund, Länder, Sport und Wirtschaft einig, dass
wir eine solche Stelle gemeinsam errichten müssen. Die Finanzierung
dieser Einrichtung wurde in der Folge aber mehr und mehr dem Bund
überlassen. Auch hier könnte mehr Engagement der Länder und der
Wirtschaft zu deutlichen Verbesserungen führen. Das gleiche gilt für die
Dopingprävention. Wir haben erstens viel zu wenig präventive Maßnahmen – insbesondere auf den unteren Ebenen der Vereine – und zweitens
erfolgen die wenigen Maßnahmen meist unkoordiniert. Das Rad ist dabei
schon mehrfach neu erfunden worden. Es gibt einige gute Ansätze, aber
sie werden nicht überall dort angewendet, wo sie gebraucht würden. Wir
haben daher gemeinsam mit den Ländern eine Bestandserhebung durchgeführt. Im Moment werten wir sie aus. Das wird uns in die Lage versetzen, einen gemeinsamen Aktionsplan, ich nenne ihn mal „Nationalen
Dopingpräventionsplan" zu entwickeln. Dann wird die Dopingprävention
hoffentlich koordinierter, zielgerichteter und effizienter ablaufen.

Für die Dopingbekämpfung gibt es bestimmt keinen Königsweg. Zu viele
Akteure sind mit ihren Interessen vom Doping betroffen: Sportler und
ihre Betreuer, Ärzte, Wissenschaftler, Verbände, Medien und Sponsoren,
schließlich auch staatliche Zuwendungsgeber. Nur wenn alle in diesem
Geflecht erkennen, wie sie am Dopingproblem beteiligt sind, nur wenn
alle auch ihrer Verantwortung gerecht werden, können wir Doping ganz-
heitlich bekämpfen. Es wäre eine Illusion zu glauben, wir könnten die
Bedrohung durch Doping ganz und für immer aus dem Sport verbannen.
Aber gemeinsam können wir den Sport sauberer und glaubwürdiger
machen. Das ist wichtig, damit der Sport uns weiter Freude macht, und
damit er seine wichtige gesellschaftliche Rolle behält.

MANIPULATIONSFREIER SPORT BEGINNT BEREITS IN DER SCHULE

Manfred Palmen

Die Landesregierung Nordrhein-Westfalens bearbeitet gemeinsam mit dem Landessportbund bereits seit einigen Jahren die präventiven Gesichtspunkte der Dopingbekämpfung und hat dafür auf Sportvereins- und auf Schulebene Grundlagen geschaffen, die nach unserer Wahrnehmung auch heute noch viel zu wenig abgerufen werden.

Gegenwärtig arbeiten wir mit dem Bund an einer gemeinsamen Strategie zur Dopingprävention, in der die NADA selbstverständlich eine starke Rolle spielen soll. Wir sind uns aber auch einig darin, dass sich die Expertise der NADA insbesondere auf den Leistungs- und Spitzensport bezieht, Dopingprävention aber ein gesellschaftlich umfassenderes Thema ist, insofern andere Akteure ins Spiel kommen, von denen Schule sicher einer der wichtigsten ist.

Wir Laien haben in den letzten Jahren viel dazu gelernt. So wissen wir heute, dass der „Pot Belge" den Kletterkönigen und Sprintern von den Frühjahresklassikern bis hin zu den großen Schleifen des Sommers Beine gemacht hat. Man muss nicht Drogenfahnder sein, um festzustellen, dass diese Mischung aus Amphetaminen, Betäubungsmitteln, Heroin, Kokain und Corticosteroiden nur mit krimineller Energie zu besorgen ist. Aber auch mit der heute im Ausdauerbereich sehr beliebten Kombination aus Insulin, Wachstumshormonen, EPO und dem jetzt im Mittelpunkt stehenden EPO-Präparat der dritten Generation, CERA, hat sich ein gesunder Athlet, der diese Mittel einsetzt, nicht nur sportrechtlich strafbar gemacht.

Trotzdem wird denen, die dieses offensichtlich durchgreifend manipulierte System des Radsports aufdecken und verlassen wollen, nicht ausreichend geholfen und alle bisherigen Anläufe zur Systemsäuberung haben sich als dauerhaft nicht tragfähig erwiesen. Jaksche und Sinkewitz haben über die Machenschaften im Radsport umfassend ausgesagt. Sie haben die Kronzeugenregelung in Anspruch genommen und sind im Gegensatz zu den Radsportlern, die des Dopingmissbrauchs überführt wurden und nicht ausgesagt haben, heute arbeitslos und werden darüber hinaus mit Schadensersatzansprüchen überzogen.

Die Angebote der Dopingbefürworter im Radsport scheinen bis heute besser zu sein als unsere Offerten. Möglicherweise bräuchten Jaksche und Sinkewitz gerade jetzt unsere Unterstützung, um deutlich zu machen, dass es ein zurück aus dem Dopingsumpf gibt. Wenn wir ernsthaft an der Trockenlegung des Sumpfes interessiert sind – und ich gehe davon aus, dass das auch für alle Sportorganisationen gilt, dann müssen sich diese auch um die Aussteiger kümmern.

Um keine Schieflage in der Darstellung dessen, was unseren Spitzensport ausmacht, aufkommen zu lassen: Wir sprechen bei der Dopingmanipulation über eine Minderheit. Wenige, die allerdings mit ihrem Tun in der Lage sind, nachhaltig das Spitzensportsystem zu gefährden. Sie stellen die Integrität des sportlichen Wettkampfes in Frage und zwingen alle Beteiligten, ob Zuschauer, Berichterstatter oder Sponsoren, dazu, die gezeigten Leistungen mit einem durchgehenden Vorbehalt zu versehen.

Wir stellen aber auch fest, dass die zweifelsohne erfolgreichen Strategien zur Eindämmung des Dopings durch Ausweitung und Optimierung der Dopingkontrolltätigkeit sowie Verschärfung und Vereinheitlichung der Sanktionen bei Dopingmissbrauch, zu noch umfangreicheren Anstrengungen der Dopingbefürworter geführt haben und der Anteil der positiven Kontrollen relativ stabil bleibt.

Daher ist und bleibt Dopingbekämpfung eine permanente Aufgabe. Die Vorbildfunktion des Leistungs- und Spitzensports werden wir nur erhalten können, wenn es uns gelingt, die Glaubwürdigkeit der erzielten Leistungen und Ergebnisse zu erhalten bzw. neu zu begründen. Letzteres erscheint mir im Radsport inzwischen schon erforderlich zu sein. Politik hat ein hohes Interesse an einer wirkungsvollen Bekämpfung des Dopings; sie muss es haben: Aus sportpolitischer, gesundheitspolitischer und gesellschaftlicher Verantwortung für den Sport.

Eine Möglichkeit zur Verbesserung unserer Anstrengungen sehe ich im Ausbau der Dopingprävention.

Bisher leidet die Effizienz der Dopingpräventionsbemühungen in Deutschland darunter, dass von sehr unterschiedlichen Akteuren mit unterschiedlichen Ansätzen eine große Bandbreite an Zielgruppen angesprochen wird. Darüber hinaus gibt es keine gemeinsamen Ziele und Strategien in der Dopingprävention. Von daher könnte die Festlegung eines gemeinsamen, handlungsleitenden Ziel- und Maßnahmenkatalogs der wichtigsten an der Dopingprävention beteiligten Institutionen, Organisationen und Einrichtungen zu einer deutlichen Verbesserung der Dopingprävention führen.

Die Technische Universität München hat im Auftrag der Länder und des Bundes unter Einbindung der NADA den Ist-Stand der Doping-Präventionsmaßnahmen der vergangenen Jahre im deutschen Sport erhoben. Diese Erhebung war überfällig, weil damit erstmals sämtliche bisherigen und bereits geplanten Aktivitäten und Maßnahmen von Verbänden, Forschungseinrichtungen und Ministerien sowie deren personelle und finanzielle Ressourcen abgefragt wurden. Mit der Veröffentlichung dieser Studie ist in Kürze zu rechnen.

Die ersten Ergebnisse der Auswertung haben gezeigt, dass wir nicht bei Null anfangen. Es gibt bereits sehr gute Arbeitsunterlagen zur Dopingprävention, wie z.B. „Sport ohne Doping!" der Deutschen Sportjugend, „Falscher Einwurf – eine Initiative des Landessportbundes und der Landesregierung Nordrhein-Westfalen", die NADA-Kampagne „High Five", sowie die bisherigen Präventionsmaßnahmen der NADA.

Nordrhein-Westfalen hat sich bei der Durchführung der Kampagne „Falscher Einwurf – Gegen Medikamentenmissbrauch und Doping" auf zwei Handlungsfelder konzentriert – Schule und Verein. Bewusst haben wir bei der Zugrundelegung der Kampagnenaktivitäten darauf geachtet, dass wir Kinder und Jugendliche erreichen. Bestmögliche Leistungen werden heutzutage nicht nur von Hochleistungssportlern erwartet, sondern in nahezu allen Lebensbereichen. Jugendliche und Kinder im Schulalltag sind besonders gefordert. Dort, aber auch in anderen Lebensbereichen, hat sich der Leistungsgedanke wieder stärker durchgesetzt. Das ist grundsätzlich außerordentlich positiv, gleichzeitig müssen wir uns aber auch mit Nebeneffekten auseinandersetzen, die unübersehbare Parallelen aufweisen. Vermeintlicher Vitaminmangel wird nicht mit Obst, sondern mit Vitamindragees behandelt, gegen Prüfungsangst kommen Beruhigungsmittel und bei Hyperaktivität Psychoanaleptika zum Einsatz. Die substituierende oder medikamentöse Behandlung zur Leistungssteigerung von Jugendlichen wird von der Pharmaindustrie gefördert, vom Arzt oftmals verordnet und von vielen Eltern und Lehrern einfach akzeptiert oder sogar gefordert. Ein unreflektierter Umgang mit Medikamenten schafft eine Grundlage, Dopingbereitschaft bei Jugendlichen anzulegen.

Dabei sind gerade in der Schule besonders günstige Voraussetzungen für eine umfassende und frühzeitige Prävention gegen Doping- und Medikamentenmissbrauch vorhanden, denn: Gerade in der Schule können alle Kinder und Jugendlichen der schulpflichtigen Jahrgänge erreicht werden. In der Umsetzung bietet Schule die Möglichkeit, das Thema Alltags-Doping umfassend und aus verschiedenen Perspektiven in unterschiedlichen Schulfächern – nicht nur im Sport- und Biologieunterricht – zu behandeln. Die Bedeutung dieses Themas ist deshalb so groß, weil Leistungssteigerung und Leistungsmanipulation eben nicht nur den Hochleistungssport betrifft, sondern viele Parallelen zu sonstigen Lebensbereichen von Kindern und Jugendlichen aufweist.

Die inhaltliche Aufbereitung vom alltäglichen Umgang mit leistungsfördernden Substanzen bietet sich in verschiedenen Unterrichtsfächern und Jahrgangsstufen aus den unterschiedlichsten Perspektiven an. Ausgangspunkt aber ist der Sportunterricht, denn dort lässt sich der gesellschaftliche Umgang mit Leistung und den gängigen Körperidealen besonders gut nachvollziehen und über die Risiken eines falsch verstandenen Leistungsstrebens und die Chance eines individuellen Leistungsbegriffs reflektieren.

Die Verfügbarkeit von Leistung steigernden Substanzen und auch von Drogen lässt sich nicht vermeiden. Kinder und Jugendliche müssen daher gegen den Missbrauch von Drogen und anderen gesundheitlich schädigenden Substanzen als Persönlichkeit vorbereitet werden. Dies ist ein wesentliches pädagogisches Ziel der Schule. Der Sportunterricht kann hierbei Erfahrungen vermitteln, die für Jugendliche einen wichtigen Beitrag zur positiven Persönlichkeitsentwicklung haben. Im Sportunterricht kann die körperliche Leistungsfähigkeit wahrgenommen und eingeschätzt werden und man kann sie mit eigenen Mitteln steigern. Durchhaltevermögen zu entwickeln, eigene und fremde Grenzen zu erfahren, mit Erfolg und Misserfolg umzugehen, Regeln zu akzeptieren und Verantwortung zu übernehmen: All diese Erfahrungen im Schulsport sind möglich und notwendig.

Das beinhaltet auch die Erkenntnis, dass eine manipulierte Leistung nicht die eigene, sondern eine fremde ist, auf die sich Stolz verbietet. Kinder und Jugendliche müssen erkennen und lernen, dass Leistung und Erfolg „zwei unterschiedliche Paar Schuhe" sind. Sie können nur stolz sein auf das, was sie selber und eigenständig hervorgebracht haben, und damit unabhängig von äußeren Vorgaben und dem Vergleich mit anderen.

Wir haben im Bereich der Dopingbekämpfung schon einiges erreicht: ein weltweit, formal einheitliches Dopingregime, das völkerrechtlich durch die UNESCO-Resolution zur Dopingbekämpfung anerkannt, durch die WADA in Verträgen mit den Sportorganisationen operativ umgesetzt wird. Verschärfte und intelligente Dopingkontrollen, Sanktionen der Sportverbände, ein deutsches Anti-Doping Gesetz, eine internationale und eine deutsche Sportschiedsgerichtsordnung. Im Bereich der Dopingprävention aber stehen wir erst am Anfang. Gerade in den Schulen liegt ein besonderes Aufklärungspotenzial, denn dort erreichen sie Leistungs- und Breitensportler gleichermaßen.

Deshalb ist es auch richtig, dass die NADA im Rahmen ihrer Präventionsmaßnahmen in die Olympia-Stützpunkte, in die Eliteschulen des Sports geht und bei Jugend trainiert für Olympia informiert und aufklärt. Das aber reicht nicht aus, weil bisher Doping überwiegend ein Thema des Hochleistungssports ist und die besonderen Stärken der Prävention in der Einbeziehung der so genannten Settings oder Lebenswelten von Kindern und Jugendlichen nicht annähernd ausgeschöpft werden. Die Basisbroschüre *High Five* vermittelt den Schülern Grundwissen zum Thema

Doping. Das Handbuch für Trainer vermittelt Wissen zu den grundlegenden Aspekten der Dopingprävention und didaktische Anleitungen zur Umsetzung. Aber die Fülle an Informationen wird nicht gebündelt, sie wird auch nicht den für Kinder und Jugendliche so wichtigen „Peer-Groups" – ihre Beziehungsgruppen – vermittelt. Das aber wird uns nur gelingen, wenn die Schulen mitmachen und Dopingprävention als ein auch für die Werteerziehung wichtiges Thema anerkennen.

Es ist nicht zu erwarten, dass – auch bei noch so wohlmeinenden Präventionsangeboten – Doping und Medikamentenmissbrauch verschwinden werden. Prävention in diesen Bereichen wird eine dauerhafte Aufgabe sein. Wir benötigen daher schlüssige Handlungskonzepte und Materialien, die aufeinander abgestimmt sind und schon aus Effizienzgründen eine gewisse Konsistenz in den unterschiedlichen Handlungsfeldern wie Schule und Sport aufweisen.

Um langfristig bei Jugendlichen, bei Nachwuchsleistungssportlern, Schülerinnen und Schülern eine nachhaltige Wirkung zu erreichen, müssen Perspektiven entwickelt werden, die eine dauerhafte Prävention sichern können. Dazu gehören zum Beispiel:

- Die Integration der Anti-Doping-Arbeit in die Ausbildung von Sportlehrern und Trainern, um sie für das Problem zu sensibilisieren,

- die Aufnahme des Themas in möglichst verschiedene schulische Lehr- und Lerninhalte,

- die Kooperation der Schule mit verschiedenen Lebenswelten (z.B. Gemeinde, Sportvereine, Suchtberatungsstellen etc.),

- die Fixierung von Lehr- und Lerninhalten zur Dopingprävention in die Aus- und Fortbildung von Übungsleitern und Trainern durch die Sportverbände,

- die Festlegung eines gemeinsamen, handlungsleitenden Ziel- und Maßnahmenkatalogs der wichtigsten an der Dopingprävention beteiligten Institutionen, Organisationen und Einrichtungen,

- und insgesamt ein ausgewogener Mix aus Verhaltens- und Verhältnisprävention.

Und dennoch – bei allen Überlegungen hinsichtlich der zukünftigen Perspektiven von Präventionsaufgaben – ist es nach meiner Überzeugung von entscheidender Bedeutung, dass wir integre Ansprechpartner in den Institutionen und Organisationen des Sports brauchen, die engagiert, verantwortungsbewusst und dauerhaft gegen Doping im Sport agieren. Ohne die wird es nicht gehen.

Es ist illusorisch, an eine vollständige Eliminierung des Dopings zu glauben, so wie es illusorisch ist, an ein Ende von Kriminalität zu glauben. Wir werden also mit Doping im Sport weiterleben müssen, trotz mannigfaltiger Anstrengungen der an der Dopingbekämpfung beteiligten Organisationen und Institutionen.

Trotz vieler Bemühungen bei der Dopingbekämpfung haben die langjährigen Erfahrungen gezeigt, dass Repressionen allein, so wichtig sie auch sind, immer nur kurzfristige Erfolge bringen.

Dopingprävention hingegen ist vermutlich der wesentlich wirksamere Hebel für nachhaltige Veränderungen. Wir können – und da bin ich sehr zuversichtlich – über Aufklärung, Information und Erziehung unsere Grundlagen zur Dopingbekämpfung verbessern und stärken und damit weit mehr erreichen, als wir momentan noch zu hoffen wagen.

Das Geschäft mit der Dopingrepression und der Dopingprävention ist mühsam, es ist unvollkommen, es ist mit Rückschlägen verbunden, aber es ist aus meiner Sicht unverzichtbar, wenn wir unsere Kinder und Jugendlichen schützen wollen.

DAS WEISSBUCH SPORT UND DIE ROLLE DES EUROPÄISCHEN PARLAMENTS

Doris Pack

„Der Sport ist das Erbe aller Menschen, und nichts kann sein Fehlen ersetzen". Dieser Satz stammt von Pierre de Coubertin, dem Gründer der Olympischen Spiele der Neuzeit. Er enthält mehrere Aussagen, die nach meinem Dafürhalten eine nähere Betrachtung verdienen:

SPORT IST EIN SOZIALES PHÄNOMEN

Der Sport ist nicht entstanden, weil Staaten oder Regierungen seine Gründung per Dekret verordneten. Er ist Teil der Entwicklung unserer Gesellschaft, und seine Strukturen sind entstanden, weil sich Männer und Frauen aus dieser Gesellschaft für seine Förderung und Verbreitung engagierten. Die Sportvereine und -verbände sind durch das in unserer Verfassung garantierte Recht der Versammlungsfreiheit geschützt. In Europa gibt es ca. 700.000 Sportvereine, die von zehn Millionen ehrenamtlichen Unterstützern getragen werden. Der Sport und seine Vereinsstrukturen sind damit Ausdruck aktiven und lebendigen bürgerschaftlichen Engagements. Das ehrenamtliche Engagement eines jeden Einzelnen verdient unsere große Anerkennung. Die von Ehrenamtlichen getragenen Sportvereine bilden das Rückgrat des europäischen Sports. Ganz abgesehen davon trägt die Tatsache, dass eine Sportart in hunderten kleiner Vereine von begeisterten Aktiven ausgeübt wird, erheblich dazu bei, dass sich diese Sportart in einer Region, in einem Land großer Beliebtheit erfreut. Der Breitensport und das Ehrenamt sind somit wesentliche Elemente, die den Spitzensport attraktiv und lukrativ machen. Dieser engen Verbindung sollte Rechnung getragen werden, gerade weil wir in den letzten Jahren sehen, dass sich professioneller und Breitensport auseinander zu leben scheinen.

SPORT IST EIN GRENZÜBERSCHREITENDES PHÄNOMEN

Für Pierre de Coubertin war die völkerverbindende Kraft des Sports ein zentrales Element seiner Philosophie, stammend von der antiken Tradition des gemeinsamen Wettstreits, während dessen alle kriegerische Aktivität zu ruhen hatte. Auch heute noch setzt sich das Internationale Olympische Komitee für den olympischen Waffenstillstand ein. Seit den ersten olympischen Spielen der Neuzeit hat sich der Sport, insbesondere in den letzten Jahrzehnten, immer weiter internationalisiert. Nicht nur die Zahl internationaler Vereinigungen und Wettkämpfe hat zugenommen. Auch Sportler sind zunehmend mobil geworden, und gerade in den Mannschaftssportarten hat sich dies bemerkbar gemacht.

Lassen Sie mich bei dieser Gelegenheit zum Ausdruck bringen, wie sehr das Parlament rassistische Auswüchse verabscheut. Rassismus und Fremdenfeindlichkeit sind mit den europäischen Grundwerten nicht zu vereinbaren. Sie zeigen aber, dass Verbände, Ligen und Vereine, gerade auf höchster professioneller Ebene, auf solche Entwicklungen zu achten haben und Konzepte zu ihrer Bekämpfung entwickeln und umsetzen müssen.

Sport sollte keine ausschließliche Angelegenheit für eine Elite von Spitzensportlern sein.

Der Profisport in Europa ist in allen Belangen Teil der absoluten Weltspitze. Wenn man bei internationalen Sportwettkämpfen die Zahl europäischer Teilnehmer und ihre Ergebnisse betrachtet, wird dies deutlich. In manchen Bereichen setzt der europäische Sport die Maßstäbe weltweit.

Die letzten Jahrzehnte haben in bestimmten Sportarten eine deutliche Professionalisierung und Kommerzialisierung gesehen. Die Summen, die durch den Verkauf von Übertragungsrechten, von Sport- und Fanartikeln generiert werden, sind atemberaubend. Der Sport ist zu einem Wirtschaftsfaktor geworden, die Zahl der im Sportbereich Angestellten wächst, für Regionen und Kommunen sind große Sportereignisse nicht nur in kultureller, sondern auch in wirtschaftlicher Hinsicht bedeutend. Diese Entwicklung hat viele positive Aspekte. Dennoch: Sport sollte Teil des gesellschaftlichen Lebens aller sein und bleiben. Es sollte gewährleistet sein, dass Gelder, die an der Spitze der europäischen Sportpyramide erwirtschaftet werden, auch den regionalen und lokalen Vereinen und Verbänden zugute kommen. Denn nicht selten machen spätere Topathleten ihre ersten Schritte in einem kleinen Verein, bevor sie dann von den großen Vereinen entdeckt werden. TV-Gelder und Lotteriezuschüsse sind wichtige Einnahmequellen des Sportes. In beiden Fällen hat sich das Parlament deutlich ausgesprochen: Einnahmen aus dem zentralen Verkauf von Übertragungsrechten sollten solidarisch verteilt werden, um für finanzielle Ausgewogenheit und damit letztlich für spannendere Wettkämpfe zu sorgen, die im Interesse aller sind. Und bei Lotterien hat das Parlament die Rechtmäßigkeit von Wettbewerbsrestriktionen durch Mitgliedstaaten unterstrichen sowie die Bedeutung von Lotterien für die Förderung kultureller und sozialer Aktivitäten. Der Europäische Gerichtshof (EuGH) hat erst vor kurzem die Legitimität von Wettbewerbseinschränkungen gestützt.

DER SPORT VERMITTELT GESELLSCHAFTLICHE WERTE

Neben den wirtschaftlichen Aspekten sollte die soziale und kulturelle Bedeutung des Sportes in unserer Gesellschaft nicht verkannt werden. Sport ist nicht nur grenzüberschreitend verbindend, er trägt auch im Kleinen, in der Gemeinde, in der Stadt zum sozialen Zusammenhalt bei. Sportprojekte zur Integration von sozial schwachen Gruppen, von Immigranten, stellen diese Kraft des Sportes eindrucksvoll unter Beweis. Sport kann Werte vermitteln wie Teamgeist, Fairness, Achtung von Regeln und Respekt dem Anderen gegenüber. Menschen kommen in Vereinen und Verbänden zusammen, wo sie demokratische Verantwortung übernehmen und sich aktiv in kulturellen Netzwerken betätigen können. Nicht zuletzt schlägt der Sport Brücken zwischen Kulturen und Nationalitäten, erleichtert die soziale Eingliederung von Behinderten, vermittelt Aktiven und Zuschauern ein Gefühl der Verbundenheit. Es ist offensichtlich, dass Sport bei Kindern zur Stärkung sozialer Kompetenzen beiträgt. Und abgesehen davon, auch zu einem gesünderen Lebensstil führt. Wer als Kind gelernt hat, sich zu bewegen und auf seinen Körper zu achten, hat gute Grundlagen, um auch als Erwachsener fit zu bleiben. Wer indes ohne Sport aufwächst, dem fällt physische Aktivität auch später wesentlich schwerer. Und wieder kann man nur unterstreichen, dass es vor allem die vielen kleinen Sportvereine sind, die neben der Schule den Hauptteil der Kinder- und Jugendbetreuung übernehmen.

Trotz seiner enormen gesellschaftlichen und wirtschaftlichen Bedeutung fristete der Sport auf europäischer Ebene über viele Jahre ein Schattendasein: So verfügte dieser Bereich lange über keinerlei Rechtsgrundlage im europäischen Vertragswerk und wurde zumeist nur als ein Randaspekt anderer Politikbereiche wahrgenommen/behandelt. Erst seit einigen Jahren wird dem Sport erhöhte Aufmerksamkeit gewidmet und so seiner Bedeutung als integraler Bestandteil der europäischen Wirklichkeit Rechnung getragen:

Die Abschlusserklärung des Gipfels von Nizza beinhaltete Ende 2000 dann endlich eine ausdrückliche Erklärung, die die Bedeutung und gesellschaftliche Funktion des Sports in Europa anerkannte und die besonderen Merkmale des Sports, die im Rahmen gemeinsamer Politiken zu berücksichtigen sind, herausstellte. Das Europäische Jahr der Erziehung durch Sport ist auf meine Initiative hin entstanden.

Mit dem *Weißbuch Sport* legte die Kommission 2007 das erste umfassende europäische Dokument dieser Art vor, mit dem sich das Parlament ausführlich befasst und einen umfangreichen gemeinsamen Bericht verabschiedet hat.

Das *Weißbuch* liefert erstmals eine angemessene Grundlage für alle zukünftigen Aktivitäten und Politiken der Union im Bereich des Sports, für die nun auch eine rechtliche Grundlage besteht: Denn Artikel 165 des Lissabon-Vertrags stattet die EU erstmals explizit mit Zuständigkeiten im Sportsektor aus – eine positive Entwicklung der Beziehungen zwischen Sportwelt und EU. Somit konnte die Forderung von Sportverbänden nach einer höheren Bedeutung und Sichtbarkeit des Sports auf europäischer Ebene nun endlich erfüllt werden.

Wie nun der neue Vertragsartikel genutzt wird, muss sich noch zeigen. Sicher ist, dass es ein Sportprogramm geben wird, mit dem die EU Netzwerke im Bereich Sport, den Informationsaustausch und Forschungsarbeiten fördern kann. Die Europäische Kommission hat eine erste Mitteilung für den Herbst dieses Jahres angekündigt. Außerdem könnte über den Regelungsbedarf im Bereich Spielervermittler/Agenten oder Doping nachgedacht werden. In jedem Fall kann man davon ausgehen, dass auch der neue Artikel den gemeinsamen Markt nicht in Frage stellen wird. Fragen des Wettbewerbs oder der Freizügigkeit der Arbeitnehmer werden auch weiterhin vor allem auf der Grundlage der entsprechenden Artikel beantwortet werden, sollten wirtschaftliche Aspekte des Sportes zur Debatte stehen.

Die Europäische Kommission hat mit dem *Weißbuch zum Sport* und dem damit verbundenen Aktionsplan einige wichtige Initiativen gestartet, die das Parlament sehr unterstützt. Es regte Diskussionen über zentrale Probleme an, sensibilisierte für die speziellen Bedürfnisse und Besonderheiten des Sportsektors und illustrierte die Anwendung des EU-Rechts im Sportbereich. Die eingeleitete Wiederbelebung und Intensivierung der Kontakte zwischen der EU und der Sportwelt zeigen, dass ein regelmäßiger Gedankenaustausch aller Beteiligten Missverständnisse ausräumen kann, bevor es zu ernsten Rechtsstreitigkeiten kommt. Wir als Parlament/Kulturausschuss sind erfreut, dass wir mit unserer „vorbereitenden Maßnahme" die finanzielle Unterstützung zu diesen Aktivitäten bereitgestellt haben.

VORBEREITENDE MASSNAHMEN

In der Entschließung vom 14. April 2008 des Europäischen Parlaments zum *Weißbuch Sport* wurde die Kommission aufgefordert, ein EU-Sport-Programm und vorbereitende Maßnahmen im Bereich des Sports ab 2009 vorzuschlagen.

Ziel der vorbereitenden Maßnahmen ist es, auf Grundlage der Prioritäten, die im *Weißbuch Sport* vorgegeben sind, durch strategische Unterstützung der Konzeption künftiger sportpolitischer Maßnahmen, Vorarbeiten für künftig anlaufende Maßnahmen durchzuführen. Diese Unterstützung kann in Form von Studien, Erhebungen, Konferenzen und Seminaren erfolgen. Es kommt zu einer Erprobung der Einführung und Nutzung geeigneter Netze sowie bewährter Verfahren durch Aufforderungen zur

Einreichung von Vorschlägen. Es gilt eine größere europaweite Sichtbarkeit bei sportlichen Veranstaltungen voranzutreiben.

Im Jahr 2009 wurden sechs Millionen Euro und im Jahr 2010 werden drei Millionen Euro für vorbereitende Maßnahmen ausgegeben. Vor zwei Wochen, am 22. Mai 2010, wurde der Aufruf für 2010 veröffentlicht.

Zusätzlich werden im Sport finanziert:

- 1,5 Millionen Euro für das X. Olympische Festival der europäischen Jugend 18. bis 25. Juli 2009 in Tampere (Finnland) mit Wettkämpfen in neun Disziplinen, an denen 3.500 Athleten teilnahmen,
- zwei Millionen Euro für das Olympische Winterfestival der Jugend in Liberez (Tschechische Republik) vom 12. bis 19. Februar 2010,
- sechs Millionen Euro für die Special Olympics Sommerspiele in Warschau (Polen) vom 18. bis 24. September 2010.

Ich bin überzeugt, dass der eingeschlagene Weg der regelmäßigen Kontakte, des Austauschs und der einvernehmlichen Lösungen auch weiterhin der beste Weg ist. Denn er gewährleistet am besten die Autonomie und die Selbstregulierung der Sportwelt, die das Parlament stets unterstützt hat. Rechtsakte oder gar Gerichtsurteile können nur ein letztes Mittel sein, wenn sich andere Lösungen nicht finden lassen.

NACHWUCHSFÖRDERUNG

Das Parlament, genau wie die Kommission und der Rat sehen die Förderung von Nachwuchssportlern als eine wichtige Aufgabe der Sportwelt an. Bei Mannschaftssportarten ist dies im Profisport stets mit der Frage von Einsatzmöglichkeiten für junge Talente in den Profimannschaften verbunden. Zwei Konzepte haben hier die Diskussion bestimmt: die Regelung der UEFA zum Einsatz von „home-grown"-Spielern, die bereits angewandt wird, und die „6+5-Regel" der FIFA, die bislang ein Konzept ist. Parlament und Kommission unterstützen die Regel der UEFA, vor allem weil hier die Proportionalität der Mittel, wie sie auch vom EuGH gefordert wird, berücksichtigt wird. Auf diese Weise wird Diskriminierung soweit es geht reduziert, ohne das Ziel einer besseren Praxisausbildung junger Talente in Frage zu stellen.

SOZIALER DIALOG

Ein anderer Bereich, in dem es positive Fortschritte gegeben hat, ist der soziale Dialog zwischen Arbeitnehmern (Spielervereinigung FIFPRO) und Arbeitgebern (EPFL – Vereinigung der europäischen Profi-Ligen) im Bereich Profifußball. Auch hier hat die Kommission nützliche Unterstützung geleistet und den Rahmen geschaffen für Verhandlungen unter Leitung der UEFA, die nun in eine Vereinbarung zu Mindestanforderungen für Spielerverträge im Profifußball gemündet sind. Auch dies ist eine begrüßenswerte Entwicklung.

Der europäische Sport ist geprägt durch seine Pyramidenstruktur. Die europäischen Spitzenverbände werden getragen von nationalen Verbänden und Ligen, und diese wiederum von regionalen Verbänden. Am Fuß der Pyramide finden sich die vielen Vereine. Sie bilden das Fundament des europäischen Sportes. Vereine können je nach Erfolg auf- und absteigen – letzteres wird natürlich weniger gerne gesehen. Diese Durchlässigkeit macht Sport nicht nur für den Zuschauer interessanter, sondern sie zeigt auch, dass in sportlicher Hinsicht eine Verbindung zwischen den einzelnen Ebenen besteht. Diese Strukturen haben mit dazu beigetragen, den Sport – und seine Vereine und Athleten – in Europa so erfolgreich werden zu lassen wie sie sind. Und dieses Modell sollten wir erhalten, damit der Sport und damit die Freude am Sport – sei es als Aktiver, Ehrenamtlicher, als Profi oder Anhänger – weiterhin zum Leben aller Menschen gehört.

ENTSCHLIESSUNGSANTRAG DES CULT ZU DER ROLLE VON SPIELERVERMITTLERN IM SPORT

Die Studie der Europäischen Kommission zu dem Thema, veröffentlicht im Februar 2010, stellt fest, dass es Probleme gibt in Bezug auf kriminelle Aktivitäten in Verbindung mit der Spielervermittlung, die sich nachteilig auswirken auf das Bild des Sports, seine Integrität und Rolle in der Gesellschaft.

Das Parlament fordert die Kommission in der Entschließung auf, aktiv zu werden bezüglich der Standards und Prüfungskriterien zu Spieleragenten, der Transparenz in Vermittlergeschäften, dem Verbot der Bezahlung von Vermittlern bei der Vermittlung Minderjähriger und zu minimalen harmonisierten Standards für Vermittlerverträge.

ANHÖRUNG MIT DER UEFA

Am 1. Juni 2010 wurden im Ausschuss für Kultur und Bildung die neuen Regelungen zum „Financial Fairplay" der UEFA präsentiert.

Handlungsbedarf besteht, weil zu viele Clubs erhebliche Schulden angehäuft haben, um durch den Einkauf der besten Spieler Wettbewerbsvorteile für sich zu schaffen. Das Konzept des „financial fairplay" wird hoffentlich helfen, Klubs finanziell zu stabilisieren, und auf lange Sicht in Europas beliebtester Sportart eine echte Wettbewerbssituation zu schaffen.

DOPING UND DIE VERANTWORTUNG DER GESELLSCHAFT

DOPING – VERLOCKUNG FÜR DIE EWIG JUNGEN?

Thomas Ulmer

Sie werden heute im Laufe des Tages zahlreiche Beiträge von Experten hören, auf die wir uns bereits jetzt freuen. Dabei geht es hauptsächlich um den Kampf gegen Doping, die Dopingforschung oder die Sicht des Europäischen Parlaments auf den Sport. Ich möchte heute nicht nur in meiner Funktion als Abgeordneter zu Ihnen sprechen, sondern vor allem als Vertreter des Amateurfußballs.

Seit über zwanzig Jahren bin ich Präsident eines Fußballvereins, der in der Verbandsliga spielt: die Spielvereinigung Neckarelz. Ein Highlight in der Vereinsgeschichte war das DFB-Pokalspiel am 1. August letzten Jahres gegen den 1. FC Bayern München. Wir haben zwar 3:1 verloren, aber den Bayern dabei ordentlich eingeheizt. In der Rhein-Neckar-Arena, dem Stadion von Hoffenheim, war ordentlich Stimmung und das war die Hauptsache.

Ich finde es immer wieder beeindruckend, wie sportliche Ereignisse Menschen zusammenbringen und einen Zauber, eine Faszination auslösen. Ich bin mir sicher, dass Sport, der Teamgeist, den man dabei erlebt und das Kämpfen für ein gemeinsames Ziel, Grenzen überwinden können. Ich würde mir wünschen, dass sich das bei der anstehenden

Fußballweltmeisterschaft in Afrika zeigt. Obwohl die Apartheid seit dem Jahr 1994 offiziell beendet ist, gibt es immer noch Diskriminierung in diesem Land. Vielleicht kann der Sport helfen, die Menschen näher zusammen zu bringen.

Der Sport verliert aber schnell seinen Zauber, wenn die Leistungen, die Menschen erbringen, nicht aus eigenem Antrieb geschafft werden, sondern nur durch Hilfe von Doping und Aufputschmitteln. Es ist bedauerlich, wie sich besonders im Radsport dieses Problem eingeschlichen hat und in den Medien diskutiert wurde. Das hat ein extrem schlechtes Bild auf diese Sportart und auf Leistungssportler allgemein geworfen.

Sportler sind für viele Menschen, vor allem für junge Leute, Vorbilder. Sie zeigen, dass man ein Ziel aus eigener Kraft erreichen kann, wenn man hart und konsequent dafür arbeitet. Wenn man dazu aber irgendwelche Mittel verwendet, um die natürlichen Kräfte des Körpers zu verstärken, dann ist man sich und dem Publikum gegenüber nicht ehrlich. Dann betrügt man seinen Körper und seine Fans gleichermaßen.

Allerdings sehe ich die Grenze zwischen dem, was erlaubt ist und dem was nicht mehr erlaubt ist, sehr fließend. Das scheint zunehmend zu einem Problem zu werden. Darauf werde ich später noch einmal zurückkommen.

Im Vertrag von Lissabon steht dazu in Artikel 149 Absatz 1: „Die Union trägt zur Förderung der europäischen Dimension des Sports bei und berücksichtigt dabei dessen besondere Merkmale, dessen auf freiwilligem Engagement basierende Strukturen sowie dessen *soziale und pädagogische Funktion.*" Diese pädagogische Funktion ist nicht zu unterschätzen und beeinflusst gerade junge Menschen stark.

Die Frage, die mich beschäftigt ist: Warum dopen Sportler überhaupt?

Meiner Meinung nach liegt der Hauptgrund in den hohen, geradezu übermenschlichen Erwartungen an die Sportler, denen sie nicht immer gerecht werden können. Die Kommerzialisierung des Sports sowie ein hohes Medieninteresse sind weitere Aspekte, welche Athleten stark unter Druck setzen.

Langfristig hat das gravierende Folgen, nämlich die physische und psychische Abhängigkeit, nicht nur von Substanzen, sondern auch von Erfolg. Ausbleibende positive Erlebnisse führen zu Depressionen, die behandelt werden müssen. Im schlimmsten Fall hat eine Überdosis tödliche Wirkung.

Es ist erschreckend, dass nicht nur Profifußballer und -radfahrer unerlaubte Substanzen zu sich nehmen, sondern dass auch im Breitensport immer häufiger zu derartigen Mitteln gegriffen wird. Warum ist das so und wie können wir dieser Herausforderung begegnen?

Ich denke, dass es sich hierbei um ein sehr vielschichtiges Problem handelt. Unsere Gesellschaft hat sich zu einer Leistungsgesellschaft entwickelt, in der Erfolg zunehmend zum Maß aller Dinge wird. Bereits in den Schulen müssen sich Kinder und Jugendliche an Leistungs- und Konkurrenzdruck gewöhnen, um sich zu beweisen. Wer notentechnisch nur im Mittelfeld mitschwimmt geht in der Masse unter oder scheitert am permanenten Vergleich mit besseren Schülern. Auf diese Weise wird einem sportlichen „Dabei sein ist alles" oder auch dem Prinzip des „Fair play" natürlich jegliche erzieherische Grundlage entzogen.

Sportler müssen gefördert, aber dürfen nicht überfördert werden! Die Spieler in meinem Fußballverein haben alle einen Beruf erlernt, den sie neben dem Sport ausüben. Das ist sicher nur bis zu einem gewissen Leistungsniveau möglich. Im Breitensport halte ich es aber durchaus für wichtig, dass sich die Athleten nicht ausschließlich auf ihre Sportart konzentrieren, sondern auch einen Beruf ausüben, in den sie später zurückkehren können. Schließlich bringt man in zahlreichen Sportarten ab einem gewissen Alter nicht mehr die geforderte Leistung. Spätestens dann muss man sich mit der Frage beschäftigen, wie es beruflich weiter gehen soll. An diesem Punkt fallen viele in ein Loch, leiden unter Depressionen. Manche Athleten stehen plötzlich vor der erschütternden Feststellung, dass sich ihr komplettes Dasein bisher um den Sport gedreht hat und sie nicht in der Lage sind, ihrem Leben eine neue Richtung zu geben.

Ich muss Ihnen ehrlich sagen, dass ich es äußerst kritisch sehe, wenn Sportler wie Michael Schumacher nach dem eigentlichen Abschied aus dem Profisport mit über vierzig Jahren zurückkehren. Offensichtlich hat er sich nach dem Medienrummel in der Formel 1 gesehnt. Der Erfolg sei ihm gegönnt, wobei dieser bisher ausbleibt. Aber was auch immer ihn zu diesem „Comeback" bewogen hat, er vermittelt damit den trügerischen Anschein, der menschliche Körper wäre unbegrenzt zu sportlichen Höchstleistungen fähig. Damit wird eine Botschaft gesendet, die sehr gefährliche Auswirkungen haben kann. Zwar leben wir heute länger und vor allem gesünder, aber dennoch hat auch die Aktivphase eines jeden Sportlers ihre natürlichen Grenzen. Das sollte man erkennen und akzeptieren. Denn schließlich ist unser Körper nicht mit ein paar Turnschuhen zu vergleichen, die man in den Müll wirft, wenn sie durchgelaufen sind!

Wie bei so vielen Dingen im Leben sind wir uns dem Wert unserer Gesundheit oft erst dann bewusst, wenn wir sie, in manchen Fällen unwiederbringlich, verloren haben. Deshalb ist es unsere Pflicht, unseren Körper und unsere Gesundheit zu schützen.

Jeder Athlet ist selber dafür verantwortlich, dass keine verbotene Substanz in seinen Körper gelangt. Das nennt man „strict liability", wie viele von Ihnen sicherlich wissen. Der Grundsatz der „strict liability" wird bereits heute in den meisten internationalen Verbänden angewandt. Er ist im neuen Anti-Doping-Kodex ausdrücklich verankert. Weist ein akkreditiertes Dopinglabor nach, dass die Dopingprobe eine verbotene Substanz enthält, so hat der Athlet gegen die Dopingregeln verstoßen und muss mit Sanktionen rechnen. Das geschieht unabhängig davon, ob eine Leistungssteigerung beabsichtigt war, ja sogar unabhängig davon, ob der Sportler überhaupt wusste, dass eine verbotene Substanz in seinen Körper gelangt war. Die Chancen, dass der Athlet den Gegenbeweis durch den Nachweis eines Fehlers in der Transportkette oder der Laboranalyse erbringen könnte, sind äußerst gering.

Immer häufiger kommen jedoch auch Fälle ans Tageslicht, die zeigen, dass vor allem junge Sportler sich der Tatsache gar nicht bewusst sind, dass sie dopen. Ein Beispiel von vielen ist der Prozess gegen Thomas Springstein im März 2006: Das Amtsgericht Magdeburg verurteilte den Leichtathletik-Trainer wegen Verstoßes gegen das Arzneimittelgesetz in besonders schwerem Fall zu einem Jahr und vier Monaten auf Bewährung, da Springstein der damals sechzehnjährigen Sprinterin Anne-Kathrin Elbe das Dopingmittel Testosteron-Undecaonat verabreichte. Ärzte, die Sportlern ohne deren Wissen illegale Substanzen verabreichen begehen Körperverletzung, es handelt sich hierbei nicht um ein Kavaliersdelikt!

Die Harmonisierung der Dopingregeln in den verschiedenen Sportverbänden ist eines der Hauptziele des Anti-Doping-Kodexes der Welt-Antidoping-Agentur (WADA). Harmonisierung soll vor allem bezüglich der Sanktionen erreicht werden. Das finde ich sehr wichtig! Wem als Athlet eine verbotene Substanz oder eine verbotene Methode nachgewiesen wird, soll beim ersten Vergehen mit einer zweijährigen Sperre belegt und im Wiederholungsfall lebenslänglich gesperrt werden. Dies unabhängig davon, ob es sich um einen erfolgreichen Berufsfußballer eines Spitzenklubs oder um eine junge Synchronschwimmerin der Nachwuchskategorie handelt.

Schließlich hat das Dopen von einzelnen Sportlern nicht nur manipulierende Auswirkungen auf Einzelleistungen und Wettkampfergebnisse sondern stellt auch einen Demotivationsfaktor für den Sport allgemein dar. Es ist für mich völlig nachvollziehbar, dass sich Wettkämpfer, die sich auf faire Weise beteiligen, betrogen fühlen. Durch den Medienrummel wird der Eindruck vermittelt Doping sei in fast jedem sportlichen Bereich allgegenwärtig, was dazu führt, dass manche Sportler bereits so weit gehen sich die Frage zu stellen, ich formuliere hier bewusst überspitzt: Wenn ohnehin alle dopen, lohnt es sich für mich dann überhaupt noch am Wettkampf teilzunehmen?

Diese Frage müssen wir mit einem klaren und lauten „Ja" beantworten!

Die Tatsache, dass Dopingskandale mehr Medieninteresse wecken als die Dopingbekämpfung darf bei der Bevölkerung und den Sportlern nicht den falschen Eindruck entstehen lassen, dass in dieser Hinsicht keine effektiven Maßnahmen in die Wege geleitet würden. Ein gutes Beispiel ist die EU-Anti-Doping-Konferenz, welche auf Vorschlag des Europäischen Parlaments von der Kommission 2009 in Athen veranstaltet wurde. Dabei kamen Vertreter der für Sport zuständigen Regierungsbehörden der EU-Mitgliedstaaten mit wichtigen Akteuren der Dopingbekämpfung zusammen. Zentrale Themen waren hierbei Datenschutz, Zusammenarbeit zwischen Dopingbekämpfungsstellen und der pharmazeutischen Industrie und die Möglichkeit zum direkten Austausch zwischen akkreditierten Laboratorien und anderen Interessenten in einem EU-Rahmen. Nur wenn alle Akteure mit einem gemeinsamen Ziel zusammenarbeiten, kann es gelingen, effektiv gegen Betrugsversuche vorzugehen.

Dazu gehört auch eine präventive Aufklärung, die insbesondere junge Sportler vor der Dopingfalle schützen soll. Die Europäische Kommission fordert die Sportorganisationen in ihrem Weißbuch zum Thema „Sport und Doping" auf, einen Verhaltenskodex zur besseren Aufklärung über Dopingsubstanzen, möglicherweise Dopingsubstanzen enthaltende Arzneimittel und deren gesundheitliche Auswirkungen zu entwickeln.

Nur so können wir garantieren, dass die fundamentalen Werte des Sports wie beispielsweise das „Grundrecht" der Athleten auf Teilnahme an dopingfreiem Sport und der Förderung der Gesundheit, Fairness und Gleichbehandlung der Sportler in Zukunft wieder den Stellenwert erhalten, der ihnen zusteht.

GENDOPING – MEDIZINISCHE GRUNDLAGEN UND HANDLUNGS-BEDARF

Peter Liese

Die Bedeutung des Sports in der Europäischen Union ist sicher noch ein bisschen unterbelichtet. Wir haben natürlich die Subsidiarität zu berücksichtigen, darüber hat sicher Frau Pack heute Mittag gesprochen, und trotzdem sollten wir die Bedeutung nicht aus den Augen verlieren. Ich möchte Ihnen das an einem Beispiel deutlich machen, nicht aus dem Leistungssport und auch nicht aus dem Bereich Doping, sondern aus dem Breitensport.

Wir diskutieren im Ausschuss für Umwelt, Gesundheit, Lebensmittelsicherheit im Europäischen Parlament im Moment sehr engagiert und sehr kontrovers das Thema Nahrungsmittelkennzeichnung. Da geht es um die Frage, ob wir mit Hilfe einer Ampelkennzeichnung bestimmte Lebensmittel sozusagen als „rot" markieren, die man eigentlich gar nicht essen soll. Als Mediziner würde ich sagen, das ist nicht ganz angemessen, weil es eigentlich auf dem Markt in der Europäischen Union keine ungesunden Lebensmittel gibt. Es gibt nur Lebensmittel, die man nicht im Übermaß konsumieren sollte. Schokolade sollte man beispielsweise natürlich nicht verbieten, aber man darf auch nicht zu viel davon essen. Wir diskutieren das sehr engagiert und diskutieren über die Frage: Was können wir tun, damit die Menschen nicht zu viel Kalorien zu sich nehmen, damit wir bestimmte Erkrankungen wie Diabetes, Herz-Kreislauf-Erkrankungen, Gelenkerkrankungen usw., die auf dem Übergewicht basieren, zurückfahren? Und das Thema ist sehr wichtig.

Wir haben hier ein Riesenproblem durch Übergewicht, wir haben ein Riesenproblem durch die Folgeerkrankungen und das ist explosionsartig. Ich habe, bevor ich ins Europäische Parlament gewählt wurde, bis 1994 als Stationsarzt an einer Kinderklinik gearbeitet. Damals war es praktisch nicht denkbar, dass Kinder an Diabetes Typ II erkranken. Diabetes Typ II ist der sogenannte Altersdiabetes. Der entsteht in der Regel durch eine gewisse erbliche Vorbelastung, aber vor allen Dingen durch Übergewicht. Kinder sind an dieser Krankheit nicht erkrankt. Jetzt mittlerweile haben wir das Problem, dass bei Kindern Diabetes Typ II explosionsartig zunimmt. Und natürlich überlegt man, was kann man machen, und da kommt die Nahrungsmittelkennzeichnung ins Spiel.

Aber wissenschaftliche Analysen, z.B. von Professor Harms an der Universität Münster, der in der Deutschen Gesellschaft für Kinderheilkunde das Thema lange Jahre betreut hat, zeigen, dass sich in den letzten fünfzehn, zwanzig Jahren, also in der Zeit, als ich in der Klinik war, und heute, in diesen Jahren eigentlich das Ernährungsverhalten von Kindern gar nicht geändert hat. Die Kinder haben auch damals schon Limonade getrunken, die haben Schokolade gegessen, die haben Bonbons gelutscht, das ist alles nicht neu, und auch McDonalds gab es damals schon. Was es aber nicht gab, waren die vielen Fernsehprogramme, die Computer, Game Boys und ähnliche Dinge. Die Kinder bewegen sich weniger. Und deswegen nehmen sie zu, und deswegen haben wir diese Folgeerkrankungen. Von daher ist die Frage, wie wir die Kinder und auch die Gesellschaft insgesamt dazu bringen, sich mehr zu bewegen, eigentlich die zentrale Frage.

Und wir können eine noch so tolle Lebensmittelkennzeichnung beschließen, mit noch so strenger Warnung, wenn sich die Menschen nicht bewegen, werden wir viele Probleme nicht lösen können. Und das ist nicht nur das Übergewicht und die daraus resultierenden Krankheiten, das sind auch viele andere Dinge. Es gibt wissenschaftliche Untersuchungen, die z.B. besagen, dass Frauen, die Sport treiben, bis zu dreißig Prozent weniger an Brustkrebs erkranken. Es gibt einen Zusammenhang zwischen Sport und Depressionen, d.h. mehr Sport heißt weniger Depressionen. Der Sport hat einen positiven Einfluss auch auf die Gehirnleistung, auf die Merkfähigkeit. Es gibt einen Zusammenhang zwischen Sport und einem geringeren Risiko an Alzheimer zu erkranken. Also unheimlich viel, was wir hier positiv bewirken können, wenn wir es schaffen, dass die Menschen in Europa mehr Sport treiben.

Nun haben wir da, von wegen Subsidiarität, eine gewisse Begrenzung, wir können nicht viel vorschreiben, aber wir können auf bestimmte Dinge hinweisen. Und ein Experte hat mir vor einigen Wochen gesagt, dass wir in bestimmten Ländern eine sehr laxe Handhabung beim Schulsport haben. Es reicht eine einfache Auskunft der Eltern oder des Schülers, dass man nicht am Schulsport teilnehmen möchte, und dann muss man das nicht. Und die Frage ist, ob wir so was nicht mal zumindest diskutieren sollten auf europäischer Ebene, um auch voneinander zu lernen, wie schaffen wir es, Kinder, aber auch insgesamt die Bevölkerung dazu zu bringen, dass sie sich stärker und mehr bewegen. Das wollte ich als erstes vorwegschicken.

Am anderen Ende der Skala steht natürlich das Doping. Leistungssport wird nicht ausgeübt, um sich gesund zu erhalten, sondern hat einen anderen Aspekt. Der Mannschaftsarzt der deutschen Eishockey-Nationalmannschaft sagte vor ein paar Tagen im Radio, dass die deutsche Mannschaft ja doch unter extremen Belastungen stehe. Und auf die Frage eines Reporters, wie sich das denn alles auf die Gesundheit auswirke, hat er gesagt: Man nehme an einer Eishockey-Weltmeisterschaft nicht teil, um gesund zu werden, sondern um Weltmeister zu werden. Das zeigt, dass wir natürlich da andere Aspekte haben. Aber es darf nicht dazu führen, dass derjenige, der seine Gesundheit schädigt, einen Vorteil erlangt.

Und damit sind wir beim Thema Doping. Doping kann und darf nicht akzeptiert werden. Und ich denke, das ist hier heute oft genug gesagt und auch erklärt worden. Ich habe mir im Vorfeld deshalb überlegt, was ich denn noch beitragen kann. Es waren so viele Experten heute hier, auch aus dem Parlament, der Kollege Ulmer und die Kollegin Pack. Ich habe überlegt, was ich vielleicht noch Sinnvolles zusätzlich erzählen kann, was Sie alle nicht schon gehört haben. Und da bin ich darauf gekommen, dass ich am Institut für Humangenetik der Universität Bonn promoviert habe und dass ich mich deshalb im Europäischen Parlament auch sehr intensiv mit den Grenzfragen der modernen Biotechnologie auseinander setze. Ich leite auch eine Arbeitsgruppe Bioethik. Und in dieser Arbeitsgruppe Bioethik haben wir uns in den letzten Jahren auch mit dem Thema Gendoping beschäftigt. Und ich dachte, das wäre vielleicht noch ein Aspekt, den ich hier kurz ansprechen könnte.

Ich muss mich entschuldigen bei all den Experten, die noch im Publikum sitzen und die vorher an der Podiumsdiskussion teilgenommen haben, denn für die wird das sicher nicht neu sein. Aber ich habe die Erfahrung gemacht, dass Zusammenhänge in der Humangenetik für Nichtmediziner sehr schwer verständlich sind, und deswegen kann das vielleicht nicht schaden, wenn wir noch einmal kurz auf das Thema Gendoping eingehen. Was ist Gendoping und was unterscheidet Gendoping vom traditionellen Doping? Was müssen wir auch vielleicht deshalb im Sport, in der Medizin und in der Politik berücksichtigen, wenn wir darüber sprechen? Ich habe dazu einige Grafiken mitgebracht.

Das ist eine menschliche Zelle oder eine tierische Zelle, die unterscheiden sich unter dem Mikroskop nicht. Und wenn wir über Gene reden, dann reden wir über das in der Mitte, über dem Zellkern. Im Zellkern befindet sich die Erbinformation. Und das ist wichtig, für das Verständnis der Genetik und damit auch des Gendopings.

Hier haben wir die Feinstruktur der Erbinformationen. Alle Lebewesen, damit auch der Mensch, enthalten im Kern ihrer Zelle die DNA, die Desoxyribonukleinsäure, das ist der sogenannte genetische Code. Und für das Verständnis der Genetik und damit auch des Gendopings ist es ganz wichtig zu verstehen, wie kommt man von diesem genetischen Code zu den Eigenschaften. Das ist hier erklärt, vom Gen zum Protein, also vom Gen zum Eiweißstoff. Diese farbigen Zeichen, die Sie dort sehen, Adenin, Thymin, Guanin und Cytosin, das sind die sogenannten Nukleotidbausteine. Da gibt es nur vier Stück davon. Aber man kann aus der Reihenfolge dieser Nukleotide eine beliebige Kombination herstellen. Es geht eben darum, dass wir hier Millionen von solchen Nikleotiden im Zellkern einer jeden Zelle eines Menschen oder anderer Lebewesen haben.

Und das ist sozusagen eine Bauanleitung, eine Bauanleitung zu Eiweißstoffen. Durch einen komplizierten Mechanismus, den ich hier nicht im Einzelnen erkläre, wird aus dieser Bauanleitung ein Eiweißstoff gebildet.

Und ganz unten auf der Folie sehen Sie diese grünen Symbole, das sind Aminosäuren. Aminosäuren sind Bausteine von Eiweiß, und je nachdem wie der genetische Code ist, werden die Eiweißbausteine unterschiedlich zusammengesetzt. Und daraus entstehen unterschiedliche Eiweiße, und diese Eiweiße bestimmen unterschiedliche Eigenschaften von Lebewesen.

Ein ganz einfaches Beispiel: Wenn im Zellkern einer Zelle einer Blume eine Bauanleitung für einen blauen Eiweißstoff ist, dann wird die Blume blau blühen. Wenn in dem Zellkern eine Bauanleitung für einen roten Eiweißstoff ist, wird sie rot blühen. Das ist einfach. Andere Dinge sind komplizierter. Aber auch komplizierte Eigenschaften, auch menschliche Eigenschaften, beruhen auf dem genetischen Code. Wir haben als Menschen z.B. einen genetischen Code für die Haarfarbe. Wenn das Protein dunkel ist, dann haben wir dunkle Haare, und wenn es hell ist, haben wir blonde Haare. Und auch andere Dinge, komplizierte Sachverhalte sind genetisch bedingt. Das betrifft auch Krankheiten, und das betrifft auch andere körperliche Eigenschaften des Menschen.

Wir haben nun in den letzten Jahren gelernt, wie wir diesen genetischen Code beeinflussen können. Und ein Konzept, was man damit machen kann, sehen wir auf der nächsten Folie. Es gibt die Möglichkeiten, Krankheiten zu therapieren. Wie überall in der Medizin ist der Übergang von nicht ganz normal bis zu krank fließend. Und man kann natürlich mit der gleichen Methoden, mit der man eine Krankheit bekämpft, auch einen durchschnittlichen Menschen zu einem überdurchschnittlichen Menschen, z.B. einen besseren Sportler machen. Das Beispiel hier ist das Erythropoietin. Das Erythropoietin wird normalerweise bei gesunden Menschen in der Niere produziert. Wenn ein Mensch eine Nierenkrankheit hat, dann hat er kein Erythropoietin und Erythropoietin braucht man, um rote Blutkörperchen zu produzieren. Menschen, die eine Nierenkrankheit haben, haben also normalerweise eine geringere Anzahl an roten Blutkörperchen. Die Erythropoietinsubstitution wird in der Medizin natürlich durchgeführt. Man kann gentechnisch durch gentechnisch veränderte Mikroorganismen Erythropoietin produzieren und damit den Blutkörperchenanteil wieder erhöhen. Jetzt überlegt man, ob man das nicht direkt dadurch machen kann, dass man dem Menschen das Erythropoietin-Gen einpflanzt, so dass der Körper das wieder selber produziert. Da brauchen wir also nur einmal zu spritzen auf Deutsch gesagt. Der Körper wird verändert, in diesem Fall eine Muskelzelle und der Mensch produziert wieder Erythropoietin.

Man kann sich vorstellen, Erythropoietin ist eben ein Medikament, das bei Menschen eingesetzt wird, die zu wenig rote Blutkörperchen haben. Man kann sich vorstellen, dass diese Methode natürlich auch funktioniert, um einen Menschen, einen Sportler, der einen normalen Anteil an roten Blutkörperchen hat, dazu zu bringen, dass er mehr produziert und damit leistungsfähiger wird.

Gendoping ist seit 2003 von der WADA sehr breit definiert. Es geht also nicht nur um die direkte Manipulation, das direkte Einfügen eines Gens in den menschlichen Körper, sondern es geht weiter. Gendoping ist der nicht therapeutische Gebrauch von Zellen, Genen, genetischen Elementen oder die Beeinflussung der Genexpression mit der Möglichkeit, die Leistungsfähigkeit zu steigern.

Die Welt-Doping-Agentur hat das 2003 präventiv gemacht. Es gibt noch keinen bewiesenen Fall von Gendoping, aber man muss annehmen, dass es in vielen Stellen der Welt versucht wird.

Hier steht „Gendoping ist mehr als Gentherapie". Ich habe Ihnen eben gezeigt, wie die Information aus dem Zellkern sich in ein Protein umsetzt. Die ganze Sache ist extrem kompliziert und ich erwarte nicht, dass Sie das jetzt alles verstehen, wie aus dem Zellkern, ich zeige das vielleicht mal eben, wie aus dieser genetischen Information im Zellkern eine Eigenschaft wird. An allen Stellen zwischen der DNA und dem fertigen Produkt kann man eingreifen und man kann auch nicht nur eingreifen, indem man den Zellkern selbst verändert, indem man also ein anderes Gen einschleust, sondern man kann beispielsweise auch ein Medikament verabreichen, das nicht direkt wirkt, etwa direkt als Erythropoietin die roten Blutkörperchen steigert oder eine andere Dopingeigenschaft hervorruft, sondern man kann ein Medikament verabreichen, das die Gene anschaltet, das also die Erbinformation dazu bringt, mehr von dem entsprechenden Protein zu produzieren.

Und das ist das Tückische beim Gendoping, dass der Eingriff stattfindet zu einem Zeitpunkt mit einer Methode, nach der man möglicherweise gar nicht sucht und die man zum Zeitpunkt des Wettkampfes oder zum Zeitpunkt der Überprüfung gar nicht mehr erkennen kann. Es gibt also viele Möglichkeiten, auf die Erbinformationen und die Übertragung der Erbinformation in ein endgültiges Produkt Einfluss zu nehmen.

Ein weiteres Beispiel neben Erythropoietin ist das Myostatin. Myostatin ist ein Stoff, der das Muskelwachstum bremst. Und den Stoff brauchen wir alle, weil wir sonst alle so aussehen würden wie die Tiere auf diesem Bild. Wenn der Muskel unentwegt wächst, dann wächst er eben auch unkontrolliert und überdimensional und das versuchten sich einige im Doping natürlich zu eigen zu machen, indem sie das Myostatin, das den Muskel am Wachsen hindert, sozusagen blockieren. Das geht auf traditionelle Art und Weise. Das geht auch über Gendoping. Das ist das nächste Bild.

Also es gibt sehr viele Möglichkeiten, in diese Myostatinhemmung einzugreifen und damit das Muskelwachstum zu fördern. Das ist eine Sache, die jetzt schon sehr intensiv diskutiert wird.

In den Internetforen, also das ist auch nicht nur eine Frage des Leistungssports, sondern auch im Breitensport, etwa bei Menschen, die ganz normal ins Fitnessstudio gehen, ohne dass sie an Wettkämpfen teilnehmen, ist das ein Thema. Man tauscht sich zum Beispiel im Internet aus, wie man sein Muskelwachstum befördern kann. Testosteron ist eine Substanz, die da eine Rolle spielt, Myostatin eine andere. Und was für mich sehr besorgniserregend ist, das sind Informationen von der Sporthochschule Köln. In den Internetforen für Bodybuilder gibt es eine rege Diskussion über die Vorteile von Gendoping und Autoren von wissenschaftlichen Veröffentlichungen, die solche Dinge, wie ich eben gezeigt habe, präsentieren bei Mäusen, bekommen Anfragen, ob sie das nicht auch bei Menschen machen können. Das heißt, Gendoping ist eine ernsthafte Gefahr, nicht nur für den Leistungssport, sondern auch für den Breitensport. Und die Gefahren sind aus meiner Sicht deutlicher als bei dem traditionellen Doping, weil ich in einen Mechanismus eingreife, den ich weniger steuern kann.

Wenn ich das Testosteron auf dem konventionellen Wege oder das EPO nicht mehr zufüge, dann ist irgendwann der Prozess auch zu Ende. Wenn ich ein Gen manipuliere, egal auf welche Weise, kann das auch weiter einen Eiweißstoff produzieren, auch wenn der Eingriff schon längst vorbei ist und das ist wesentlich weniger kontrollierbar. Die Nebenwirkungen sind also mindestens genauso groß wie beim traditionellen Doping.

Gendoping ist im Prinzip einfach, wenn man das Prinzip einmal entwickelt hat. Es ist relativ günstig, weil ich nicht ständig neue Stoffe nachführen muss, sondern eine einmalige Manipulation am Gen schon zu Erfolgen führt. Viele Wissenschaftler, gerade junge Wissenschaftler gehen mit den entsprechenden Methoden um. Es kann in kleinen Labors durchgeführt werden und der Übergang zwischen Behandlung einer Krankheit und Verbesserung, also Doping kann fließend sein.

Ich habe eben angedeutet so ganz offiziell gibt es noch keine Fälle, die justitiabel bewiesen sind, aber man muss davon ausgehen, dass es versucht wird und wahrscheinlich schon durchgeführt wird. Es hat keine grundsätzlich neue Dimension im Vergleich zum Doping was die Ethik angeht. Es ist genauso ethisch verwerflich wie Doping an sich, aber es ist eine Verfeinerung der Methode und die Dopingfahndung ist schwieriger.

Und damit komme ich zu den Konsequenzen. Was müssen wir gemeinsam tun, um Gendoping zu bekämpfen? Ich glaube es ist sehr wichtig, dass wir alle gemeinsam, die Politik, die Sportfunktionäre, alle, die damit zu tun haben, auch die Kirchen, den Dopingfahndern und den Anti-Doping-Agenturen politischen Rückenwind geben. Das ist nicht immer ganz einfach und da ist mir persönlich der Fall Claudia Pechstein im Gedächtnis haften geblieben. Wenn ich richtig informiert bin, ging es da nicht direkt um Gendoping, aber der Mechanismus ist vergleichbar. Man kann keinen Stoff mehr nachweisen, der zu einer erhöhten Erythropoietinproduktion bei Frau Pechstein geführt hat, aber die Indizien sprechen eindeutig dafür, dass manipuliert wurde.

Und nun tut einem vielleicht die Frau Pechstein leid, die ist ja auch vielleicht viel sympathischer als so ein Muskelpaket im Sprintbereich, die schon vom Auftreten her den Eindruck erwecken, als ob sie sich an keine Regel halten. Frau Pechstein, hat mir ein Bekannter gesagt, der möchte man ja gerne glauben. Aber trotzdem habe ich großes Verständnis und möchte ausdrücklich Rückendeckung geben für diejenigen, die sie von den Wettkämpfen ausgeschlossen haben, weil ich glaube, dass man manche Dinge eben einfach nur anhand indirekter Nachweise verurteilen kann, weil wir den direkten Nachweis nicht erbringen können, allein technisch nicht. Und wenn wir sagen, solange es keinen direkten Nachweis gibt, ist der Sportler berechtigt, an allen Wettkämpfen teilzunehmen, dann nehmen wir der Anti-Dopingfahndung und der Dopingkontrolle ein wichtiges Instrument aus der Hand. Und dieses brauchen wir gerade im Bereich Gendoping. Deswegen habe ich größtes Verständnis. Man muss natürlich immer die Indizien zusammentragen und den Fall im Einzelfall abwägen, reichen die Beweise aus oder nicht. Aber ich möchte wirklich Rückendeckung signalisieren für alle die sagen, man muss auch den indirekten Nachweis zulassen, sonst können wir gerade beim Gendoping nicht weiterkommen.

Was wir als Europäisches Parlament tun können, ist, die Forschung zu unterstützen. Dass wir die Forschung im Kampf gegen Doping unterstützen. Wir haben mit fünfzig Milliarden Euro in der finanziellen Periode von 2007 bis 2013 ein sehr gut dotiertes Forschungsrahmenprogramm, und das Europäische Parlament hat sich bei der Erstellung des Rahmenprogramms dafür eingesetzt, dass auch der Anti-Dopingkampf ein Schwerpunkt der europäischen Forschung wird.

Ich war damals noch Mitglied im zuständigen Ausschuss für Industrie, Forschung und Energie und habe das auch persönlich unterstützt. Da ich jetzt nicht mehr in dem Ausschuss bin, habe ich im Detail nicht nachvollziehen können, was aus unserer Initiative geworden ist. Die Indizien, die mir nach Rücksprache mit dem Deutschen Olympischen Sportbund und einigen anderen vorliegen, zeigen, dass wir ggf. noch keinen durchschlagenden Erfolg haben, dass es keine massive Förderung der Forschung durch die Europäische Kommission in diesem Bereich gibt. Ich glaube, das ist eine Aufgabe, die wir gemeinsam haben. Die Diskussion über das nächste Forschungsrahmenprogramm beginnt in den nächsten Monaten und ich würde mich gerne gemeinsam mit Ihnen dafür einsetzen, dass der Kampf gegen Doping und speziell gegen Gendoping auch in diesem Bereich ein Schwerpunkt der Europäischen Union wird.

DOPING UND DIE VERANTWORTUNG DER NATIONALEN-ANTI-DOPING-AGENTUREN UND DER DOPING-LABORE

DEN TÄTERN AUF DER SPUR

ANTI-DOPING-ERFOLGE IN EUROPA DURCH DAS NETZWERK
NATIONALER ANTI-DOPING-AGENTUREN

PODIUMSDISKUSSION MIT WILHELM SCHÄNZER | ARMIN BAUMERT |
ANDREAS SCHWAB | MARCO STEINER

Diskussionsleitung: Herbert Fischer-Solms

Herbert Fischer-Solms

Einen schönen guten Tag, meine Damen und Herren. Ich
hoffe, dass der Wunsch von Herrn Pfeifer zutrifft, „möglichst
strittig" zu debattieren, das wünscht sich auch ein Diskus-
sionsleiter. Ich bin nicht sicher, ob ich die Personen noch mal
vorstellen soll. Ich tue das hiermit sehr kurz, fange rechts
von mir an. Professor Wilhelm Schänzer, der Leiter des
Instituts für Biochemie an der Deutschen Sporthochschule
Köln, ein international sehr renommierter Wissenschaftler.
Auf dem Gebiet der Dopingforschung haben er und sein
Team, zu dem noch Herr Dr. Geyer und Professor Mario
Thevis gehören, Großes geleistet. Er ist Nachfolger von
Manfred Donike. Sein Kölner Labor ist seit 1966 durch das
IOC und seit 2004 durch die WADA akkreditiert.

Zu meiner Linken Dr. Marco Steiner. Er ist der stellvertretende Direktor von Antidoping Schweiz. Er ist Jurist – das
ist gut, dass wir einen Juristen hier oben in dieser Runde
haben, wir werden ihn brauchen.

Im Übrigen ist Herr Steiner Mitglied des Sportgerichtshofs des Internationalen Kanu-Verbandes. Links davon Magister Andreas Schwab, Geschäftsführer der Nationalen Anti-Doping-Agentur Austria. Er bildet hier oben die Fraktion Sport – als Olympia-Vierter der Olympischen Spiele von Innsbruck im Zweierbob. Er ist damals ein Geschädigter der DDR gewesen, die nämlich mit ihrer Bobmannschaft zum ersten Mal wieder 1976 in Innsbruck aufgetreten ist; also hat ihn sozusagen die DDR eine Medaille gekostet.

Ganz links Armin Baumert, Vorstandsvorsitzender der Nationalen Anti-Doping-Agentur NADA in Deutschland, Weitspringer und Zehnkämpfer, Mitglied der Nationalmannschaft, mehrfacher Deutscher Meister, hat dann sportpolitisch und als Funktionär Karriere gemacht, u.a. von 1987 bis 1995 als Leiter des Olympiastützpunktes in Berlin. In diesem Zusammenhang hat er die deutsche Einheit erlebt, die Wende im Sport, und hat dabei eine wichtige Arbeit geleistet. Danach war er von 1995 bis 2004 Leitender Direktor beim Bundesausschuss, später Bundesvorstand Leistungssport im Deutschen Sportbund.

Herr Schänzer, wir diskutieren hier und heute – und ich halte das sehr verdienstvoll von der Konrad-Adenauer-Stiftung – einen Arbeitstag lang über die Bekämpfung von Doping. In dieser Zeit, während wir hier sprechen, ist ja die Gegenseite nicht inaktiv, d.h. die Untergrundlabore laufen auf vollen Touren. Wie haben wir uns das eigentlich vorzustellen? Wie funktioniert die Arbeit der Gegenseite? Geben Sie uns einen Einblick.

Prof. Dr. Wilhelm Schänzer

Wie die Gegenseite arbeitet, kann ich nicht genau berichten. Ich denke aber, dass es komplex ist. Es gibt sicherlich Laboratorien im Untergrund, die Dopingsubstanzen herstellen und verteilen. Wir wissen das aus den Vereinigten Staaten, und auch hier in Europa scheint es Laboratorien zu geben. Da müssen sicherlich die Polizei und Staatsanwaltschaften tätig werden. Das aufzudecken ist eine ganz schwierige Aufgabe. In Amerika, vor allem in den USA, hat man im letzten Jahr bereits Erfolge erzielt. Ähnlich sollten Behörden in Europa versuchen, die entsprechenden Informationen aus den USA einzuholen, um zu sehen, wo Laboratorien hier in Europa lokalisiert sind und wie sie funktionieren.

Herbert Fischer-Solms

Woher bekommen Sie die Information, wie die arbeiten?

Prof. Dr. Wilhelm Schänzer

Wir bekommen Informationen natürlich auch von Behörden. Wir tauschen uns ebenfalls mit Anti-Doping-Organisationen in Amerika und in verschiedenen anderen Ländern aus, um weitere Informationen zu erhalten. Wir wissen ungefähr, welche Präparate in Europa vertrieben und angeboten werden. Es ist natürlich nicht so, dass generell nur Spitzensportler bedient werden. In der Regel wird versucht, einen größeren Markt mit Dopingsubstanzen zu versorgen. Es ist bekannt, dass nicht nur der Profi- und Hochleistungssport von Doping betroffen ist, sondern auch der Breitensport. Auch im Breitensport spielt Doping eine Rolle. Der Breitensport hat natürlich im Augenblick kaum Dopingkontrollen zu befürchten. Aber eine Spezialisierung von Laboratorien letzten Endes nur für den Spitzensport, der auch kontrolliert wird, dazu sind dann wieder nur spezielle Laboratorien und auch vielleicht spezielle Arbeitsgruppen im Einsatz. Aus der Vergangenheit sind einige Beispiele bekannt, wie aus Kalifornien (Balco-Skandal) und aus Spanien (Fuentes-Skandal). Es gibt sicherlich noch weitere Laboratorien, aber ich denke, dass wir konkret und nachprüfbar nur Informationen aus der Vergangenheit haben: Wie Laboratorien jetzt genau arbeiten, wie sie versuchen, ihre Präparate an den Mann (Sportler) zu bringen, das muss ich einfach zugeben, weiß ich nicht ausreichend genug. Bekannt ist mittlerweile aber, dass Untergrundlaboratorien in großen Mengen Grundmaterialien aus China bekommen und diese entsprechend aufbereiten und verteilen, so dass sie als Dopingsubstanzen eingesetzt werden können.

Herbert Fischer-Solms

Welche Rolle spielt das Internet?

Prof. Dr. Wilhelm Schänzer

Das Internet spielt sicherlich für den Freizeitbereich eine ganz große Rolle, möglicherweise auch für den Profibereich. Die Gegenseite, also diejenigen, die dopen wollen, versuchen ja, auch auf Informationen über das Internet zuzugreifen, insbesondere an neue Forschungsergebnisse und Informationen über neue Präparate (mögliche Dopingsubstanzen) zu gelangen. Es ist ja so, dass heute neue Präparate in der Entwicklung sind, die nicht erst dann bekannt gegeben werden, wenn sie auf dem Markt sind. Es wird ja bereits in der Entwicklungsphase von neuen Arzneimitteln über diese berichtet. So informieren sich Doper sicherlich sehr umfangreich, welche neuen Möglichkeiten zum Dopen gegeben sind. Wir haben dieses bei einem bekannten Fall hier in Deutschland gesehen, wo ein entsprechender Trainer eine Jugendliche mit einer Dopingsubstanz versorgt hat. In diesem konkreten Fall wurde ermittelt, wie weit der erwähnte Trainer sich bereits über das Internet umfangreich über neue Dopingmethoden informiert hat.

Somit spielt das Internet eine ganz wichtige Rolle bei der Beschaffung von Informationen zum Dopen. Wir müssen aber auch ganz klar sagen, dass auch Experten für die Gegenseite tätig sind – in der Regel Chemiker, Mediziner und andere Wissenschaftler, die ihr Wissen für Sportler bereitstellen, damit diese ihre Dopingmaßnahmen ergreifen können und dabei möglicherweise unentdeckt bleiben.

Herbert Fischer-Solms

Sie kennen sich aber doch ganz gut aus bei der Gegenseite.

Prof. Dr. Wilhelm Schänzer

Ein bisschen schon.

Herbert Fischer-Solms

Ich muss Sie noch ein bisschen quälen, weil Sie uns zunächst mal auf einen gewissen Stand bringen müssen, den wir dann hier gemeinsam diskutieren wollen. Gehen Sie davon aus, dass es Untergrundlabore auch in Deutschland bzw. in unseren europäischen Nachbarstaaten, wie z.B. Schweiz und Österreich, gibt?

Prof. Dr. Wilhelm Schänzer

Ich gehe schon davon aus, dass es diese gibt. Ich habe im Augenblick keine konkreten Hinweise, auch keine Daten, die muss man ermitteln. Ich weiß aber, insbesondere aus Informationen, die ich von den Kollegen aus den USA habe, dass auch hier in Europa entsprechende Netzwerke bestehen, u.a. auch in Deutschland.

Herbert Fischer-Solms

Wo sind die? Wenn wir von dem reden, was aus dem Ausland kommt – China hat wohl den größten Produktionsanteil. Wo verlaufen die Ströme? Wo sind die Einfallstore nach Europa bzw. nach Deutschland?

Prof. Dr. Wilhelm Schänzer

Wir versuchen natürlich selbst, Daten zu ermitteln, z.B. über entsprechende Informationen, die wir über Zollbehörden bekommen. Wir wissen mittlerweile aber auch, dass die Grenzen sehr offen sind, gerade weil Deutschland inmitten benachbarter Länder der EU liegt. Generell wird immer vermutet, Dopingsubstanzen kommen aus dem asiatischen Bereich, aus dem vorderen Orient, aus Südamerika und aus Mittelamerika. Es gibt sicherlich konkrete Daten, aber auch Daten, die ich zum Teil nur grob qualitativ bewerten kann. Ich denke, es gibt auch Wege, dass medizinische Präparate von großen Pharmafirmen ins Ausland gehen und dann z.T. wieder illegal zurück nach Deutschland kommen. Diese Wege sind letzten Endes zum Teil nicht ausreichend bekannt.

Herbert Fischer-Solms

Es ist bekannt, dass die Produktion dieser Drogen, dieser Dopingmittel, immens ist. Man weiß ungefähr, welcher Bedarf im Gesundheitswesen, in der Medizin besteht, und man weiß andererseits ungefähr, wie viel davon produziert wird. Können Sie uns zu diesem Verhältnis etwas sagen?

Prof. Dr. Wilhelm Schänzer

Das sind in der Regel Daten, die oft in den Medien angegeben werden, die ich selber so nicht berechnen kann, auch nicht kommentieren möchte. Ich denke schon, dass ein Großteil von medizinischen Präparaten illegal vermarktet wird, aber jetzt genau zu sagen, wie es oft heißt, dass 80 Prozent der Epo-Präparate illegal eingesetzt werden, das kann ich nicht bestätigen. Diese Daten sollten aus meiner Sicht von Experten, die sich mit dem Pharmamarkt gut auskennen, berechnet werden. Ich persönlich denke, die tatsächlichen Zahlen sind in der Regel deutlich niedriger. Grundsätzlich sollte man mit diesen Daten, die aus den Medien bekannt sind, vorsichtig umgehen. Genaue Prozentzahlen möchte ich selber nicht angeben.

Herbert Fischer-Solms

Aber grundsätzlich, das hat man ja nicht nur beim Balco-Dopingskandal in den USA gesehen, gibt es eine Industrie, die ausschließlich oder vorwiegend für den Drogenmarkt, für den Sport-Dopingmarkt, produziert?

Prof. Dr. Wilhelm Schänzer

Wir wissen heute, dass sehr viele Firmen, insbesondere in Asien, in China sogenannte Grundstoffe vorbereiten, aus denen man Steroidhormone und andere Dopingmittel sehr günstig herstellen kann. Konkret heißt das: Man kann bei einer solchen Firma in China sehr einfach große Mengen an Material ordern, die dann in einem Labor speziell abgefüllt und verteilt werden können. Es ist schwierig, hierzu genaue Daten anzugeben, denn wir kennen sie explizit nicht. China ist ein Riesenreich und auch andere Länder wie Russland, Indien usw. produzieren Grundstoffe und Arzneimittel, die zu Dopingzwecken missbraucht werden können.

Herbert Fischer-Solms

Ich frage Sie jetzt nur noch einmal nach einer möglichen Prozentzahl. Ungefähr 1,5 Prozent, diese Zahl ist belegt, sind dokumentierte und belegte und überführte Dopingfälle. Wie hoch, glauben Sie, ist die Dunkelziffer? Wie stark ist die Dopingmentalität unter den Athleten? Wie schätzen Sie das ein?

Prof. Dr. Wilhelm Schänzer

Ich gehe davon aus, dass die Dunkelziffer höher als 1,5 Prozent ist. Ich würde aber auch hier vorsichtig sein, mit genauen Daten zu argumentieren. Wir wissen, es gibt Umfragen, die zum Teil auf höhere Werte kommen. Bei diesen Umfragen wird oft der Konsum von Dopingsubstanzen über einen weiten Lebensbereich abgefragt. Die ca. 1,5 Prozent bei den Dopingkontrollen sind Prozentzahlen im Laufe nur eines Jahres von ausgewählten Athleten, die im Kontrollsystem sind. Das ist schon ein Unterschied. Umfragen für Deutschland zeigen für den Freizeitbereich in Verbindung mit Fitness-Studios und Bodybuilding, dass bei Männern der Missbrauch von Anabolika bei 19 Prozent liegt, bei Frauen war das deutlich niedriger, soweit ich weiß, bei etwa fünf bis sechs Prozent. Das sind Zahlen, die schwerwiegend für bestimmte Sportarten sind, die mit anabolen Steroiden arbeiten. Deshalb denke ich, Zahlen letzten Endes generell für den Sport klar zu nennen, ist schwierig. Wir müssen uns auch vor Augen führen, dass in manchen Sportarten Doping ein größeres Problem darstellt als in anderen Sportarten und es deshalb auch generell nicht möglich ist, eine Prozentzahl für den gesamten Sport anzugeben.

Wir wissen, es gibt Experten, die die Prozentzahlen im Radsport sehr hoch angesetzt haben. Nachdem viele Skandale im Profiradsport in den letzten Jahren bekannt wurden, scheinen die tatsächlichen Prozentzahlen sich diesen hohen Prozentwerten zu nähern, aber jetzt wirklich 20 Prozent, 50 Prozent oder sogar 80 Prozent anzugeben, das möchte ich nicht. Ich denke, wir müssen daran arbeiten, unseren Anti-Dopingkampf zu verbessern. 100 Prozent der Athleten werden wir nicht abschrecken können. Zurück zu den Kontrollzahlen, auch diese 1,5 Prozent sind unpräzise. Sie beinhalten auch Wiederholungsfälle, teilweise Athleten, die eine therapeutische Ausnahmegenehmigung hatten und Fälle, wo Athleten ihre Medikation falsch eingesetzt haben. Das heißt, der tatsächliche Dopingmissbrauch ist aus meiner Sicht nicht eindeutig zu benennen.

Herbert Fischer-Solms

Vielen Dank Herr Schänzer. Herr Schwab, der immer noch amtierende Ski-Präsident Ihres Landes hat gesagt: „Unser Land ist viel zu klein für Doping". Stimmen Sie zu?

Andreas Schwab

Ich weiß nicht genau, was er damit gemeint hat.

Herbert Fischer-Solms

Sie wissen sehr genau, was er gemeint hat und wie die Frage gemeint ist. Nochmals: Stimmen Sie zu?

Andreas Schwab

Ich möchte diese Aussage nicht weiter kommentieren. Ich war zum damaligen Zeitpunkt nicht Geschäftsführer der NADA. Tatsache ist, dass der Präsident des Österreichischen Skiverbandes gemeinsam mit der NADA sehr engagiert gegen Doping eintritt.

Herbert Fischer-Solms

Herr Steiner, wie sieht die Doping-Gesetzgebung in der Schweiz aus? Wir wissen, wie es in Deutschland und in Österreich und auch im EU-Ausland aussieht. Von der Schweiz aber weiß man weniger. Bringen Sie uns auf den aktuellen Stand, bitte.

Dr. Marco Steiner

Man weiß vielleicht weniger von der Schweiz, weil wir selbst wahrscheinlich auch weniger wissen als unsere Nachbarn im Vergleich. Ich habe eben mit einem gewissen Erstaunen festgestellt, dass Professor Schänzer gesagt hat, dass er Informationen von den Zollbehörden bekommt. Bei uns in der Schweiz fehlt die gesetzliche Grundlage, dass die Zollbehörden mit einer privatrechtlichen sogenannten unabhängigen Stiftung wie Antidoping Schweiz überhaupt reden dürfen. Das heißt, um es vielleicht in einen Gesamtzusammenhang zu stellen: Wir haben eine Gesetzgebung, wir haben ein Bundesgesetz über die Förderung von Turnen und Sport. Dort gibt es Straftatbestände. Der dopende Sportler selber wird grundsätzlich nicht unter Strafe gestellt. Es geht vor allem um Import, um Handel und um Verschreibung. Die gesetzlichen strafrechtlichen Mittel bestehen, aber die Behörden dürfen nicht mit uns reden. Das ist die Ausgangslage in der Schweiz. Das Problem ist erkannt. Wir sind dabei das zu ändern; also „wir" ist ein großes Wort, das Schweizer Parlament ist dabei, das zu ändern. Das revidierte Gesetz sollte es uns dann ermöglichen, Mitte 2011 aktiv mit Zollbehörden, mit Heilmittelbehörden, mit Untersuchungsbehörden, Staatsanwaltschaften zu kommunizieren.

Herbert Fischer-Solms

Wir gehen auf dieses Thema gleich noch näher ein. Zunächst die Frage an Sie: Wie geht es Jan Ullrich, Ihrem Radsport-Landsmann?

Dr. Marco Steiner

Ich hoffe, dass es ihm gut geht. Ich kenne ihn persönlich nicht, darum kann ich nicht darüber Auskunft geben. Ich weiß nicht, wo er ist. Ich weiß nicht, was er gerade tut. Sie sprechen wahrscheinlich die Tatsache an, dass er ein Landsmann in sportrechtlicher Sicht ist. Es läuft immer noch ein Verfahren in Lausanne vor dem Tribunal Arbitral du Sport, dem Sportgerichtshof CAS. Antidoping Schweiz hat in erster Instanz verloren, und es ist nun am Tribunal Arbitral du Sport zu beurteilen, ob überhaupt noch eine Zuständigkeit besteht, und falls ja, ob Herr Ullrich gedopt hat.

Herbert Fischer-Solms

Also Sie gehen davon aus, dass hier, im Fall Ullrich, Doping vorliegt?

Dr. Marco Steiner

Selbstverständlich. Wir sind eine Art untersuchungsrichterliche Behörde, im Privatrecht selbstverständlich. Wenn wir nicht davon ausgehen würden, dass er gedopt hat, hätten wir bei der Disziplinarkammer für Dopingfälle von Swiss Olympic nicht die Eröffnung eines Verfahrens beantragt und die Angelegenheit auch nicht an das Tribunal Arbitral du Sport weitergegeben.

Herbert Fischer-Solms

Warum brauchte man in der Schweiz Jahre, um festzustellen, nicht zuständig zu sein?

Dr. Marco Steiner

Weil bei uns alles immer ein bisschen länger dauert. Es hatte verschiedene Gründe. Antidoping Schweiz wurde erst vor zwei Jahren gegründet. Der Fall Ullrich ist viel älter. Früher war das Nationale Olympische Komitee, Swiss Olympic, zuständig. Es hat dann eine Übergangsphase gegeben, in der auch die Akten transferiert werden mussten und gleichzeitig waren Akteneinsichtsgesuche in Deutschland anhängig. Diese Information wollten wir haben und das war natürlich nicht ganz einfach. Die Staatsanwaltschaft Bonn verschickt nicht ohne weiteres Akten an eine privatrechtliche ausländische Stiftung, dann auch noch in einem so heiklen Fall wie dem von Jan Ullrich, der im Übrigen ausgezeichnet vertreten wird, was das Ganze natürlich auch nicht beschleunigt hat. Darum waren drei Jahre seit der Tour de France vergangen, bis man die Eröffnung des Verfahrens dann wirklich hat beantragen können.

Herbert Fischer-Solms

Armin Baumert, Vorstandsvorsitzender der NADA, ich glaube, wir können beim Du bleiben, wir kennen uns zu lange. Meine Frage: Hast Du Kontakt zu Claudia Pechstein?

Armin Baumert

Wenn die Zeiten anders wären, hätte ich ihn bestimmt, denn ich hatte nach dem Fall der Mauer als Leiter des Olympiastützpunktes Berlin mit Dienstsitz im Sportforum Hohenschönhausen guten Kontakt zu allen Athleten, so auch zu Claudia Pechstein. Wir hatten den Vorteil, den andere in Deutschland nicht hatten. Wir mussten uns 24 Stunden am Tag wirklich bemühen, damit „ein Volk" nicht ein hohles Wort bleibt. Wir haben das im Sport in Berlin, glaube ich, von beiden Seiten sehr gut angepackt, und dazu gehörte eben, dass man die Sportler in den Mittelpunkt stellt. Claudia Pechstein war noch sehr jung, als die Mauer 1989 fiel. Sie hat dann ihren Weg gemacht, eigentlich im gesamtdeutschen Sinne. Wir von der Nationalen Anti-Doping-Agentur in Deutschland sind momentan klug beraten, uns nicht in ein laufendes Verfahren einzumischen. Wir haben allerdings, wie auch die Deutsche Eisschnelllaufgemeinschaft, Anzeige gegen Unbekannt erstattet, um staatsanwaltliche Ermittlungen gegenüber dem Umfeld der Athletin zu ermöglichen. Das wird noch eine spannende Geschichte.

Herbert Fischer-Solms

Unterliegt sie im Augenblick als eine derzeit gesperrte Athletin, unterliegt sie dem Dopingkontrollsystem? Das heißt, könnte oder dürfte morgen bei ihr, sie darf ja privat trainieren, der Kontrolleur vor der Haustür stehen?

Armin Baumert

Wir haben die Systematik wie meine Freunde aus der Schweiz und Österreich und alle anderen NADOS auf der Grundlage aufgestellt, dass wir mit den Sportverbänden eng zusammenarbeiten. Eine der wichtigsten Rahmenbedingungen ist, dass nicht alle Sportler einer Sportart kontrolliert werden, sondern nur der Teil, der von den Sportverbänden in Deutschland oder auch von den internationalen Verbänden in einen Kaderstatus gehoben wird, um dort im Fokus der Bemühungen zu stehen. Wer den Kaderstatus nicht hat, unterliegt nicht dem Kontrollsystem.

Herbert Fischer-Solms

Gut, Claudia Pechstein unterliegt also nicht dem Doping-Kontrollsystem, obwohl es ja in gewisser Weise ein noch schwebendes Verfahren ist.

Armin Baumert

Ich habe gesagt, die Position der NADA bedarf keiner weiteren Kommentierung. Wir warten ab, was vor dem Schweizer Bundesgericht passiert, und daran richten wir uns weiter aus.

Herbert Fischer-Solms

Herr Schwab, was macht die Wiener Blutbank? Was macht Humanplasma?

Andreas Schwab

Ich weiß, dass man mich als Österreicher durchaus quälen kann. Wir haben ja leider eine Vergangenheit, wie wir von Professor Ljungqvist auch heute schon gehört haben. Zum Fall Humanplasma möchte ich sagen, dass wir, die Nationale Anti-Doping-Agentur von Österreich, seit ca. einem halben Jahr die entsprechende Ermittlungsakte der Staatsanwaltschaft haben. Und in diesem Ermittlungsakt befinden sich Namen von österreichischen Sportlern, Sportlerinnen und von drei Betreuern, auch einige Namen internationaler Athleten.

Herbert Fischer-Solms

Standardfrage an dieser Stelle: Auch Deutsche?

Andreas Schwab

Es gibt in diesem Bericht der Staatsanwaltschaft keine deutschen Namen. Es gibt keine Beweise dafür, dass deutsche Athleten bei Humanplasma in Wien in den Jahren von 2003 bis 2006 gewesen sind. Wir wissen, dass es jede Menge Gerüchte gibt, aber die Dopingszene ist, wie Sie wissen, voll von Gerüchten, voll von Unwahrheiten bis hin zu Verleumdungen. Wir gehen jetzt so vor, dass wir den gesamten Akt der WADA übergeben haben. Juristen der WADA waren bei uns in Wien, wir haben ein sehr gutes Gespräch geführt. Die WADA wird gemeinsam mit anderen nationalen Anti-Doping-Agenturen Verfahren gegen diejenigen Sportler einleiten, die keine Österreicher sind. Gegen alle österreichischen Athleten, Athletinnen und Betreuer werden wir vor unserer Rechtskommission Verfahren einleiten. Wir haben ja die Rechtskommission bei der Nationalen Anti-Doping-Agentur, und die Aufgabe der Rechtskommission in Österreich besteht jetzt darin, zu klären, ob nach den damals gültigen Anti-Doping-Richtlinien der WADA bzw. nach den damals gültigen Anti-Doping-Richtlinien der internationalen Fachverbände ein Dopingvergehen von diesen Athleten begangen wurde. Wir wissen von diesen Athleten, dass sie bei Humanplasma waren und können das auch beweisen, dass sie eben dort gewesen sind, dass sie sich Blut abnehmen haben lassen und dass das Blut eingefroren wurde. Wir können aber weder einem österreichischen noch einem internationalen Athleten beweisen, dass dieses eingefrorene Blut jemals zurückgeführt wurde.

Und noch einmal: Es ist gilt jetzt zu klären, ob dieses Verhalten der Athleten zum damaligen Zeitpunkt ein Dopingvergehen dargestellt hat oder nicht.

Herbert Fischer-Solms

Denn dieses Zurückführen des Blutes, dieses Refundieren, das wäre der juristisch interessante Punkt.

Andreas Schwab

Ein sportjuristisch interessanter Punkt, weil das möglicherweise – ich sage hier bewusst möglicherweise – eine sehr knifflige Frage ist, die die Juristen werden klären müssen. Möglicherweise ist der Tatbestand des Dopings, des Blutdopings, erst dann abgeschlossen oder gegeben, wenn das Blut auch zurückgeführt ist. Dazu kommt noch – und das muss man immer wieder betonen – die Frage, worin zum damaligen Zeitpunkt von 2003 bis 2006 das Anti-Dopingreglement bestand. Aber wir haben hier die entsprechenden Experten in der Rechtskommission, die das klären können.

Ich möchte nur noch etwas zu unserem Präsidenten des Österreichischen Ski-Verbandes sagen. Wir wissen ja, dass die problematische Doping-vergangenheit Österreichs drei Fälle aufzeigt. Das war Salt Lake City 2002, Turin 2006 sowie Humanplasma, und alle drei Fälle sind im Wesentlichen durch die Person Walter Meier verursacht worden. Der Österreichische Skiverband hat darauf konsequent reagiert und Walter Meier aus dem Verband ausgeschlossen. Ich möchte nur darauf hinweisen, dass der Präsident des Österreichischen Ski-Verbandes mittlerweile sehr konsequent gegen Doping auftritt, mit der Nationalen Anti-Doping-Agentur sehr gut kooperiert und wir jährliche, wirklich gut organisierte umfassende Aufklärungs- und Informationsprogramme zusammen mit dem Österreichischen Ski-Verband durchführen.

Herbert Fischer-Solms

Herr Schwab, Sie haben im privaten Gespräch eben gesagt, dass Sie sicher sind, dass der Fall Wiener Blutbank/Humanplasma innerhalb eines Jahres juristisch geklärt sein wird, weil Sie jetzt über die entsprechenden Instrumentarien verfügen. Innerhalb von einem Jahr, würden Sie öffentlich darauf wetten?

Andreas Schwab

Ich gehe schon davon aus. Wir haben einen Plan, wie viele Verfahren in welchem Zeitraum abgewickelt werden können, und wenn ich die Anzahl der Namen betrachte und die Zeit, die zur Verfügung steht und wieviele Fälle unsere Rechtskommission bearbeiten kann, dann müsste es uns gelingen, bis spätestens nächstes Jahr, zur Jahresmitte, alle österreichischen Fälle in der Rechtskommission verhandelt zu haben.

Herbert Fischer-Solms

An dieser Stelle wollen wir erfahren, welche neuen Instrumentarien sich Österreich geschaffen hat. Sie haben in Österreich ein Anti-Doping-Gesetz, das diesen Namen auch verdient – auf das Arzneimittelgesetz und die Novellierung in Deutschland kommen wir später. Was zeichnet das Anti-Doping-Gesetz in Österreich speziell aus, Herr Schwab?

Andreas Schwab

Das Wesentlichste ist, dass die Nationale Anti-Doping-Agentur, die als eine ganz normale GmbH organisiert ist, im Gesetz verankert ist und dass in Österreich sämtliche Sportfachverbände, die zur Bundessportorganisation gehören und dadurch auch Fördermittel des Staates erhalten, automatisch der Kontrolle durch uns unterliegen. Das sind sechzig Sportarten in Österreich. Damit werden alle wesentlichen Sportfachverbände von uns kontrolliert, und die Fachverbände haben im Fall eines positiven Dopingtests eines Sportlers nicht mehr ihre Disziplinarkommissionen einzusetzen, so wie das früher der Fall war und wie es, glaube ich, in Deutschland zum großen Teil jetzt noch ist. Wir haben jetzt, seit es die NADA in Österreich gibt, seit genau zwei Jahren, die unabhängige Rechtskommission bei der NADA. Diese besteht aus fünf Experten, die dann über die sportrechtliche Zukunft des Sportlers entscheiden.

Herbert Fischer-Solms

Das heißt, eine NADA mit Sanktionierungsrecht?

Andreas Schwab

Die Rechtskommission hat das Sanktionierungsrecht in allen Sportarten in Österreich, und zusätzlich wurde noch am 31. Dezember letzten Jahres ein Gesetz verabschiedet, mit dem der Betrugtatbestand im österreichischen Strafrecht um den sogenannten Sportbetrug erweitert wurde. Das heißt jetzt in der Praxis für uns – es gab noch keinen solchen Fall –, wenn es jetzt einen aktuellen positiven Dopingfall gibt, dann wird er von unserer Rechtskommission nach sportrechtlichen Gesichtspunkten abgehandelt. Wir leiten aber sämtliche Unterlagen an die Kriminalpolizei weiter, die in Österreich für Doping zuständig ist, bzw. an die Staatsanwaltschaft. Diese bzw. die Kriminalpolizei und die Staatsanwaltschaft prüft dann, ob ein strafrechtliches Betrugsvergehen, also ein strafrechtliches Betrugsdelikt vorliegt. Wenn dem so ist, wird der Sportler bei Gericht angezeigt, und es wird eine Verhandlung gegen den Sportler vor Gericht geben.

Herbert Fischer-Solms

Das heißt also, alles das, was in Deutschland über ein Jahr lang heiß diskutiert wurde, was u.a. im Bundestag und im Bundestags-Sportausschuss heiß debattiert wurde, was aber nicht gewünscht war (etwa der Straftatbestand Sportbetrug), das geht in Österreich. In Deutschland ist das nicht gegangen. Neidisch auf die Österreicher?

Armin Baumert

Wir sind in dem Punkt gelassen, denn wir sind eine unabhängige Nationale Anti-Doping-Agentur, die natürlich das politische und das sportpolitische Umfeld genauestens beobachten muss, auch in den Punkten, die juristisch belastbar sind. Das heißt also, alles das, was Andreas Schwab hier für Österreich sagt, ist sicherlich eine Möglichkeit, aber wir haben mit dem Deutsch-Olympischen-Sportbund und mit der Politik, mit dem BMI, vereinbart, dass wir die Evaluierung dieses novellierten Arzneimittelgesetzes abwarten. Das wird im Jahr 2012, glaube ich, der Fall sein. Und dann werden wir sehen, wie die beiden dafür Zuständigen, nämlich die Politik und der Sport, weiter verfahren. Ich kann nur sagen, so charmant sich das alles anhört, wir sind nicht neidisch, haben uns aber im engsten Austausch auch schlau gemacht, was wäre, wenn in Deutschland die NADA dieses Sanktionsinstrumentarium hätte und nicht

die Sportverbände. Das wäre auf den ersten Blick erst mal eine Konzentration der NADA-Möglichkeiten, der Unabhängigkeit vielleicht auch
gegenüber dem Sport. Aber was passiert, wenn es wirklich zum Casus
Knaxus kommt, wenn also jemand alle Register zieht, wenn er ange-
klagt ist mit juristischem Beistand usw. Ich sage, wie Ulli Feldhoff immer
gesagt hat, wo kommen die „Moppen" her.

Das heißt, wo kommt das Geld her, um dann das Verfahren seitens
der NADA gegenüber wem auch immer wirklich durchzustehen. Und
da bezweifle ich, dass im Falle eines Falles, wenn wirklich die großen
Granaten gezündet werden müssen, die NADA Österreich mit ihrer
Rechtskommission, obwohl sie die Zuständigkeit hat, vielleicht dann
doch nicht den langen Atem hat, der materiell notwendig ist, um so eine
Angelegenheit wirklich auf den Punkt zu bringen.

Andreas Schwab

Darauf muss ich natürlich antworten. Es ist absolut richtig, dass die
Rechtskommission sicherlich eine ungemein verantwortungsvolle Aufgabe
in der Nationalen Anti-Doping-Agentur hat. Per Gesetz ist die Rechtskommission unabhängig, wird auch als die unabhängige Rechtskommission,
eingerichtet bei der Nationalen Anti-Doping-Agentur, bezeichnet. Nur,
in materielle Schwierigkeiten werden wir mit Sicherheit nicht kommen,
auch wenn wir den besten Sportler Österreichs, den wir haben, unter
Umständen ein Jahr, wie sich später dann vielleicht herausstellen sollte,
zu Unrecht aus dem Verkehr gezogen bzw. gesperrt haben sollten und
der vielleicht bei uns vermögensrechtliche Haftungen geltend macht.
Wir sind organisiert als GmbH und die Eigentümer der Gesellschaft sind
der Bund, also Österreich, dann die neun österreichischen Bundesländer,
das österreichische Olympische Komitee und die Bundessportorganisation, und selbst wenn hier die Rechtskommission irgendeinen Fehler
machen und sich ein krasses Fehlurteil leisten sollte, glaube ich nicht,
dass wir in materielle Schwierigkeiten kommen. Vielmehr hoffe ich, dass
das, solange ich dort der Verantwortliche bin, mit Sicherheit nicht passieren wird.

Andererseits muss man aber sehen, dass der Sportler auch einen sportlichen Rechtsweg offen hat. Wenn er von der Rechtskommission in der
ersten Instanz verurteilt wird, hat er die Möglichkeit, in die zweite Instanz vor die Schiedskommission zu gehen, die es auch noch bei uns in

Österreich gibt. Und wenn er dort wieder verurteilt wird und glaubt, wieder Unrecht bekommen zu haben, dann geht er eben vor den Internationalen Sportgerichtshof CAS.

Herbert Fischer-Solms

Man muss natürlich hinzufügen, dass dieses Österreichische Anti-Doping-Gesetz ein sehr junges Gesetz ist – es gilt seit dem 01.01.2010 –, d.h. also, die Nagelprobe steht noch bevor. Wir werden das mit Interesse verfolgen. Frage an Dr. Steiner, den Juristen: Was halten Sie vom österreichischen Modell des Anti-Doping-Gesetzes?

Dr. Marco Steiner

Ich finde es ein sehr, wenn Sie mir den Ausdruck erlauben, charmantes Modell und es ist natürlich auch genau die Richtung, in die man gehen muss. Was Einzelheiten betrifft, maße ich mir nicht an, diese zu kommentieren, weil ich das Gesetz im Einzelnen zu wenig kenne und weil, wie Sie selber gesagt haben, es die Nagelprobe noch bestehen muss. Was mir jetzt aufgefallen ist in der Diskussion: Österreich scheint den Akzent, oder zumindest einen Akzent, jetzt auch in der Staatsgesetzgebung auf die Strafbarkeit des Athleten zu legen und sowohl in Deutschland, wenn ich richtig informiert bin, als auch bei uns ist die Strafbarkeit des Athleten keine Priorität. Priorität hat für uns der Informationsaustausch mit den Behörden, um das Umfeld strafrechtlich belangen zu können. Das ist keine Position, die in Stein gemeißelt ist, die Diskussionen dauern bei uns noch an. Die Gesetzesrevision ist im Parlament, aber tendenziell wird es wahrscheinlich darauf hinauslaufen, dass der Athlet, der „nur dopt", auch weiterhin nicht kriminalisiert wird, solange wie er nicht mit Dopingmitteln Handel treibt, sie importiert oder gewisse andere Tatbestände erfüllt. Aber grundsätzlich denke ich, gehen die Österreicher in die richtige Richtung. Ich muss sagen, sie haben Vorbildcharakter für uns. Wir orientieren uns natürlich an dem, was in Österreich gemacht worden ist.

Herbert Fischer-Solms

Herr Schänzer, es ist ja schon mehrfach heute von dem neuen EU-Vertrag gesprochen worden, der zum ersten Mal eine Sportgesetzgebung, wenn wir es so nennen wollen, beinhaltet. Bis 2012 will man ein Sport-

Programm erstellt haben. Jetzt kommt noch mal das Stichwort „Harmonisierung". Wäre aus Ihrer Sicht, aus der Sicht des Wissenschaftlers, eine Harmonisierung in Sachen Dopingverfolgung, in Sachen Sanktionierung im europäischen Raum, wäre das wünschenswert?

Prof. Dr. Wilhelm Schänzer

Ich denke, dass Harmonisierung immer wünschenswert ist. Wir versuchen das ja auch in der Analytik, diese weltweit zu harmonisieren, so dass man vergleichbar Doping verfolgt, sanktioniert und dann auch entsprechend effektiv ist. Ich denke aber auch, dass der Austausch, also die Informationsweitergabe, zwischen den einzelnen Staaten sehr gut sein muss. Dieser Punkt ist deshalb wichtig, da gerade Athleten, die als Profis Sport betreiben, sehr mobil und nicht nur in einem Land greifbar sind. Oft sind sie in einem anderen Land tätig, nämlich dort, wo sie ihre Lizenz haben. In solchen Fällen müssen die Informationen viel schneller ausgetauscht werden. Innerhalb der Harmonisierung sollte es aber auch zwischen den Strafbehörden und den nationalen Anti-Doping-Organisationen eine gute Verlinkung geben.

Herbert Fischer-Solms

Wenn ich Sie richtig verstehe, bedeutet dies zu erwähnen, dies zu kritisieren. Es gibt demnach bisher keinen schnellen Austausch?

Prof. Dr. Wilhelm Schänzer

Ich bin ja selber nicht in diesem Bereich tätig. Ich kann nur ein Beispiel nennen, wo Behörden kritisiert wurden wie im Falle Spanien. So soll die Verfolgung von Sportlern im Fall Fuentes in Spanien nur schlecht möglich gewesen sein, da man nicht an ausreichende Informationen gekommen sei. Andererseits muss ich aber auch feststellen, dass die Staatsanwaltschaft in Bonn die entsprechenden Blutbeutel aus Spanien erhalten hat, um dann nach entsprechenden Untersuchungen diese Blutbeutel Jan Ullrich zuordnen zu können. Ganz so schlecht war dann dieser Austausch auch nicht. Ich denke, dazu können aber letzten Endes die betroffenen Anti-Doping-Agenturen viel mehr sagen als ich selber. Auf dem Gebiet der Informationen ist letzten Endes im Anti-Dopingkampf für die Laboratorien ganz wichtig zu wissen, welche Dopingpräparate bei einer solchen polizeilichen Untersuchung wie in Spanien überhaupt sichergestellt worden sind.

Herbert Fischer-Solms

Gut, ich bin gehorsam und ich greife die Empfehlung von Herrn Schänzer gerne auf. Jeder von Ihnen hat eine Minute Zeit für ein Statement, wie der internationale Austausch aus Ihrer Sicht funktioniert.

Armin Baumert

Jetzt kommen wir eigentlich zum Thema dieser Diskussion. Da braucht kein Fragezeichen mehr aufgestellt werden. Die, die hier sitzen, sind seit mindestens zwei, drei Jahren eigentlich Garanten dafür, dass wir uns schon in der Praxis in einem westeuropäischen, deutschsprachigen Netzwerk befinden. Das heißt, wir, die verantwortlichen Haupt- und Ehrenamtlichen, sind uns einig, dass ein strategisches Ziel im Vordergrund steht, das man immer wieder, auch in der heutigen Runde, wiederholen darf. Für wen sind wir eigentlich da? Wir sind da für den Leistungssportler, für den, der sich eine bestimmte Zeit seines Lebens auf dieses Ziel konzentrieren will und Rahmenbedingungen braucht, mit denen eine gewisse Sicherheit verbunden ist. Und wenn man den Anti-Dopingkampf so, wie wir ihn jetzt hier in Österreich, in der Schweiz, in Deutschland und auch in Frankreich verabredet haben, unter dem Begriff Harmonisierung versteht, dann gilt es zunächst, für den Athleten etwas zu harmonisieren – nämlich, dass die Auslegung des NADA- oder des WADA-Codes wirklich konform ist und nicht dazu führt, dass die deutschen Athleten sagen, die Schweizer würden nicht so häufig oder wie auch immer anders in der Kontrollplanung behandelt oder auch kontrolliert.

Diesem Ziel, glaube ich, sind wir sehr nahe gekommen: dass Athleten, wenn sie an den Start gehen, kein besonderes Augenmerk mehr auf die Nachbarstaaten legen, weil sie da Gleichbehandelte finden. Das ist eine ganz wichtige europäische Aufgabenstellung. Und wenn ich sage europäisch – wir haben uns ja 2007 in Brüssel getroffen –, unter der damaligen deutschen Ratspräsidentschaft, da haben wir gesehen, wer alles kam. Da kamen auch die Kameraden aus dem östlichen Teil Europas, aus dem Süden Europas. Jetzt könnte man sagen, warum geht es da nicht weiter? Da lasse ich Fragezeichen. Wir konzentrieren uns auf das, was uns stärker macht.

Wir konzentrieren uns auf den Stand, den wir erreicht haben und wollen unseren Athleten, und darauf kommt es an, für die nächsten Olympischen Spiele in London und später in Sotschi, zumindest in dem Teil Europas, den Blick freimachen für die Konzentration auf diese Aufgabenstellung und nicht auf unnötige Diskussionen. Und da gilt es wirklich noch einmal in die Kerbe zu schlagen, wie heute Arne Ljungqvist schon hier vorgegeben hat. Wenn es nicht gelingt, für die deutschen, die europäischen Sportler die Chancengerechtigkeit in der Welt des IOC zu optimieren, dann ist unser Weg der Harmonisierung mit einer noch größeren Hartnäckigkeit zu verfolgen. Denn darauf pochen wir. Wir führen den Kampf für den Sportler, der sich den Regeln stellt und den Regeln unterwirft, und der hat einen Anspruch, dass die oberste Regierung des Weltsports das auch richtig wahrnimmt. Es kann z.B. nicht sein, dass, wie in Peking 2008, das Thema der „whereabouts" für die Hälfte der teilnehmenden Nationen eine unbekannte Größe war. Das darf nicht passieren.

Herbert Fischer-Solms

Das Thema der „whereabouts" wird uns noch beschäftigen. Übrigens ist der Kollege der französischen NADA ja unter uns, er hatte heute Morgen auch schon in die Diskussion eingegriffen. Herr Schwab, Ihr Statement zum Thema Informationsaustausch.

Andreas Schwab

Der Informationsaustausch zwischen Frankreich, Deutschland, der Schweiz und Österreich ist aus meiner Sicht mittlerweile vorbildlich. Wir würden natürlich noch wesentlich besser untereinander kommunizieren, hätten wir die Sprachbarriere mit Frankreich nicht. Das ist tatsächlich hin und wieder ein Punkt, wenn man sich trifft, um spezielle Themen zu besprechen, medizinische Themen, rechtliche Themen im Zusammenhang mit Dopingfragen. Das ist jetzt überhaupt kein Ausgrenzen der französischen Kollegen, im Gegenteil. Als ich mein Amt angetreten habe, haben mir die französischen Kollegen sehr geholfen, als der Österreicher Bernhard Kohl, der bei der Tour de France positiv getestet und des Dopings überführt worden ist. Ich glaube auch, dass es sehr wichtig ist, wenigstens hier in Mitteleuropa, den WADA-Code wirklich zu harmonisieren. Die WADA sagte von sich selber, der WADA-Code sei das Instrument, um den weltweiten Kampf gegen Doping zu harmonisieren. Und da sind wir gemeinsam mit der WADA in einem Boot, das noch nicht auf einem sehr guten Weg ist, weil wir weltweit noch sehr, sehr weit davon entfernt sind, auf die gleiche Art und Weise gegen Doping vorzugehen. Ich erwähne nur ein Beispiel, und zwar die Dopingbekämpfung in Afrika: keine einzige Blutkontrolle im Jahr 2009 in Afrika. Oder keine nationale Anti-Doping-Agentur in der Karibik, nur eine regionale Anti-Doping-Agentur Karibik. Dort können die Kontrollen überhaupt nicht so konsequent, so qualitativ in dieser Anzahl durchgeführt werden wie bei uns hier in Mitteleuropa.

Und noch ein Punkt, der die Zusammenarbeit zeigt, in der wir uns bereits befinden. Wir werden heuer im November erstmals eine gemeinsame große Schulung der Dopingkontrolleure aus Deutschland, der Schweiz und Österreich durchführen, bei der wir mindestens 160 bis 170 Kontrolleure versammeln und schulen, so dass auch in Zukunft die Durchführung der Dopingkontrolle in jedem Land auf die hundertprozentig gleiche Art und Weise durchgeführt wird.

Und noch ein letzter Punkt zur Zusammenarbeit. Ich weiß von unserer kriminalpolizeilichen Einheit, die im Kampf gegen Doping tätig ist, dass sie bereits sehr gut mit den Kollegen in Deutschland, in der Schweiz, aber auch in Belgien zusammenarbeitet. Genauso kann man auch noch davon berichten, dass wir zur Zeit auch wieder mit unserer Kriminalpolizei ein EU-Projekt im Kampf gegen Drogen und Doping in Kroatien mitbetreuen. Ich bin erst vor vierzehn Tagen in Kroatien zu einem entsprechenden Anlass gewesen.

Herbert Fischer-Solms

Vielen Dank. Herr Dr. Steiner, Stichwort Kommunikation, Zusammenarbeit und Informationsaustausch.

Dr. Marco Steiner

Eigentlich gibt es den Worten meiner beiden Vorredner nichts mehr hinzuzufügen, sowohl was Herr Baumert als auch Herr Schwab gesagt haben. Die Kooperation und der Informationsaustausch sind ausgezeichnet. Erlauben Sie mir, nur zwei zusätzliche Punkte anzufügen. Ich denke, es bleiben uns noch zwei große Prioritäten übrig, wissend, dass jetzt die Anti-Doping-Agenturen der vier Länder Frankreich, Deutschland, Österreich und der Schweiz, miteinander reden und die Informationen sehr schnell austauschen. Ich denke, wir müssen erreichen, und da ist Österreich vorbildlich, dass jede dieser Agenturen im Inland die notwendigen Informationen ihrer staatlichen Behörden erhält, damit sie dann ggf. an die ausländischen Partnerorganisationen weitergeleitet werden können. Und zweitens – das ist dann hingegen ein großes B-Moll, würde man auf Französisch sagen –, müssen wir natürlich auch schauen, dass wir die gleiche Kooperation auch in der Zusammenarbeit mit den internationalen Verbänden hinbekommen. Denn Doping wird nicht nur durch nationale Agenturen bekämpft und durch die WADA überwacht, Doping wird eben auf ihrem Level auch durch internationale Verbände bekämpft. Und diese Dreistufigkeit, oder sagen wir mal zumindest diese Zweistufigkeit, kann zu Abgrenzungsproblemen führen, die dann in letzter Konsequenz dazu führen können, dass Informationen nicht fließen wie sie sollten, und da haben wir in meinen Augen durchaus noch Handlungsbedarf.

Herbert Fischer-Solms

Es ist auf Ungerechtigkeiten und auf Vakanzen hingewiesen worden, interessanterweise von der „Sportfraktion" Baumert/Schwab, die hier sehr stark eben an die Situation des Sportlers erinnern. Herr Schänzer, wie denken Sie darüber, wenn wir im Falle des Sprint-Olympiasiegers Usain Bolt erfahren, wie da die Kontrollsituation ist. Da gibt es nämlich offenbar gar keine. Und ich möchte Sie auch bitten, etwas zu den bemerkenswerten Zahlen zu sagen, die der verehrte Professor Ljungqvist hier an die Wand geworfen hat. Das IOC macht immer mehr Kontrollen. Aber ist das nicht l'art pour l'art? Sind es nicht die Wettkampfkontrollen, deren Zahl inzwischen imposant klingt, die aber in der Sache doch nichts bringen? Im Grunde genommen wären doch die IOC-Gelder für andere Dinge besser angelegt, wie z.B. die Doping-Infrastruktur in Kontinenten wie Asien, Südamerika, Afrika zu stärken mit der Einrichtung von Dopinglaboratorien. Wäre das Geld nicht besser angelegt als in Wettkampfkontrollen, in denen, um den Heidelberger Molekularbiologen Professor Werner Franke zu zitieren, „sowieso nur der Dumme auffällt"? Ich glaube, da sind Sie, Professor Schänzer, nicht anderer Meinung.

Prof. Dr. Wilhelm Schänzer

Also, ganz so kann ich das nicht akzeptieren. Die Wettkampfkontrollen sind aus meiner Sicht sehr wichtig. Es gibt sehr viele Substanzen, die wirklich am Wettkampftag auch effektiv eingesetzt werden können.

Daher sind die Kontrollen absolut notwendig. Das IOC hat natürlich gerade die Zahl dieser Kontrollen bei den Olympischen Spielen erhöht. Das ist eine Folge der hohen Anzahl positiver Befunde in den letzten Jahren (2000 Sydney, 2004 Athen). In Athen lagen die positiven Befunde weit über zwanzig. Kontrollen bei den Olympischen Spielen machen also Sinn.

Herbert Fischer-Solms

Und in Vancouver?

Prof. Dr. Wilhelm Schänzer

Bei den Olympischen Winterspielen muss man generell sagen, dass wir über Jahre ja deutlich geringere positive Befunde als bei den Sommerspielen haben. Es gab, soweit ich weiß, in Salt Lake City 2002 fünf Befunde, dann in Turin 2006 bei den Kontrollen selber kaum positive Befunde. Für die Athleten besteht eine hohe Abschreckung, denn sie wissen, dass sehr viel kontrolliert wird. Deshalb machen Kontrollen Sinn; mit einer hohen Kontrollzahl erreichen wir eine hohe Abschreckung. Die Gelder für die Dopingkontrollen gehen ja nicht verloren durch die Durchführung vieler Kontrollen. Sehr hohe Kosten verursacht die Infrastruktur. So wird immer bei Olympischen Spielen ein komplettes Labor aufgebaut. Ob dann 1.000 Proben oder 2.000 Proben untersucht werden, ist aus meiner Sicht nicht mehr so entscheidend. Aber es ist wichtig, dass wir eine hohe Prozentzahl haben, um eine gute Abschreckung zu erreichen.

Wichtig ist aber, und das hat das IOC ja auch gesagt, dass in Zusammenarbeit mit internationalen Fachverbänden die Kontrollen vor den Spielen entsprechend verbessert und die Kontrollzahlen erhöht werden. Dieses ist gerade für die Kontrolle von Substanzen, die nicht am Wettkampftag sondern in der Vorbereitungsphase angewendet werden, wichtig. Dazu muss gesagt werden, dass vor den Olympischen Spielen in Peking von verschiedenen Verbänden sehr gute und effektive Kontrollen vorgenommen worden sind. In der Leichtathletik z.B. wurden erfolgreiche Kontrollen in Russland angesetzt, wobei mehrere positive Befunde mit Manipulationen aufgedeckt wurden. Wir sehen daran die Wichtigkeit dieser Kontrollen außerhalb des Wettkampfes. Auch der Internationale Gewichtheber-Verband hat im Vorfeld der Olympischen Spiele von Peking 2008 intensiv Kontrollen vorgenommen und gesamte Teams in Bulgarien und in Griechenland des Dopings überführt. Das heißt, im Anti-Doping-Kampf müssen wir beides machen, Kontrollen während des Wettkampfes und außerhalb des Wettkampfes.

Im Vorfeld von Olympischen Spielen zu kontrollieren, ist sicherlich organisatorisch und logistisch viel schwieriger als bei Olympischen Spielen selbst, denn die Athleten müssen erreicht werden, ohne dass sie vorher von der geplanten Kontrolle erfahren. Dieses ist in westlichen Ländern weitaus besser möglich als in vielen Ländern Osteuropas und in Ländern, in denen keine demokratischen Systeme existieren. In vielen dieser Länder ist die Ankündigung der Kontrolleure kaum zu verhindern.

Herbert Fischer-Solms

Aber was sagen Sie, diese Antwort steht ja noch aus, zu der mangelnden Infrastruktur in den Kontinenten, und was sagen Sie zu dem Vorwurf der Ungleichbehandlung?

Prof. Dr. Wilhelm Schänzer

Wenn Athleten im Vorfeld vor internationalen Veranstaltungen schlecht kontrolliert worden sind, möglicherweise, wie in der Diskussion zuvor angedeutet worden ist, dann ist das unbefriedigend, und der internationale Verband sollte überlegen, wie das Kontrollprogramm für die Spitzenathleten verbessert werden kann. Generell gibt es bereits Programme von einigen Internationalen Fachverbänden, die ihre Spitzenathleten kontinuierlich überprüfen. Wenn ein Nationaler Verband oder eine Nationale Anti-Doping Organisation diese Kontrollen nicht schafft, dann muss überlegt werden, ob nicht andere Organisationen das mit abdecken können. Ich denke, es stellt sich letzten Endes folgende Frage zur Infrastruktur: Sollte jedes Land der Welt eine eigene Anti-Doping-Organisation aufbauen? Macht das Sinn? Oder müssen regional klare Strukturen geschaffen werden, um Dopingkontrollen zu gewährleisten? Das kann ich nicht beantworten. Unbefriedigend ist es auf alle Fälle, wenn Spitzenathleten nicht ausreichend außerhalb des Wettkampfes kontrolliert werden. Ich denke, dieses bleibt eines der großen Probleme im Anti-Dopingkampf: die Kontrollen außerhalb des Wettkampfes, die natürlich verbessert und weltweit harmonisiert werden müssen.

Herbert Fischer-Solms

Aber sagen Sie doch noch mal – Sie sind so verdammt vorsichtig – etwas dazu: Was halten Sie von einem Olympiasieger im 100-Meter-Lauf, der im Vorfeld von Olympischen Spielen überhaupt niemals auf Doping getestet worden ist?

Prof. Dr. Wilhelm Schänzer

Ich bin mir jetzt nicht sicher, ob tatsächlich nicht getestet worden ist. Es soll anscheinend in Jamaika kein nationales Testprogramm existieren. Dazu kann ich wenig sagen. Die Zahlen zu den Kontrollen liegen mir nicht vor. Gab es möglicherweise internationale Kontrollen? Diese Frage müsste der Internationale Leichtathletikverband beantworten. Natürlich müssen internationale Athleten, die Spitzenleistungen bringen, regelmäßig kontrolliert werden. Wenn ein Athlet nicht ausreichend kontrolliert worden ist, dann ist das unbefriedigend. Mehr kann ich dazu im Augenblick auch nicht sagen.

Armin Baumert

Die Leichtathletik steht ja mit 47 olympischen Disziplinen immer ein bisschen im Mittelpunkt, das ist klar. Im Zentrum der Aufmerksamkeit steht ein Land, das so groß ist wie Schleswig-Holstein, aber trotzdem fast die gesamten Sprintdisziplinen dominiert. Man sieht ja jetzt, wie das System bröckelt, auf dieser schönen Karibikinsel. Die eine und der andere sind inzwischen aufgefallen. So, wie es mal aussah, ist es schon jetzt nicht mehr nach Peking, nur zwei Jahre danach. Die Fragen kommen international auf uns genauso zu, wenn wir im Ausland sind: „Ihr habt doch auch solche Fälle?" Gerade in Disziplinen, die nun gerade nicht zu den unverdächtigsten Disziplinen zählen. Ich sage nur: Gewichtheben. Da kann man nur argumentativ antreten und auch standhalten und sagen: Schaut euch die Ergebnisse der unangemeldeten Kontrollen im Trainingsprozess dieses Olympiasiegers an, und dann könnt ihr mit uns darüber diskutieren.

Wir haben das Menschenmögliche getan. Wichtig ist, dass sich die 438 Athleten in der deutschen Mannschaft für Peking plus die in Hongkong einem Kontrollsystem gestellt haben – national, was weltweit fast unvergleichbar ist.

Aber wir dürfen ja nicht die Welt überfordern. Es gibt Regionen, die werden nie so weit kommen wie wir. Diese Forderung, die Mehrzahl aller Nationalen Olympischen Komitees müssten alle eine NADA haben wie wir, die Rechnung geht nicht auf. Ich sage noch einmal: Bei uns in Deutschland haben wir, alle Verantwortlichen, aufgrund der Altlasten mit dem Thema Doping in beiden deutschen Staaten die verdammte Pflicht und Schuldigkeit, im Tempo nicht nachzulassen und sich nicht auszuruhen auf dem, was wir erreicht haben. Und dazu gehört die Forderung, die schon in der Stiftungsverfassung der NADA 2003 steht – ein Kontrollsystem „Out of competition" (Trainingskontrollen) allein ist nur die halbe Strategie. Es muss zu einer unabhängigen Wettkampfkontrolle für die deutschen Verbände bei ihren Veranstaltungen kommen. Dann erst könnte man sagen, dass wir in Deutschland ein unabhängiges Kontrollsystem etabliert haben. Das ist noch nicht der Fall. Im organisierten deutschen Sport gibt es über sechzig Sportverbände, zwölf davon haben mit uns diese Wettkampfkontrollvereinbarung getroffen. Wir können uns noch immer optimieren und sollten nicht mit dem Finger unbedingt auf andere in der Welt zeigen.

Herbert Fischer-Solms

Bleiben wir bei den Deutschen. Wir sind ja vom Tagungsleiter aufgefordert, kontrovers zu diskutieren. Armin, Dein Geschäftsführer hat bei der Vorstellung der NADA-Jahresbilanz im letzten Jahr gesagt, die NADA in Deutschland habe das beste Kontrollsystem der Welt. Nun haben wir im deutschen Sport den Supergau erlebt: Radprofi Jan Ullrich gedopt, Claudia Pechstein, die erfolgreichste deutsche Wintersportathletin aller Zeiten, gedopt, Isabelle Werth, die beste Dressurreiterin der Welt, bzw. ihr Pferd, gedopt. Die Heroen des deutschen Sports sind Dopingfälle. Waren das jeweils Fälle, die nicht durch NADA-Kontrollen, sondern durch internationale Dopingkontrollen aufgefallen sind? Also: Was läuft falsch?

Armin Baumert

Das ist doch ganz klar, dass solche Fälle besonders weh tun. Jeder einzelne Fall, ob prominent oder no name, tut dem Leistungssport nicht gut. Auch uns. Dass wir dasitzen und uns die Hände reiben, ist ja wohl nicht zu erwarten. Wir ärgern uns darüber, dass Sportler die Regeln nicht wahrnehmen, die dazugehören. Wir haben 2009 insgesamt 15.000 Kontrollen unangemeldet im Training durchgeführt, und wir haben 41

Verfahrensvergehen, die aber nicht alle sanktioniert zu werden brauch-
ten. 21 davon waren nur wirklich sanktionabel nach den Regeln, die wir
haben. Die anderen waren Fälle, in denen das Regelwerk nicht beachtet
wurde, zum Beispiel das Abmeldesystem.

Jetzt kann man sagen: „kleine Fische". Aber ein 32-jähriger deutscher
Meister 2009 über 400 Meter Hürden ist auch durch unsere Beharrlich-
keit im Trainingsprozess jetzt im März bei einer unangemeldeten Kontrolle erwischt worden. Jetzt müssen alle mal genau zuhören. Man
kann ja eigentlich nicht davon ausgehen, dass alle so sind, aber dieser
Thomas Goller hat, wenn er in den Spiegel gesehen hat, jeden Morgen
ein schlechtes Gewissen gehabt, und im April bei der nächsten Trainings-
kontrolle wurde er noch mal überführt. Da sage ich mir, das sind die
harten Brocken, die kommen in den Medien nicht so hoch wie die eben
genannten Namen. Und wir hatten Katrin Krabbe, Dieter Baumann
und, und, und. Eine lange Kette von Idolen, auch Idole für die deutsche
Jugend, die gestürzt sind und die nicht wieder auferstehen.

Herbert Fischer-Solms

Dazu all die Radprofis wie Zabel, Aldag usw. Du hast gesagt, jeder
Dopingfall tut Dir weh, was Dir jeder abnimmt, der Dich kennt. Aber Du
wirst Dir ja trotzdem Deine Gedanken gemacht haben: Woher kommt das
in diesem doch angeblich so intensiv kontrollierten deutschen Sport?

Armin Baumert

Man kann nicht hinter die Stirne und die Köpfe der Einzelnen schauen.
Man muss glauben. Wenn der Glaube verloren geht im Leistungssport,
dann können wir das ganze Thema beenden. Deswegen glaube ich jedenfalls, dass bei dieser Generation, die wir jetzt gerade besprechen, nicht
die Hoffnung verloren sein muss, aber der Glaube ist arg beschädigt
worden.

Ich war heute früh bei dieser Tagung noch nicht anwesend, denn ich habe
als mit erziehender Vater eine achtjährige Tochter. Auf diese Generation
stütze ich meine Hoffnung mit allem, was ich habe: Prävention, aufklä-
ren, informieren, damit diese Generation sich nicht vom Leistungssport
weg orientiert. Ich gebe zu, wenn man die harten Fälle sieht, dürfte
man als Elternteil – selbst, wenn man Leistungssport im Herzblut hat –,

eigentlich niemanden mehr im Leistungssport in bestimmte Sportarten reinschicken. Aber trotzdem lohnt es sich, Leistungssport zu treiben, weil die Hoffnung mit der nächsten Generation wieder wächst. Das geht anderen wahrscheinlich genauso.

Herbert Fischer-Solms

Ist denn, Professor Schänzer, die Dopingmentalität eventuell doch größer? Der Name ist gefallen: Thomas Goller war in Sydney 2000 – als Deutscher, als Weißer, das ist ja wirklich eine Besonderheit – im Halbfinale Olympischer Spiele, und jetzt wird er zweifach erwischt, und zwar mit dem Mittel Boldenon, ein Mittel, das für die Rinder- und Schweinezucht benutzt wird. Das Mittel Boldenon ist offenbar in der Tierarznei verboten, aber dieser Mensch nimmt es. Wie kommt das? Was spielt sich da in den Köpfen solcher Athleten ab?

Prof. Dr. Wilhelm Schänzer

Anabole Steroide (Anabolika) mit Ausnahme von Testosteron sind generell in Deutschland, und für viele andere Länder gilt das auch, kaum noch auf dem medizinischen Markt. Boldenon ist ein anaboles Steroid, das mit am häufigsten missbraucht wird. Entsprechend der Statistik in den letzten Jahren steht Boldenon nach Testosteron, Stanozolol und Methandienon bereits an fünfter Stelle der am meisten missbrauchten Anabolika. Es ist ein anaboles Steroid, das ähnlich wie Testosteron aufgebaut ist. Wer mit einem anabolen Steroid dopen will, der kann mit einem solchen Präparat arbeiten. Anabolika einschließlich Boldenon werden im Übrigen auch für den Freizeitbereich nach wie vor angeboten. Hierzu gibt es genügend Informationen, wobei mit entsprechenden anabolen Steroiden, und dazu gehört auch Boldenon, zur Leistungssteigerung geworben wird. Wieso jetzt ein Athlet gerade auf diese Substanz zugegriffen hat und welche Empfehlungen möglicherweise dahinter stehen, kann ich nicht beurteilen. Dass ein Athlet grundsätzlich, wenn er älter wird, an alte Leistungen anknüpfen und sie sogar verbessern möchte, ist ein bekanntes Phänomen. Die Gründe letzten Endes für diese Substanz sind eindeutig, nämlich die Leistungsfähigkeit und hierbei insbesondere die Schnellkraft zu verbessern.

Herbert Fischer-Solms

Sie müssen uns, Professor Schänzer, als *der* Experte bei einem Anlass wie diesem zwei Dinge erklären: Erstens: Wie ist der aktuelle Stand der Dinge, welche Dopingmittel, welche Methoden werden derzeit nicht kontrolliert bzw. können derzeit nicht detektiert werden?

Prof. Dr. Wilhelm Schänzer

In der Regel ist es ja so, dass Athleten natürlich versuchen, auf Substanzen und Methoden auszuweichen, die nicht kontrollierbar sind bzw. die wir schlecht nachweisen können. Wir wissen nach wie vor, dass z.B. Testosteron, ein körpereigenes anaboles Steroid, zwar kontrolliert werden kann, das Zeitfenster aber sehr kurz ist. Auch da versuchen wir nach wie vor, entsprechende Effekte zum verbesserten Nachweis zu setzen. Die Athleten benutzen aber trotzdem diese Steroidhormone nach wie vor im internationalen Sport, weil sie anscheinend eine Substanzgruppe sind, die effektive Leistungsverbesserungen ermöglichen können. Immer wieder gelingt es, gerade bei internationalen Wettkampfkontrollen Athleten zu überführen, die aus Ländern kommen, wo Trainingskontrollen nicht effektiv sind. Das bedeutet, dass wir Steroidhormone (Ausnahme Testosteron) sehr lange nachweisen können. Eigenblutdoping ist nach wie vor ein Riesenproblem. Wir können es im Gegensatz zu Fremdblutdoping derzeit nicht nachweisen und deshalb den Missbrauch überhaupt nicht einschätzen. Eine Bluttransfusion erfolgt kurz vor einem Wettkampf, nachdem ein Athlet im Vorfeld sein Blut abgenommen und gelagert hat. Dass muss man sich einmal vorstellen, dass Athleten sich im Winter bis zu einem Liter Blut abnehmen und dann jeden Monat etwa einen halben Liter ihres abgenommen Blutes wieder austauschen, damit es stabil bleibt. Dabei wird regelmäßig frisches Blut abgenommen und aus der gelagerten Probe wieder zugeführt. Das sind Techniken, die wirklich praktiziert werden.

Neue Substanzen, die im Augenblick von Interesse sind, wo wir auch denken, dass sie möglicherweise schon im Einsatz sind, sind z.B. EPO-relevante Substanzen. So gibt es eine ganz neue Gruppe, sogenannte EPO-Mimetika (Beispiel: Hematide), die im Gegensatz zu dem 2008 bekannt gewordenen CERA mit den aktuellen EPO-Testverfahren nicht erfasst werden können. Deshalb ist es besonders wichtig, dass die Dopingproben von den Spielen in Vancouver langzeitgelagert werden, um möglicherweise Tests auf Hematide, die demnächst erst verfügbar sein werden, nachträglich vornehmen zu können.

Grundsätzlich kann man sagen, dass Athleten natürlich mit Substanzen, die auch vom Körper selber produziert werden, in der Regel versuchen zu dopen, weil eine Differenzierungsmöglichkeit (körpereigene Produktion oder Dopinganwendung) für den Dopingnachweis schwieriger ist. Auch bei Substanzen, bei denen das Zeitfenster des Nachweises sehr kurz ist, wie beim Wachstumshormon und Testosteron, ist ein Missbrauch möglich. Probleme haben wir derzeit aber auch beim Nachweis von körpereigenem Insulin. Körpereigene dopingrelevante Substanzen stellen für die Analytik das größte Problem dar. Und ich denke, das wissen auch Athleten und die Hintermänner, die Sportler mit Dopingsubstanzen versorgen. Bestätigt wird das durch die Informationen, die wir den Geständnissen von Sportlern aus den Fällen des Radsports wie Telekom, aus dem Fall Fuentes in Spanien und aktuell auch den Aussagen von Floyd Landis entnehmen können. Sie alle haben zugegeben, mit welchen Substanzen gearbeitet worden ist. Und das waren ausschließlich die Bereiche, wo eben die Dopingnachweise zum jeweiligen Zeitpunkt nicht ausreichend und zufriedenstellend geführt werden konnten.

Herbert Fischer-Solms

Die zweite Frage, Professor Schänzer, betrifft den Dopingfall des Schweizer Radsportlers Thomas Frei. Er hat, nachdem er mit einem positiven Test aufgefallen war, sehr offen erzählt, dass die Branche derer, die dopen wollen, mit Minidosierungen arbeitet. Sie nehmen also regelmäßig täglich ihre Minidosierung, die so klein ist, dass sie, wenn sie zugleich sehr viel Wasser trinken, nicht erwischt werden können – weil ja auch nachts der Kontrolleur nicht kommt. Ist diese Methode sehr verbreitet unter den Athleten?

Prof. Dr. Wilhelm Schänzer

Ich denke, dass ist sicherlich eine Technik, mit Minidosierung zu arbeiten. Ob das dann auch ausreicht, positive Effekte zu setzen, ist eine andere Fragestellung. Ausschließen kann man eine mögliche Wirkung aber nicht. Diese Technik ist aber nicht neu. Wir gehen davon aus, dass dieses schon seit Jahren praktiziert wird, es ist auch entsprechend kommuniziert worden. Es hat möglicherweise damit begonnen, nachdem der EPO-Nachweis möglich war. Es stellte sich die Frage, wann können wir EPO überhaupt noch nachweisen; wenn die Dosierung heruntergenommen und mit kleinere Mengen gearbeitet wird. Das sind Grenzbereiche, wo auch entsprechende Wissenschaftler, die Athleten unterstützen wollen, versuchen, an Informationen zu kommen.

Letzten Endes bin ich der Auffassung, dass man, um eine effektive Dopinganwendung zu setzen, schon mit entsprechenden Substanzmengen arbeiten muss.

Herbert Fischer-Solms

Dann doch noch eine dritte Frage: Wir haben ja in Österreich erlebt, dass die Triathletin Lisa Hütthaler, nachdem sie anwesend war, als die B-Probe ihres Dopingbefundes geöffnet wurde, einen Bestechungsversuch im offiziell akkreditierten österreichischen Doping-Kontroll-Labor unternahm, der fehllief. Frage: Wie oft sind Sie schon bestochen worden?

Prof. Dr. Wilhelm Schänzer

Ich habe in meiner ganzen Laufbahn nur einen einzigen Telefonanruf von einem Funktionär aus einer der ehemaligen sowjetischen Republiken bekommen, in dem angefragt wurde, ob eine anstehende B-Analyse nicht mit einem entsprechenden Geldbetrag verhindert werden könnte. Ansonsten hat es nicht einen Bestechungsversuch gegeben. Ich habe deshalb eine Kriminalisierung im Dopingbereich, wie sie oft vermutet wird, so nie erlebt. Ich habe oft erlebt, dass Sportler, wenn sie im Rahmen einer B-Analyse überführt wurden, sich sogar noch freundlich bedankt haben. Sie haben zwar geweint, und ich hatte fast immer den Eindruck, ein bisschen Sportgeist haben auch die Doper noch.

Herbert Fischer-Solms

Herr Dr. Steiner, das Buch Ihres Landsmannes, Beat Glogger, *Lauf um mein Leben*, haben Sie sicherlich gelesen. Inhalt ist, dass ein Sprintstar gentechnisch so verändert ist, dass er alle anderen besiegt, und die Drogenmafia nun an sein Erbmaterial heran will. Der Autor, ein Wirtschaftsjournalist übrigens, sagt, die Realität sei so spannend, dass er wenig habe übertreiben müssen. Was sagen Sie dazu?

Dr. Marco Steiner

Gibt es dazu etwas zu sagen? Ich weiß es nicht. Ich bin natürlich erstens viel zu wenig lange im Geschäft, um das überhaupt abschließend beurteilen zu können. Ja, es kann sein. Ich kenne die Personen, die seiner Hauptperson Modell gestanden haben. Ich denke, es bleibt ein Roman, aber ich habe zu wenig Erfahrung, um das abschließend beurteilen zu können. Ich bin auch noch nie in Kontakt geraten mit ihm bei solchen Szenarien.

Herbert Fischer-Solms

Einen Satz von Ihnen zum Gendoping, Professor Schänzer.

Prof. Dr. Wilhelm Schänzer

Wir müssen beim Begriff Gendoping zwei Bereiche unterscheiden. Mittlerweile gibt es sogar drei Bereiche, die die Definition möglicherweise demnächst unterscheiden werden. Worüber immer diskutiert wird, sind gentherapeutische Ansätze, ob man entsprechende Verfahren einsetzen kann, die z.B. den Körper in die Lage versetzen, selber Dopingsubstanzen zu produzieren wie z.B. EPO, Wachstumshormone oder Testosteron. Im Tierversuch wurde bereits ein Verfahren entwickelt, Gendoping mit EPO, das aber auf der Entwicklungsstufe für Tiere stehen geblieben ist. Es gibt im Augenblick kein Verfahren, das für Menschen entwickelt wird, weil die EPO-Präparate, die aktuell auf dem Markt sind, viel zu gut sind, so dass man anscheinend kein Interesse bei Pharmafirmen hat. Generell ausschließen kann man das aber nicht. Von unseren französischen Kollegen wurde bereits ein mögliches Verfahren entwickelt, um Gendoping mit EPO nachweisen zu können. Von der WADA (Welt Anti-Doping Agentur) ist Gendoping als ein ganz wichtiger Punkt, also ganz weit oben, bei ihren Anti-Doping Maßnahmen angesiedelt. Es sind bereits jetzt Forschungsprogramme von der WADA gefördert worden, um möglicherweise dann, wenn bestimmte Gendoping-Verfahren eingesetzt werden, die Nachweise viel schneller gestalten (an das jeweilige Verfahren anpassen) und entwickeln zu können, als das bisher der Fall war. Ich denke, Gendoping könnte zukünftig ein Problem werden; aktuell sehe ich das eigentlich noch nicht als Problem an. Man wird aber nicht ausschließen können, und man könnte morgen bereits überrascht werden (das stünde dann in der Presse), weil irgendein Athlet versucht hat, sich mit einer Maßnahme, die nur im Tierversuch bisher entwickelt worden ist, Dopingeffekte setzen zu wollen.

Herbert Fischer-Solms

Vielen Dank. Bevor wir das Wort jetzt an Sie geben, ein letzter kurzer Aspekt, der häufig unter den Tisch fällt, aber sehr wichtig ist. Stichwort Prävention, Armin, Du hast schon kurz davon gesprochen. Wenn wir uns die finanzielle Ausstattung anschauen im NADA-Etat, dann steht Prävention ja eigentlich nicht so hoch im Kurs, oder?

Armin Baumert

Sie steht besser im Kurs als je zuvor, aber das ist noch nicht genug. Trotzdem sage ich, es gibt unabhängig von der Finanzierung, gerade beim Thema Prävention, Netzwerke, die bisher liegen gelassen worden sind – nicht nur seitens des Sports, sondern eigentlich auch seitens der Kultusministerien, die für den Schulsport verantwortlich sind, vielleicht in den Anfangszeiten auch von der NADA. Wir haben inzwischen, glaube ich, auch dort nicht zuletzt bewiesen – und wir sind vom Europarat beim Besuch der Beobachtergruppe ja dafür auch gelobt worden –, dass wir das Nachwuchs-Leistungssportsystem in Deutschland über die vierzig Eliteschulen des Sports und über die zwanzig Olympiastützpunkte, eigentlich ohne einen Euro dafür zu bezahlen, nutzen können, um wirklich zu einer vernünftigen basisnahen Präventionsarbeit zu kommen. Das ist ein Beispiel, wie in einem föderativen Staatssystem Deutschland eben dann doch alle an einem Strang ziehen müssen und eben nicht nur eine Institution, die NADA. In die Lehrpläne der deutschen Schulen, und zwar von der Grundschule angefangen, muss alles, was gegen Sucht in der Gesellschaft, aber eben auch im Sport maßvoll, natürlich nicht überzogen, eingebracht werden kann, in die Verbindlichkeit des Lehrplans hinein. Und es darf nicht weiter passieren, dass wir in den vierzig Eliteschulen des Sports die Erfahrung machen, dass in den Lehrplänen der Eliteschüler teilweise das Thema überhaupt nicht auf der Tagesordnung stand. Wir bewältigen diese Aufgabe auch nur dann, wenn das Netzwerk vom Elternhaus mitgeknüpft wird. Das ist ein ganz entscheidender Beitrag. Und noch eins: Das Beispiel vorhin, als Andreas sagte, die Katze lässt das Mausen nicht. Wenn ich hier den Namen eines Trainers höre, der bei den Olympischen Spielen geoutet worden ist, von der Polizei abgeführt wurde und so weiter, und ich dann sehe, dass er in einer

Sportart anscheinend kein Bein mehr hinkriegt und er nimmt sich eine Lebensabschnittsmöglichkeit und macht weiter: Das sind für mich die Punkte, wo ich sage, wie lange wollen wir denn noch warten? Wie lange wollen wir diese Wandervögel, die den internationalen und den nationalen Sport kaputtmachen, nämlich Trainer und Manager, noch arbeiten lassen? Wer setzt dort das Signal? Das hat es auch in Deutschland gegeben: Thomas Springstein, ich spreche den Namen aus, ja. Die Trainer wollen und müssen noch mehr auf der einen Seite abgesichert werden, dass sie nicht sozusagen nur Feuerstühle besetzen. Sozialabsicherung ja, aber sie müssen zum Beispiel auch verpflichtet werden, ihre Beobachtungen im Trainingsprozess zu kommunizieren. Wenn sich ein ihnen zugehöriger Athlet in einer Trainingsperiode um 20 Prozent in der Leistung steigert, dann müssten die Alarmglocken klingeln. Das ist mit normalen trainingsmethodischen Dingen in den meisten Sportarten eben nicht möglich. Und da hört es eben auf, wo ich ruhig bleiben kann, wenn ich sehe, wie wir uns hier alle bemühen, wie andere, eben auch Trainer, ihre wirklich verantwortliche pädagogische und fachliche Aufgabenstellung nicht erfüllen.

Herbert Fischer-Solms

Herr Schwab, Prävention bei der NADA in Österreich, finanzielle Möglichkeiten und deren Umsetzung?

Andreas Schwab

Wir sind finanziell, glaube ich, auf einen sehr zufriedenstellenden Weg. 30 Prozent unser Budgetmittel werden nur für Prävention verwendet, und das ist in Anbetracht der Umstände, glaube ich, zufriedenstellend. Zuviel kann es nicht sein, weil ich auch glaube, dass die Jugend unsere Zukunft bildet und dass die Gruppen, ich sage mal, der 20-, 25-, 30-jährigen Leistungssportler, die sich bereits dopen, ohnehin nicht mehr bekehrt werden können. Also ich sehe das ausgesprochen nüchtern und, glaube ich, auch realistisch. Wir werden dort keinen mehr bekehren, sondern in Österreich sage ich immer, was sollen wir dort hingehen, die schauen uns ohnehin für blauäugig an und sagen von sich selber, wir wissen das besser als die Leute der Nationalen Anti-Doping-Agentur.

Für die Jugend, glaube ich, ist es deshalb besonders wichtig, dass wir dort aufklärend und informierend wirken, weil wir ja nahezu in allen Ländern der Europäischen Union im Jugendbereich mit Drogen, mit Alkohol und mit Nikotin ohnehin schon große Probleme haben und nicht auch noch das Thema Doping, sowohl im Nachwuchsleistungssport wie auch im Breiten- und Fitnesssport, bei der Jugend ein Problem werden soll. Daher ist auch dort vorbeugend, glaube ich, sehr viel zu tun.

Was ich in Österreich kritisch sehe, ist das Engagement des Gesundheitsministeriums. Das habe ich auch in Österreich schon mehrmals gesagt. Das Österreichische Gesundheitsministerium sollte meiner Meinung nach wesentlich mehr im Bereich Prävention, Information und Aufklärung machen, allgemein im Breitensport, im Fitnesssport. Ich glaube, dass die nationalen Anti-Doping-Agenturen weltweit dafür viel zu klein sind, weil sie die Manpower und vor allem auch die Budgets nicht haben.

Und das gleiche gilt auch für das Unterrichtsministerium. Ich bin da ganz Armins Meinung, ich meine, dass Informationen und Aufklärung im Sportunterricht oder überhaupt im Biologieunterricht oder wo immer das hinpasst, wesentlich mehr gemacht werden sollte.

Ich möchte nur noch ein abschließendes Wort sagen. Die drei leidvollen österreichischen Dopingfälle, ich nenne sie noch einmal und vielleicht wird man dann international darüber nicht mehr so viel sprechen, wie man jetzt in der Aufarbeitungsphase sprechen muss, Salt Lake City, Turin und Humanplasma, diese drei Dopingskandale sind geprägt durch ein und dieselbe Person. Das ist jeweils eine Person gewesen, die den Österreichischen Skiverband und in der Folge dem österreichischen Leistungssport weltweit geschadet und ihn schlecht gemacht hat. Das war Walter Mayer. Und es ist uns im Grunde genommen bis heute nicht gelungen, ihn endgültig in Österreich aus dem Verkehr zu ziehen.

Armin Baumert hat es angeschnitten. Vor einem Monat hat Walter Mayers derzeitige Lebenspartnerin, eine Marathonläuferin aus Kroatien, der wir Dopingkontrolleure in ein Trainingslager nachgeschickt haben, den Dopingtest verweigert.

Herbert Fischer-Solms

Herr Steiner, Dopingprävention in der Schweiz.

Dr. Marco Steiner

Antidoping Schweiz hat eine eigene Abteilung, die sich um Information und Prävention kümmert. Was die Wichtigkeit der Prävention betrifft, kann ich mich meinen beiden Vorrednern anschließen, was die Jugendlichen betrifft. Nun gut, Sie wollten eine kontroverse Diskussion. Ich würde die Frage stellen, bis wann ist man ein Jugendlicher? Bis 16, 17, vielleicht höchstens 18. Für alle anderen, und das ist meine persönliche Meinung, glaube ich nicht an die Wirkung der Prävention. Da glaube ich daran, dass man diese Athleten informieren muss. Information ist nicht Prävention. Es geht darum zu informieren, dass jeder die Regeln kennt und in Kenntnis der Regeln dann entscheidet, welchen Weg er gehen will. Ich glaube nicht daran, dass man erwachsene Athleten präventiv noch beeinflussen kann.

Herbert Fischer-Solms

Vielen Dank Herr Steiner. Soweit die Diskussion auf dem Podium, wir öffnen jetzt die Fragerunde für das Auditorium.

Fragestellerin:

Ich habe eine Frage an Herrn Schwab. Sie haben die Zusammensetzung der Österreichischen NADA eben bekannt gegeben. Entweder habe ich da etwas nicht ganz mitbekommen, da ist also einmal die BSO, das NOK, die Länder und wer war der Vierte? Der Bund?

Andreas Schwab

Ja, die Eigentümer der GmbH, NADA Austria sind der Bund, also der Staat Österreich mit 53 Prozent Gesellschafteranteile. Dann haben wir in Österreich neun Bundesländer. Jedes Bundesland hält fünf Prozent, und ich sage immer symbolische ein Prozent das Nationale Olympische Komitee und die Österreichische Bundes-Sportorganisation (BSO). Die sind die Eigentümer der Nationalen Anti-Doping-Agentur.

Fragestellerin:

Ich kenne die Strukturen in Österreich, kenne die BSO, die sich ja noch mal unterteilt in drei Organisationen....

Andreas Schwab

Sie unterteilt sich in drei Dachverbände...

Fragestellerin

...Dachverbände und das NOK, und Sie haben es eben erwähnt, auch die Föderationen. Welche Rolle bei Sperre, bei Kontrolle usw. spielt denn die BSO in Bezug auf die Föderationen, und welche Rolle spielt das NOK? Wer informiert, wer teilt mit?

Andreas Schwab

Es ist so organisiert, dass die Gesellschafter, die sind die Eigentümer, und die geben das Geld. Aber sie haben überhaupt keine Möglichkeiten, in das tägliche Geschäft, in Kontrollabläufe, in das Dopingkontrollwesen oder in die Rechtsprechung einzugreifen. Das Dopingkontrollwesen ist so organisiert, dass wir eine sogenannte Dopingauswahlkommission haben. In der sitzen drei Experten, die uns oder unser Dopingkontrollwesen dabei beraten, wann wo welche Sportler zu welchem Zeitpunkt idealerweise im Training kontrolliert werden sollen. Das ist eine Gruppe Dopingauswahl. Da spricht sonst niemand mit.

Wenn ein Sportler positiv analysiert wird, dann bekommen wir die Nachricht vom entsprechenden Labor, und wir informieren dann bzw. das Labor informiert die WADA, den Internationalen Fachverbund und uns, die NADA Österreich und damit diejenigen, die die Kontrolle angeordnet haben. Wir leiten dann gegen diesen Sportler bei unserer Rechtskommission, die wieder aus fünf vollkommen unabhängigen Männern in diesem Fall besteht – drei Juristen, ein Sportmediziner und ein Toxikologe –, das Verfahren bei der Rechtskommission ein. Die Rechtskommission ist per Gesetz unabhängig. Dort kann niemand, weder das Nationale Olympische Komitee, noch ich oder der Bund oder die Länder oder die Bundes-Sportorganisation, mitreden. Die Rechtskommission entscheidet dann.

Herbert Fischer-Solms

Vielen Dank für die Klarstellung. Bitte sehr, Herr Professor Ljungqvist.

Prof. Arne Ljungqvist

fragt nach der Zusammenarbeit der Nationalen Anti-Doping-Agenturen mit der Justiz des jeweiligen Staates.

Andreas Schwab

Wenn ich das zuerst beantworten darf: Das österreichische Justizministerium hat letztes Jahr im Juli eine Regelung erlassen, dass die österreichischen Staatsanwaltschaften uns Einsicht in alle Akten von strafrechtlichen Doping-Angelegenheiten geben dürfen. Wir besitzen alle Akten, wenn die strafrechtlichen Verfahren vor Gericht abgeschlossen sind. Und Österreich ist noch viel weitergegangen, und ich glaube, Herr Professor, das wird Sie freuen, ich habe das, glaube ich, auch kurz erwähnt: Wir haben den Juristen der WADA den kompletten Akt Humanplasma übergeben können. Ich glaube, dass das ganz selten bis jetzt irgendwo auf der Welt vorgekommen ist. Österreich geht da sehr weit. Die WADA hat alle Möglichkeiten, jetzt nachzuvollziehen, was man dort in Erfahrung gebracht hat und was wir machen.

Wir haben jetzt auch für das IOC die Möglichkeit geschaffen. Wir haben eine IOC-Anfrage bekommen, wie wir weiter mit Humanplasma vorgehen, und wir haben das IOC darauf hingewiesen, dass sie sich mit WADA koordinieren soll, damit wir nicht zwei internationalen Organisationen berichten.

Und ich möchte an dieser Stelle auch noch anmerken, dass es weltweit notwendig sein wird, um erfolgreich im Kampf gegen Doping zu sein, wenn in jedem Land die Möglichkeit besteht, dass kriminalpolizeiliche Maßnahmen getroffen werden, weil ansonsten der Kampf gegen Doping chancenlos ist. Es hat überhaupt keinen Sinn, hin und wieder einzelne Sportler des Dopings zu überführen. Das Handeln mit verbotenen Substanzen muss unterbunden werden.

Armin Baumert

Ich kann aus unserer Sicht momentan nur den Status darstellen. Vorhin habe ich schon von den auf der Grundlage der zwischen Sport und Politik vereinbarten Möglichkeiten gesprochen, und die sehen so aus, dass wir mit der Schwerpunkt-Staatsanwaltschaft München sehr eng kooperieren. Auch im Fall Humanplasma. Und dass wir in Bonn mit einer Staatsanwaltschaft am Ort der NADA sehr eng kooperieren. Und das heißt immer im juristischen Bereich sozusagen, nicht im ehrenamtlichen Vorstand oder mit X- und Y-Personen, sondern ganz klar mit Bezugspersonen, die dann mit den Experten der anderen Seite wirklich lange und hartnäckig auch Einzelpunkte besprechen.

Diese Möglichkeit besteht. Wie sich diese Strategie weltweit entwickelt, muss man abwarten. Ich will privat meine Meinung sagen: Wenn ich sehe, wie die Gesetzgebung im Jugendschutz bei uns in Deutschland im Laufe der Nachkriegszeit gestrickt worden ist, so glaube ich, dass unser Jugendschutzgesetz ein gutes Gesetz ist. Aber in der Umsetzung, das sehen wir in Einzelfällen, gibt es schon mal Probleme. Ein Gesetz allein ist auch noch nicht die scharfe Waffe. Und, lieber Herr Professor Arne Ljungqvist, lassen Sie mich einen Satz noch sagen: Ich verstehe diese Anforderung an Europa. Ich sehe es genauso. Allein von unserem, jetzt sage ich mal, abendländischen Kulturkreis sind wir wahrlich gut beraten, wenn wir gegen alle Übel dieser Welt Flagge zeigen. Da bin ich ganz altmodisch, aber ich glaube auch richtig zu liegen. Wenn wir aber sehen, dass bei uns der Werteverlust in der Gesellschaft so rapide verläuft, dann sage ich: Bin ich denn Sisyphus oder Don Quichote oder was auch immer? Das ist eine allgemeine gesellschaftliche Aufgabenstellung, wieder da hinzukommen, das hervorzukehren, was unsere Generation von ihren Eltern noch empfangen hat.

Und dann kann ich nur sagen, wir würden gerne als NADA Deutschland von unserem jetzt erreichten Know-how abgeben wollen. Die Brasilianer waren übrigens auch in Bonn, haben sich informiert, also wir haben bereits internationale Kontakte. Aber wenn die großen, die uns animieren, WADA und IOC, ihre Ressourcen dementsprechend überprüfen würden, dann wären wir noch lieber bereit, vielleicht auch diesem Aufruf zu folgen. Bei der WADA kann ich nicht anklopfen. 25 Millionen Dollar, es mag mich hier jemand korrigieren, beträgt ihr Jahresbudget. Das ist nichts gegenüber den Mächten, die mit krimineller Energie weltweit operieren. Das ist nichts, das ist kein Budget.

Beim IOC sieht das schon ein bisschen anders aus. Da muss man also wirklich sagen, liebe Freunde, wenn ihr das euch so vorstellt, dass die NADAs positive „Entwicklungshilfe" leisten, so machen wir das gerne, aber Leistung und Gegenleistung, da muss abgerechnet werden. Aus unseren Beiträgen, die zweckgebunden sind, können wir es nicht. Ich würde es gerne machen, und es gibt viele bei uns, die so denken.

Und noch eins: Den Schlüssel zu dem ganzen Problemkreis hat die Weltregierung des Sports. Die Zulassung zu Olympischen Spielen ist das Instrumentarium, das am wirksamsten ist. Und wenn zehn Jahre nach der Einrichtung der WADA in der Welt nicht alle, die können – nicht alle in dem Tempo, das wissen wir auch, da gibt es wirklich Länder, die möchten, aber sie können es eben noch nicht –, aber die hochindustrialisierten und hochpotenten Staaten, wenn die dann immer noch Defizite haben, dann könnte ich jetzt sagen – ich weiß, dass ich da kaum Gehör finde, aber es wäre Gerechtigkeit damit verbunden –, lassen wir nur die zu, die wirklich in etwa diese Strategie mittragen. Dieses Appellieren derjenigen, die sich um die Chancengerechtigkeit ihrer Sportler bemühen, sollte zumindest doch auch bei denen offene Ohren finden, die die damit verbundenen globalen Möglichkeiten in ihrer Hand halten.

Herbert Fischer-Solms

Vielen Dank. Gibt es noch eine Frage? Denn dann würden wir jetzt sozusagen zusammenfassen und mit dieser Gesprächsrunde zum Schluss kommen.

Dr. Bernard Simon, Vertreter der französischen NADA

fragt nach den Möglichkeiten eigener NADA-Forschung und nach der Praxis internationaler Kooperation in der Doping-Bekämpfung.

Armin Baumert

Zunächst schönen Dank, dass doch die französische Stimme hier noch einmal zum Tragen kam. Es ist ja deutlich geworden, dass wir nicht nebeneinander her agieren, sondern dass wirklich diese Zusammenarbeit und die Information stimmig sind. Ich kann nur sagen, dass wir keine Möglichkeiten haben, zu forschen oder auch Forschungsaufträge zu vermitteln. Das gehört nicht zu unserem Aufgabenbereich.

Wir haben in Deutschland Institutionen wie das Bundesinstitut für Sportwissenschaft und die Hochschulen und vor allen Dingen natürlich auch
die Labore. Herr Professor Schänzer in Köln und Herr Dr. Thieme in
Kreischa sind die Adressen, die Anträge und auch Finanzierungen für ihre
Forschungsvorhaben generieren. Wir sind da gerne vermittelnd tätig.

Herbert Fischer-Solms

Internationale Kooperation, das war die zweite Frage.

Armin Baumert

Sie war bisher in den drei Jahren, wenn ich mich richtig erinnere, noch
nicht nötig. Aber wenn international, dann heißt das Österreich, Schweiz,
ja, natürlich, aber darüber hinaus nicht.

Andreas Schwab

Wir sind auch in Österreich nicht dafür vorgesehen, Forschung zu fördern oder zu finanzieren. In Österreich läuft es so: Wir haben ein WADA-
akkreditiertes Labor, und dieses Labor erhält direkt von der Österreichischen Bundesregierung Fördermittel. Ich weiß auch, dass die WADA
immer wieder Forschungsaufträge bei unserem Labor in Österreich in
Auftrag gibt und dort finanziert. Und auf diese Art und Weise kann sich
das Labor auch entsprechend weiterentwickeln.

Dr. Marco Steiner

Anti-Doping Schweiz hat eine eigene Forschungsabteilung, wir forschen
aber nicht selber. Wir unterstützen angewandte Forschung, d.h. vor allem
mit dem Labor in Lausanne, dem wir finanzielle Mittel zur Verfügung
stellen und im Rahmen von Projekten versuchen, unsere Inputs zu geben, und das gleiche auch beispielsweise mit Köln.

Was die Zusammenarbeit mit den internationalen Verbänden betrifft,
ich habe es vorher schon ganz kurz angerissen. Ich sage es jetzt ein
bisschen direkter, das ist – da bin ich froh, dass Professor Ljungqvist
im Moment nicht im Saal ist –, zwischen sehr gut und katastrophal.
Das Spektrum ist sehr weit.

Herbert Fischer-Solms

Letzte Frage von Folker Hellmund, Leiter des EU-Büros der Europäischen Nationalen Olympischen Komitees hier in Brüssel.

Folker Hellmund

Sie passt auch zu der Frage, die eben gestellt worden ist: Wir sind ja nun hier in Brüssel, und die EU wird künftig in diesem Bereich Anti-Doping eine größere Rolle spielen, die Sportminister haben sich gerade geäußert, dass Anti-Doping ein Thema wird.

Ich würde gerne von Ihnen wissen, wo Sie diese Rolle sehen. Ich hatte vorhin die Möglichkeit, mit Herrn Ljungqvist zu sprechen. Er sagt, das einzige, was fehlt – und das haben Sie auch gesagt, Herr Baumert –, das ist die Umsetzung, ist die Implementierung. Da sollen die Sportminister hilfreich sein und nicht versuchen, neue Gesetze irgendwie auf den Weg zu bringen. Es würde mich freuen, wenn Sie das auch so sehen.

Und Herr Schänzer, wir hatten im letzten Jahr die Möglichkeit, mit Ihrem Stellvertreter, Herrn Dr. Geyer, zu sprechen. Er hat im letzten Jahr bei unserer Konferenz in Athen gesagt, es fehlten Mittel, um auch forschend tätig zu sein. Ist das noch so? Und wäre das sozusagen eine der Forderungen, die Sie jetzt auch an die Europäische Union haben: Unterstützung in Ihrer Forschungstätigkeit? Dann, denke ich mir, wäre das auch ein gutes Signal für die Sportminister, die das dann auf den Weg bringen könnten.

Prof. Dr. Schänzer

Ja, ich denke, das ist schon eine richtige Forderung gewesen, die mein Kollege dort auch platziert hat. Wir hatten vor Jahren im Rahmen des 5. Framework Programms der Europäischen Kommission (1998-2002) die Möglichkeit, finanziell geförderte Projekte im Bereich des Dopingnachweises zu bearbeiten. Danach war das nicht mehr möglich. Das ist ein wichtiger Punkt, denn das Budget, das die WADA zu Forschungszwecken weltweit zur Verfügung stellt, liegt bei knapp 4,5 Millionen Dollar jährlich – und das ist relativ wenig, definitiv zu wenig. Ich glaube, mein Kollege Hans Geyer hat auch darauf hingewiesen, dass es Möglichkeiten geben sollte – das machen wir im Übrigen bereits in kleinem Umfang mit unserer Nationalen Anti-Doping-Agentur – sogenannte Case Related

Research-Projekte (fallbezogene Forschungsprojekte) finanziell zu fördern. Oft ergibt es sich, dass bei aktuellen Verdachtsfällen neue Fragestellungen auftauchen, die mit kurzfristigen intensiven Forschungsprojekten bearbeitet werden müssen. Unter Umständen muss ein neues Nachweisverfahren zügig entwickelt werden. In der Regel muss ein Forschungsprojekt frühzeitig beantragt werden, man hat Vorlaufzeiten, und erst nach der Bewilligung kann es abgearbeitet werden. Das ist in der Regel mit einer nicht unerheblichen Zeitverzögerung verbunden. Hier benötigen wir also Unterstützung.

Armin Baumert

Ich will das doch noch mal sagen, weil wir hier die deutsche Seite auch im Blick haben: Ich muss betonen, dass die Entwicklung der Finanzierung aller Aufgaben der NADA seitens der Bundesregierung in den letzten Jahren vorbildlich ist. Da ist nicht mehr drin, das muss man ganz realistisch sehen, schon gar nicht bei dem, was jetzt in unserem Staat auch wirklich an Finanzierungsmöglichkeiten besteht. Wir haben die Option der Bundesregierung, dass wir den Status, den wir jetzt in der Finanzierung haben, beibehalten können.

Aber, ganz deutlich: Im föderativen System, gerade im Bereich der auch vorhin von mir genannten Präventionsarbeit, muss man knallhart sagen, dass der Stand von 2002 seit Gründung der NADA nicht wesentlich verbessert worden ist. Da gibt es von uns weiterhin hartnäckige Bemühungen in Richtung der Sportministerkonferenz der Bundesländer. Und da ist Bewegung jetzt drin durch Herrn Caffier, nicht zuletzt auch durch unseren neuen NADA-Geschäftsführer Dr. Göttrick Wewer, der natürlich das Instrumentarium der politischen Landschaft im BMI als ehemaliger Staatssekretär kennengelernt hat. Das ist für uns vorteilhaft.

Die deutsche Wirtschaft, die den Sport an allen Ecken und Enden bepflastert, teilweise bei der Ausrüstung von Wintersportathleten elf Logos aufklebt, ist sehr distanziert, wenn es darum geht, beim Kampf gegen Doping im Sport Farbe zu bekennen. Die Deutsche Telekom, die Deutsche Bank, Adidas und ein vierter kleinerer Konzern, Bionade, sind unsere, Mitfinanzierer. Und sonst? Da müsste man sich eigentlich ständig aufregen. Aber auch hier sind wir jetzt durch eine eigene Marketingkonzeption gut aufgestellt, die natürlich die gewünschten Wirtschaftspartner überzeugen muss, und ich sage optimistisch, auch überzeugen wird.

Andreas Schwab

Die Frage war, die EU-Sportminister wollen sich verstärkt der Anti-Dopingfrage widmen. Wenn die Sportminister das tun, dann ist das schon einmal sehr gut. Aber ich glaube, die Sportminister sollten sich bemühen, die Gesundheitsminister und die Unterrichtsminister oder andere – gibt es zum Beispiel Jugendminister in anderen Ländern? – einzubeziehen. Die Sportminister allein – ich beurteile das für Österreich – haben keine Chance, so erfolgreich zu werden, wie es sein sollte, weil wir im Sport bei Weitem nicht, und da, glaube ich, rede ich für die Schweiz und Deutschland genauso, über Budgets und Manpower verfügen, um im Breiten-, im Nachwuchs- und im Fitnesssport erfolgreich arbeiten zu können. Daher sollte man auch an Ministerien anderer Ressorts denken.

Dann müssen, ich sage bewusst müssen, die Innenministerien zusammenarbeiten, Justizministerien, Informationsaustausch, Kriminalpolizei, ich wiederhole mich, glaube ich, zum dritten oder fünften Mal. Das ist ganz wesentlich. Das muss so organisiert werden, dass das Zug um Zug läuft und nicht bürokratisch verkompliziert werden darf. Das bringt uns weiter.

Herbert Fischer-Solms

Vielen Dank, meine Damen und Herren. Wir haben hier und heute diskutiert über „Anti-Dopingerfolge in Europa durch das Netzwerk nationaler Anti-Doping-Agenturen". Die Überzeile lautete „Den Tätern auf der Spur". Ich erbitte von jedem von Ihnen noch ein Schlussstatement. Wie sehen Sie, ich beginne mit Professor Schänzer, die Perspektive? Den Tätern auf der Spur – geben Sie der Bemühung eine gute Perspektive, noch mehr Erfolg im Anti-Doping-Kampf zu erreichen?

Prof. Dr. Wilhelm Schänzer

Die Unterstützung ist in den letzten Jahren deutlich besser geworden. Das ist eine positive Entwicklung. Die Schere zwischen den Dopern und den „Doping-Jägern" ist enger geworden. Es wird für Doper immer schwerer, unentdeckt zu dopen. Zusätzlich hat sich die Zusammenarbeit mit den entsprechenden staatlichen Verfolgungsbehörden und der Polizei den Anti-Dopingkampf deutlich verbessert.

Herbert Fischer-Solms

Vielen Dank, Professor Wilhelm Schänzer, Leiter des Instituts für Biochemie der Deutschen Sporthochschule in Köln. Armin Baumert, bitte.

Armin Baumert

Die, die dopen wollen, werden es auch weiterhin tun, denn sie sind selbst
nicht mehr Herr ihrer Sinne. Sie sind versunken in dem Sumpf, in dem
sie sich befinden. Sie kommen nicht raus, und diejenigen, die es versuchen, schaffen in der Regel keinen überzeugenden Neuanfang. So
setze ich die größere Hoffnung in unsere Präventionsstrategie. Sie ist die
scharfe Waffe beim Kampf gegen die Geißel des Sports.

Herbert Fischer-Solms

Dr. Marco Steiner, wie sehen Sie das als Schweizer?

Dr. Marco Steiner

Ich denke nicht, dass wir den Kampf gegen das Doping gewinnen können. Wir müssen ihn aber auch nicht gewinnen, wir müssen nur die
Schere kleiner machen, und dass uns das gelingt, da bin ich verhalten
optimistisch.

Herbert Fischer-Solms

Dr. Marco Steiner, vielen Dank, der Stellvertretende Direktor von Anti-
Doping Schweiz. Und das Schlusswort haben Sie, Herr Schwab.

Andreas Schwab

Ich glaube, dass der Kampf gegen Doping unvermindert weitergeführt
werden muss. Eine Zahl noch: Weltweit hat es 2008 220.000 Dopingkontrollen und Analysen gegeben, und letzten Endes war nur ein Prozent
positiv. Wenn wir uns hier steigern und verbessern können und dann
auch noch die Prävention verbessern, dann, glaube ich, sind wir auf dem
richtigen Weg.

Herbert Fischer-Solms

Andreas Schwab, der Geschäftsführer der Nationalen Anti-Doping-Agentur Austria.

Vielen Dank Ihnen für die Teilnahme an der Diskussion. Wir danken Ihnen im Auditorium für Ihr Interesse.

DOPING UND ETHIK

DAS STREBEN NACH HÖCHST-LEISTUNGEN UND DIE GEISSEL DES DOPINGS

ETHIK IM SPORT ALS SOZIALES PARADIGMA

Kevin Lixey

Da ich gebeten wurde, einen Vortrag über das Thema „Ethik im Sport als soziales Paradigma" zu halten, möchte ich zunächst auf das Wort Paradigma eingehen, das sich aus zwei griechischen Wörtern zusammensetzt: „παρά", das „durch" bedeutet und „δείκνυμι" (*deiknumi*), einem Verb mit der Bedeutung „zeigen oder „begreiflich machen". Somit lässt sich das Wort Paradigma übersetzen als „durch ein Beispiel oder Muster zeigen". Durch „Die Struktur wissenschaftlicher Revolutionen" von Thomas Kuhn wurden wissenschaftliche Paradigmen und vor allem „Paradigmenwechsel" zu populärer Terminologie. Kuhn unterscheidet zwischen der Normalwissenschaft, die sich durch konventionelle Denkmuster auszeichnet und der revolutionären Wissenschaft, deren Denkweise mit den stereotypen Mustern bricht. In den Sozialwissenschaften haben sich Paradigmen zur Beschreibung der „Weltanschauung" durchgesetzt, worunter die Menge an Erfahrungen, Überzeugungen und Werten zu verstehen ist, die die Art und Weise beeinflussen, wie ein Individuum die Realität wahrnimmt und auf diese Wahrnehmung reagiert. Ein „dominantes Paradigma" bezieht sich auf die Werte bzw. das Denksystem, das in einer Gesellschaft zu einer bestimmten Zeit am gängigsten und am weitesten verbreitet ist.

Vor diesem Hintergrund könnten wir uns fragen, was die vorherrschende „Weltanschauung" bzw. was die dominanten Paradigmen in der Welt des Sports in den letzten 25 Jahrhunderten waren. Diese Frage ist nicht so leicht zu beantworten. Aber in Bezug auf die Philosophie des Sports hat die Professorin Dr. Karen Joisten von der Universität Mainz diese Hausaufgabe schon für uns auf einem Sportseminar erledigt, das vor einigen Jahren in Verbindung mit unserem vatikanischen Amt abgehalten wurde. Ihre Resultate würde ich gerne mit Ihnen als „Kulisse" für meinen heutigen Vortrag teilen. Danach werden wir besser in der Lage sein, die Verbindung zwischen Sport und Ethik im Licht dieser sozialen Paradigmen zu bedenken und einen „Paradigmenwechsel" für die Sportwelt vorzuschlagen, der sich im Kampf gegen Doping als vorteilhaft erweisen könnte.

Joisten stellt folgende These[1] auf: die Weise, wie der Mensch – bewusst oder unbewusst – sich dem Sport nähert (und insbesondere wie er mit seinem Körper umgeht) ist ähnlich der Weise, wie der Mensch mit sich in anderen Lebensbereichen und mit seiner Sterblichkeit umgeht. Insofern kann der Sport als eine Art Spiegel der Gesellschaft gedeutet werden, in dem die geistig-kulturellen Haltungen einer Zeit mit der Art einhergehen, wie sich dieselbe Gesellschaft dem Sport nähert und insbesondere, wie die Menschen einer bestimmten Zeit ihre sportlichen Idole oder Helden sehen. Auch wenn es zunächst kompliziert scheint, werden die folgenden kurzen Umrisse von einigen dominanten Paradigmen während der letzten 25 Jahrhunderte dazu beitragen diesen Punkt zu verdeutlichen.

1. KOSMOZENTRISCHES PARADIGMA

Lassen Sie uns zuerst mit dem alten Griechenland beginnen. Hier treffen wir auf ein „kosmozentrisches" Paradigma, wie Joisten es bezeichnet. Dies ist eine Weltanschauung, die sich weder auf Gott noch den Menschen als Mittelpunkt konzentriert, sondern vielmehr auf die Natur (*phusis*), wo all das Seiende oder der gesamte Kosmos versucht sein *Telos* bzw. sein ursprüngliches Ende zu erreichen, das in seiner Natur bzw. in seinem Wesen bereits in Saatform vorhanden ist. Dieser Aspekt ist natürlich sehr aristotelisch. Das Streben nach Höchstleistungen bei

Wettkämpfen im alten Griechenland geht auf die Zeit lange vor Aristoteles zurück, auf das Ritual der Totenspiele, die zu Ehren der Toten oder der königlichen Personen veranstaltet wurden. Bei Wettkämpfen manifestierte sich die Areté vor allem in Höchstleistungen in Bezug auf die Muskelkraft und Geschicklichkeit. Während die adeligen Toten durch diese großzügigen Totenspiele geehrt wurden, strebten die Wettkämpfer nach einer Art „Unsterblichkeit", indem man sich an sie erinnert wegen ihrer sportlichen Höchstleistungen. Später wird das Streben nach Höchstleistungen auch in das Streben nach einem tugendhaften Leben miteinbezogen.

2. GOTTZENTRIERTES PARADIGMA

Mit der Verbreitung des Christentums im ganzen Römischen Reich entwickelt sich ein „gottzentriertes" Paradigma, wie Joisten es nennt. Hier versteht sich der Mensch als ein von einem trinitarischen Gott geschaffenes Wesen, als Pilger in einem Tal der Tränen, aber mit der lebendigen Hoffnung auf ein ewiges glückliches Leben. Manche behaupten, dass die Christen dieses Zeitalters ihren Körper total verachteten (wie durch die körperliche Buße symbolisiert). Diese Geringschätzung des Körpers hat aber mehr Ähnlichkeit mit dem Gnostizismus als mit dem Christentum, da gerade die Inkarnation des Gottessohns dem Körper einen beispiellosen Wert verleiht. Ich sehe die körperliche Buße oder das Märtyrertum – das größtmögliche körperliche Opfer – als eine Unterordnung des Körpers und des irdischen Lebens unter eine höhergestellte Sache. Der Märtyrer legt mehr Wert darauf, seinem Glauben treu zu bleiben, als sein ohnehin zeitlich begrenztes irdisches Leben zu verlängern, in der Hoffnung dadurch ein ewiges Leben zu erlangen. Als die religiöse Verfolgung ein Ende findet, wird das „heldenhafte Leben des Märtyrers" auf die strenge Askese des Klosterlebens übertragen und beide ersetzen in gewisser Weise das sportliche Idol der Olympioniken im alten Griechenland oder der Gladiatoren im Römischen Reich.

Im späteren Mittelalter entstand das Ideal des Rittertums, wo sich mutige junge Männer dem Rittertum verschreiben und in Schlachten ziehen, um z.B. ihren König oder das Heilige Land zu verteidigen. Die Schlachten werden von Ritterturnieren abgelöst, die jedoch schnell von der Kirche missbilligt werden (zugunsten des Körpers und des menschlichen Lebens), da sich die Ritter in ihrem Streben nach Stolz und Ruhm bei diesen Turnieren unnötigerweise dem Risiko einer tödlichen Verletzung aussetzten. (Hier sehen wir vielleicht eine Art Vorbote für die Risiken, die Sportler heute durch Doping für ähnliche Ziele auf sich nehmen.)

3. ANTHROPOZENTRISCHES PARADIGMA

Ich bitte den Leser zu entschuldigen, dass ich vieles verallgemeinern muss, um diese Paradigmen zu umreißen. Gegen Ende des Mittelalters und vor allem in der Barockzeit treffen wir auf das Ideal des „galant homme", des Edelmanns, in dem Körper und Geist harmonisch in Einklang gebracht sind. Der Mann und die Frau des Hofes mussten über eine gute geistige und körperliche Ausbildung verfügen, wenn sie als gebildet gelten wollten und wenn ihnen höfische Anerkennung zuteil werden sollte.

Mit dem Aufblühen der Wissenschaft und der beginnenden Aufklärung rückt der Mensch in den Mittelpunkt, da ihn sein Verstand zu neuen Höhen trägt. Dadurch, dass es jetzt wissenschaftlich möglich wird, genaue Messungen vorzunehmen und alles Quantifizierbare zu bestimmen, vollzieht sich ein Wandel, den Allen Guttmann mit dem Titel seines Buchs *Vom Ritual zum Rekord* treffend bezeichnet. Somit sind die Voraussetzungen für Coubertin und die Olympischen Spiele geschaffen, die den Menschen und den Humanismus in den Mittelpunkt stellen. Durch dieses neu gewonnene Vertrauen in die Wissenschaft entsteht aber auch ein gewisses blindes Vertrauen darauf, dass alles, was wissenschaftlich möglich ist, auch zulässig ist. Wenn sich diese Art des wissenschaftlichen Denkens mit dem jetzt viel besser kalkulierbaren und unnachgiebigeren Streben nach „citius, altius, fortius" mischt, so kann dadurch ein starker Cocktail entstehen, der den heutigen Sport berauscht.

4. TRANS-ANTHROPOLOGISCHES PARADIGMA

Wo stehen wir also heute? Joisten liefert überzeugende Argumente für ein letztes Paradigma, das sie als „trans-anthropologisches" Paradigma bezeichnet. Hier geht es dem Menschen nach dem Verschwinden Gottes um eine Überwindung seiner selbst. Die anthropozentrische Weltanschauung ist hinfällig geworden. Die Welt wird zu einem vielfach verästelten und verwobenen Netz, das ein kaum überschaubares, aber auch flaches Gewebe darstellt. Diese Weltanschauung lässt sich mithilfe des Bildes von einem Rhizom veranschaulichen, einem unterirdischen Wurzelstock, der keine Hauptwurzel besitzt und dem somit ein Zentrum fehlt, der also das

Gegenteil von einem Baum oder einer Wurzel darstellt, wo immer ein Punkt oder eine Ordnung festgesetzt werden kann. Unser heutiges Paradigma bringt das Mäandrische und Labyrinthische des Denkens und der Weltdeutung zum Ausdruck, dem ein Zentrum und ein Ausgang fehlen: In der heutigen Facebook-Ära ist es möglich und sogar fast schon obligatorisch jeden beliebigen Punkt mit einem anderen zu verbinden, genauso wie bei dem Rhizom.

Joisten bemerkt, dass der „tolle Mensch" von Friedrich Nietzsche unsere heutige Situation treffend beschreibt: „[...] Wohin bewegen wir uns? Fort von allen Sonnen? Stürzen wir nicht fortwährend? Und rückwärts, seitwärts, vorwärts, nach allen Seiten? Gibt es noch ein oben und ein unten? Irren wir nicht wie durch ein unendliches Nichts? Haucht uns nicht der leere Raum an? Ist es nicht kälter geworden? Kommt nicht immerfort die Nacht und mehr Nacht? [...]"[2]

Die Aufklärung ist zu Ende gegangen und es gibt nichts Neues mehr, das noch erklärt werden müsste. Es gibt nichts Geheimnisvolles mehr am Neuen, es ist durchsichtig wie ein Netz, ohne Tiefe. Mit dem Verlust des Glaubens geht auch ein Verlust an traditionellen Bindungen und an Tradition schlechthin einher. Zurück bleibt der Mensch, radikal auf sich zurückgeworfen, halt- und orientierungslos geworden.

Was geschieht nun mit dem Menschen im trans-anthropologischen Zeitalter, nachdem im naturwissenschaftlich geprägten Anthropozentrismus die Fokussierung stets auf den Menschen gerichtet war? Joisten beantwortet diese Frage wie folgt: „Nach dem Tod Gottes, dem Tod der traditionellen Beziehungen und des Erfahrungswissens, des Verlustes von Raum und Zeit, der Werte und der Allpräsenz der technischen Bilder, tötet – im übertragenen Sinne verstanden – der Mensch nun auch sich selbst. Er kehrt sich selbst den Rücken zu, wendet sich von sich ab und bemüht sich darum, mit allen ihm zur Verfügung stehenden Mitteln – sei es in der Biotechnologie, der Künstlichen-Intelligenz-Forschung und der Medientheorie – einen neuen, einen anderen, einen Trans-Menschen zu verwirklichen."[3]

Dabei lassen sich zwei Tendenzen erkennen, die sich um die Überwindung des Menschen bemühen: der transhumane Über-Körper und der transhumane Über-Geist. Beide Tendenzen verfolgen das gemeinsame Ziel, den Menschen aus seinem körperlichen Eingeengt- und Eingegrenztsein zu befreien, sodass er grenzenlos, horizontfrei und unsterblich werden kann.

Die Suche nach dem transhumanen Über-Körper passt sich dem Fitness-wahn an, der Suche nach den modernsten Dopingmethoden und der Ausnutzung der neuesten Biotechnologie, die in Zukunft maßgeschnei-derte genetisch modifizierte Sportler hervorbringen könnte. Im Streben nach noch besseren Leistungen haben die Menschen schon lange nach Vorteilen gesucht, die sie sich von besseren Werkzeugen und Ausrüstung, besserem Training und Praxis, besserer Ernährung und Übung verspra-chen. Neben den Pharmazeutika von heute werden wir morgen vielleicht schon Hilfe in neuester Technologie finden, um unseren Körper und den Geist – deren natürliche Kräfte und deren Funktionen – direkt zu ver-bessern durch zum Beispiel Medikamente, genetische Modifikationen und operative Maßnahmen (einschließlich der Implantation von mechanischen Geräten).

In einem *Spiegel*-Interview[4] von 2008 sprach der ehemalige Chef der Welt-Anti-Doping-Agentur (WADA) Richard Pound über die zukünftigen Schrecken der biogenetischen Manipulation. Er führte folgendes Beispiel an: Dr. Sweeney von der Universität Pennsylvania gelang es, durch Genmanipulation die Muskelmasse von Labormäusen um 35 Prozent zu steigern. Die Hälfte aller E-Mails, die er erhält, sind von Sportlern, die ihn darum bitten: „Versuchen Sie das mal bei mir." Wenn Dr. Sweeney ihnen sagt, dass er nur mit Labortieren arbeitet und keine Ahnung hat, wie der menschliche Körper reagieren würde, mailen die Sportler zurück: „Das ist in Ordnung. Behandeln Sie mich trotzdem!" Nach Pounds Ansicht ist die Welt der Doper eine kranke Welt!

Vor diesem Hintergrund scheint das dominante Paradigma im heutigen Sport nicht mehr „dabei sein ist alles" zu sein, sondern das sportliche Idol in unserer Zeit lässt sich vielmehr als Inbegriff der Verwirklichung des transhumanen Über-Körpers deuten.

EINE ETHISCHE ANTWORT: EIN PARADIGMENWECHSEL ZUR TUGENDETHIK IM SPORT

A. Vorschlag eines Paradigmenwechsels

Im Kampf gegen Doping wurden Antidoping-Appelle laut, um langfristig die Gesundheit der Sportler zu schützen sowie die Fairness zu wahren. Und dies muss auch so weitergehen!

Bereits 1955 hat Papst Pius XII. Folgendes bemerkt: „Die Jugend muss erkennen, dass [...] keine Motive einen Sportler davon abhalten können, sich an das allgemeine Sittengesetz zu halten, das sich auf die drei Säulen Familie, Gesellschaft und die eigene Person stützt. In Bezug auf das Selbst muss man den Fehler ergründen, der darin liegt, wenn man das Recht für sich beansprucht, bedingungslos über seinen Körper zu entscheiden und ihn dadurch offensichtlichen Risiken und strapaziösen Anstrengungen aussetzt, oder wenn man gesundheitsschädliche Stoffe zu sich nimmt, um Leistungen zu erzielen, die die eigenen natürlichen Kräfte übersteigen, wie dies zum Beispiel beim Konsum von Stimulanzien der Fall ist, die dem Körper nicht nur einen irreparablen Schaden zufügen können, sondern von Experten auch als Betrug angesehen werden."[5]

Doch trotz der Antidoping-Appelle nimmt Doping immer mehr überhand und bringt nicht nur Sportler ums Leben, sondern auch noch den Sport an sich. Die Geißel des Dopings hat schon das Leben von vielen Sportlern gefordert, doch der Sport selbst ist noch nicht tot. Es scheint, als ob das Streben nach Höchstleistungen, das mit den Griechen begann und sich heute mit noch größerer Intensität fortsetzt – Sieg um jeden Preis – die wahre „Achillesferse" des heutigen Sports ist. Die Schwachstelle des heutigen Sports. Könnte diese „Achillesferse" dann nicht auch unser Angriffspunkt sein, die Tür, um in diese Welt einzudringen und ihren Wandel herbeizuführen? Um es in anderen Worten zu formulieren, könnte die Suche nach Höchstleistungen nicht auch eine Art Katalysator für eine Änderung sein? Lassen Sie mich das näher erklären.

Ich wurde gebeten, über das Thema „Ethik im Sport als soziales Paradigma" zu sprechen. Erlauben Sie mir dabei eine auf „Tugend basierende Ethik im Sport" als neues Paradigma bzw. als Paradigmenwechsel vorzuschlagen im Kampf gegen Doping und oder andere Krankheiten, die den heutigen Sport plagen.

Wie bereits erwähnt ist das Streben nach Höchstleistungen dem Menschen immanent. Unsere Hoffnungen erhabene Ziele zu erreichen, stehen im Mittelpunkt von vielem, was wir tun und das an uns bewundernswert ist. Viele von uns hoffen, bei verschiedenen Aktivitäten, denen sie sich widmen, hervorragend zu sein und fast alle von uns bewundern herausragende Leistungen – wann auch immer wir ihnen begegnen – auch in Bereichen, in denen wir selbst nur mittelmäßig sind. Johan Huizinga zeigt mit seinem *homo ludens*, dass dieser Wettbewerb, dieser Wunsch zu spielen, nach Höchstleistungen zu streben in unzähligen Bereichen für die geniale Kreativität des Menschen verantwortlich ist, die das Zentrum von jeder Kultur bildet. Er betrachtet die Olympiade im alten Griechenland, die glorreichen Spiele im Römischen Reich und die Barockzeit in der Kunst als hierfür emblematisch.

In gewisser Weise hat Doping seine Wurzeln in dieser Suche nach Höchstleistungen, im unnachgiebigen Streben nach „citius altius fortius". Es ist jedoch ein Streben nach falschen Höchstleistungen durch betrügerische, illegale und gesundheitsschädliche Mittel. Echte Höchstleistungen können nicht durch Nicht-Leistung, durch illegale Mittel erreicht werden. In unserem „Zeitalter des Rhizoms" benötigen wir ein tiefer gehendes, umfassenderes Verständnis von echter Höchstleistung, insbesondere in Bezug auf den Sport. Durch Antidoping-Kampagnen muss weiterhin das Bewusstsein geschärft und die Unterstützung durch staatliche und nichtstaatliche Institutionen gefördert werden. Vielleicht könnten wir uns auch diese Suche nach Höchstleistungen zunutze machen, indem wir sie in einer Wertehierarchie verwurzeln, wie sie sich in einer tugendorientierten Ethik findet.

Bei unserem dritten vatikanischen Sportseminar, das im letzten November im Auftrag der katholischen Sportverbände stattfand, konzentrierten wir uns bei einer Podiumsdiskussion auf die Frage: „Was bedeutet es ein Sieger zu sein?" In anderen Worten, wir wollten untersuchen, wie wir Erfolg definieren und wie wir Erfolg definieren sollten. Wird der Erfolg nur über äußere Bedingungen wie Gold oder Silber definiert oder auch durch innere Faktoren?

John Wooden, einer der erfolgreichsten Basketballtrainer von College-Mannschaften in den USA definiert Erfolg folgendermaßen: „Erfolg ist Seelenfrieden, der das unmittelbare Ergebnis von Selbstzufriedenheit ist im Wissen, dass man sein Bestes gegeben hat, um der Beste zu werden, der man werden kann."[6] Hierbei sollte man hervorheben, dass Erfolg vor allem vom Inneren heraus bestimmt wird, da man selbst der Einzige ist, der wirklich weiß, ob man gewonnen oder betrogen hat. Vielleicht vergessen wir allzu schnell den tieferen Drang nach dem Transzendenten, der in jedem von uns steckt. Wir sind nicht nur „homo oeconomicus", sondern auch „homo sapiens", wo es das menschliche Denken und seine Spiritualität ist, die den Menschen vom Affen unterscheiden, wobei der Mensch in einen Rahmen gesetzt wird, der über das rein materielle hinausgeht und sich auf das Spirituelle ausweitet.

Es stellt sich somit die Frage, wo die wahre Quelle der Selbstzufriedenheit liegt. Ist sie nicht eher innerer als äußerer Art? Sind gedopte Sportler wirklich glücklich darüber, dass sie einige Jahre siegreich sind, bis ihnen ihre Medaillen und ihre Gesundheit schließlich genommen werden? Wo liegt ihr Glück dann? Ich erinnere mich an die unvergesslichen Worte des früheren Boxers Mike Tyson, der einige Zeit im Gefängnis saß und vor seinem letzten Kampf auf eine Frage dieser Art antwortete: „Wenn ich morgens aufstand, machte mir mein früherer Trainer (Cus D'Amato) gewöhnlich das Frühstück. Jetzt ist er nicht mehr da. Wenn ich gut abschneide, wen interessiert das letztendlich? [...] Ich bin über meine Siege nicht glücklich. Ich kämpfe um mein Leben und gebe alles, aber wenn es vorbei ist, ist Cus nicht da, um mir zu sagen, wie ich war und keine Mutter, der ich meine Zeitungsausschnitte zeigen kann."[7]

Bei seiner Pragreise im September 2009 sprach Papst Benedikt XVI. diese Suche nach Höchstleistungen an, insbesondere in Bezug auf die Jugend. „Am gegenwärtigen Scheideweg der Zivilisation, die so oft von einer beunruhigenden Spaltung der Einheit des Guten, der Wahrheit und der Schönheit gekennzeichnet ist – ebenso wie von der sich daraus ergebenden Schwierigkeit, eine Akzeptanz gemeinsamer Werte zu finden –, muss sich jedes Bemühen um den Fortschritt des Menschen vom lebendigen Erbe inspirieren lassen. Europa hat in Treue zu seinen christlichen Wurzeln eine besondere Berufung, diese transzendente Vision in seinen Initiativen im Dienst des Gemeinwohls der einzelnen Menschen, der Gruppen und der Länder zu bewahren. Besonders wichtig ist die dringende Aufgabe, junge Europäer durch eine Bildung, die ihre gottgegebene Fähigkeit achtet und stärkt, zu ermutigen, gerade jene Grenzen zu überschreiten, die sie manchmal anscheinend gefangen halten. Im Sport [...] ergreifen junge Menschen gerne die Gelegenheit, herausragende Leistungen zu erbringen. Ist es nicht ebenso wahr, dass sie auch nach moralischen Tugenden und nach einem solidarischen und guten Leben streben werden, wenn sie mit hohen Idealen konfrontiert werden? Meine aufrichtige Ermutigung gilt den Eltern und den Leitern von Gruppen, [...] dass sie Werte fördern, die die intellektuellen, menschlichen und geistigen Dimensionen einer soliden Erziehung umfassen, die den Zielen unserer jungen Menschen angemessen ist."[8]

B. Tugendethik im Sport

Wie bereits erwähnt sind Sportgespräche mit Bezugnahmen auf das Erreichen von Höchstleistungen übersät. Dies gilt auch für die Tugendethik. Die Areté bedeutete im alten Griechenland genau das, nämlich Vollkommenheit bzw. Vortrefflichkeit. Dabei kann Areté die Vollkommenheit von fast allem bedeuten. Eine Tugend ist also eine Art menschlicher Vollkommenheit. Der Mensch wird nicht vollkommen geboren, sondern erwirbt sich durch bestimmte menschliche Eigenschaften die Vollkommenheit.

Bei dem Versuch eine einmalige Ethik des Sports auf der Grundlage einer Kultivierung der Tugend zu etablieren, leide ich an Nostalgie. In diesem Anspruch mag etwas Wahres sein. Die gemeinsamen Identitäten, Normen und Zwecke der Polis gehören längst der Vergangenheit an und sind in der modernen multikulturellen und traditionsarmen Welt von heute nicht mehr anwendbar. Aber wenn der Sport mit seinen expliziten Regeln und seinem impliziten Ethos des Fair Play nicht das menschliche Verhalten zu gestalten vermag, fällt es schwer zu sehen, welche andere moderne Praktik dies leisten könnte. Deshalb halte ich daran fest, dass der Sport, vorausgesetzt er wird, auf die richtige Art und Weise veranstaltet, ein großartiger *Schauplatz* sein kann, *um Tugendethik zu praktizieren.*

Was würde eine Tugendethik im Sport beinhalten? Es ist offensichtlich, dass hier keine Abhandlung darüber möglich ist. Daher möchte ich einige der möglichen und tatsächlichen Anwendungen kurz umreißen. Lassen Sie mich einige Arten erklären, wie die Ausübung des Sports – mit seiner inneren Dynamik des Suchens nach Höchstleistungen – sich für die Praktik von bestimmten Tugenden anbietet.

a) Selbstkontrolle

Es gibt ein englisches Sprichwort, das besagt: „Am Tisch und beim Spiel verrät sich ein Mann." Hiermit soll ausgedrückt werden, dass eine Person ihren Charakter bzw. ihr Maß an Selbstbeherrschung genau im Eifer des Spiels offenbart, wo der Spieler zeigt, wie viel Willenskraft oder Selbstkontrolle er über seine zwanghaften Neigungen hat. Wie jemand auf dem Platz spielt, entscheidet nicht automatisch darüber, wie sich jemand im Leben verhält, aber es gibt durchaus Parallelen. Jemand, der auf dem Platz betrügt, wird dies auch ganz leicht in anderen Bereichen des Lebens tun. Bewahrt jemand jedoch im Eifer des Spiels die Fassung und unterdrückt zum Beispiel sein zwanghaftes Verlangen den Schiedsrichter wegen eines ungerechtfertigten Fouls mit der Faust ins Gesicht zu schlagen, wird er mit großer Wahrscheinlichkeit auch in anderen Situationen abseits des Fußballfelds Selbstbeherrschung zeigen. Insofern kann Sport ein Paradigma für das menschliche Verhalten im Allgemeinen sein.

Angesichts der Fußballweltmeisterschaft möchte ich Kardinal Joseph Ratzinger zitieren, der als damaliger Erzbischof von München vor der Weltmeisterschaft von 1978 über die große Begeisterung für dieses Ereignis sprach: „Mir scheint, die Faszination des Fußballs bestehe wesentlich darin, dass er diese beiden Aspekte in einer sehr überzeugenden Form verbindet. Er nötigt den Menschen, zunächst sich selbst in Zucht zu nehmen, sodass er durch Training die Verfügung über sich gewinnt, durch Verfügung Überlegenheit und durch Überlegenheit Freiheit."[9]

b) Lernen, sich an Regeln zu halten

Die Spieler eines Spiels akzeptieren gemeinsam bestimmte Regeln und Grenzen, durch die das Spiel bestimmt wird und durch die das Spiel genau zu dieser Art von Spiel wird. Wenn zum Beispiel bei einem Fußballspiel ein Kind einfach den Ball an sich nimmt und damit wegrennt, sind die anderen Kinder die ersten, die diesen Verstoß gegen die Regeln erkennen und werden das schuldige Kind einstimmig als Spielverderber bezeichnen, da es sich nicht an die Regeln des Spiels hält und das Spiel verdorben hat und es zu etwas gemacht hat, das es nicht ist.

Der Moralphilosoph Alasdair MacIntyre unterscheidet Gemeinschaften, die durch eine Tradition begründet sind und Gemeinschaften, die durch die Praxis begründet sind, die sie entwickeln. Unter Praxis versteht er jede kohärente und komplexe Form sozial begründeter, kooperativer und menschlicher Tätigkeit, durch die dieser Form von Tätigkeit inhärenten Güter im Verlauf des Versuchs verwirklicht werden, jene Maßstäbe der Vortrefflichkeit zu erreichen, die dieser Form von Tätigkeit angemessen sind. Als Beispiel für Praxis in diesem Sinne nennt er den Sport. Des Weiteren führt er aus: „Eine Praxis beinhaltet Maßstäbe der Vortrefflichkeit und der Einhaltung von Regeln sowie für das Erreichen von Gütern. Um zu einer Praxis zu gehören, muss die Autorität dieser Maßstäbe akzeptiert werden und die Unzulänglichkeit der eigenen Leistung in Bezug darauf. Die eigene Einstellung, die eigenen Wahlmöglichkeiten, Präferenzen und Vorlieben sind den Maßstäben unterzuordnen, die zurzeit und teilweise die Praxis definieren."[10]

Die Regeln des Spiels, die alle befolgen, haben für alle Wettkämpfer etwas, das sie gemeinsam verbindet. Die Freiheit des Spiels – wenn die Regeln respektiert werden – erlangt eine gewisse Ernsthaftigkeit und diese Spannung, die das ganze Spiel bestimmt, wird erst mit dem Ende des Spiels aufgelöst. Ich möchte hiermit nicht sagen, dass im Sport keine Untugenden vorkommen. Ich behaupte nur, dass der Sport aufgrund der ihm eigenen Natur und seiner Zwecke Forderungen an alle Spieler stellt. Ihre Antworten erfolgen zwangsläufig in Form von Regelungen und Konventionen. Die Einhaltung dieser Regeln – nicht nur aufgrund von Angst vor einer Strafe oder Sanktion – stellt uns noch immer vor Herausforderungen aufgrund unserer Willensschwäche und der schnellen Verfügbarkeit von (mehr oder weniger dauerhaften) äußeren Gütern, die einen Anreiz bieten, das Ziel des Sieges über das Fair Play und gute Leistungen zu stellen.

c) Vorbilder

Nach der aristotelischen Denkweise lernen wir das Verständnis das Richtige zu tun, zu fühlen und zu sehen von Weiseren als uns selbst, deren praktisches Urteil zuverlässiger ist als unser eigenes. Jedoch reicht es nicht aus, zu wissen, was zu tun ist, sondern man muss es auch tun, denn durch gerechtes Handeln werden wir gerecht und durch Handlungen der Mäßigkeit mäßig.

Hierzu bemerkt Aristoteles Folgendes: „Aber die meisten Menschen tun dies nicht, sondern suchen Zuflucht in der Theorie und halten sich dabei für Philosophen und meinen auf diese Art und Weise tugendhaft

zu werden. Und so machen sie es wie die Kranken, die dem Arzt zwar
aufmerksam zuhören, aber von seinen Anordnungen nichts befolgen.
Genauso wenig wie die letzteren bei einem solchen Heilverfahren körper-
liches Wohlbefinden erlangen können, werden die anderen kein geistiges
Wohl erfahren, wenn das ihre Philosophie ist."[11]

Genau deshalb haben Philosophen betont, dass der Sport ein wichtiger
Schauplatz für die Entwicklung der Tugend ist: Er kann auf öffentliche
Art und Weise Möglichkeiten bieten, um Gut und Böse zu üben. Sportliche Aktivitäten schaffen relativ festgelegte und manchmal auch künst-
liche Situationen. Wir können dadurch nicht nur sportlichen Jugendlichen
die Möglichkeit bieten, moralisches Verhalten „auszuprobieren", sondern
es auch zu denken und zu fühlen. Hierbei kommt dem Trainer eine wichtige Rolle zu.

An dieser Stelle ist es auch wichtig auf die Bedeutung (im Guten wie im
Bösen) von positiven Vorbildern für junge Leute hinzuweisen, an denen
sie sich orientieren können. Der Profisport ist auch ein Reich der Helden,
der Sportstars, zu denen junge Leute aufschauen. Gerade deswegen
stellt die Öffentlichkeit besonders hohe Ansprüche an Ausnahmeathleten
in Bezug auf deren Verhalten und Charakter. Wir hängen die Latte sehr
hoch und fordern von Sportlern mehr als wir von anderen erwarten.
Aber wegen des hohen Bekanntheitsgrads der Sportler und der enormen
finanziellen Unterstützung und dem Sozialprestige ist es durchaus auch
gerechtfertigt höhere Ansprüche an sie zu stellen.

In einem Interview mit der *New York Times* im August 2008 sagte der
Sportpsychologe und Autor des Buches *The Fame Motive* Dr. Brim, dass
die Suche nach Ruhm für die meisten Sportler nicht der oberste Motiva-
tionsgrund ist, sondern seinen Forschungen zufolge ist es vielmehr der
Drang eines jeden Sportlers sein Bestes zu geben. Er zitiert die Gymna-
stin Natalie Comaneci: „Ich habe keine Wettkämpfe bestritten, um Geschichte zu schreiben, sondern um das Beste aus mir herauszuholen!"[12]
Auch hier kommt wieder die Suche nach Höchstleistungen zum Vor-
schein.

Obwohl es viele schwarze Schafe im Profisport gibt, gibt es auch genügend positive Vorbilder, an denen sich junge Leute orientieren können.
Vorbilder, die trotz des direkten Wettbewerbs uneigennützig handeln
(und z.B. verletzten Mitbewerbern helfen oder mit Absicht einfache Mög-

lichkeiten zum Sieg auf Kosten von disqualifizierten Gegnern meiden) oder die Ehrlichkeit zeigen, indem sie darauf aufmerksam machen, dass sie gegen eine Regel verstoßen haben, obwohl dies nicht bemerkt wurde. Mit Sicherheit würden viele Leute unter solchen Umständen versuchen, unfaire Vorteile gegenüber ihrer Konkurrenz zu erlangen. Die Tatsche, dass die große Mehrheit aller Sportler Möglichkeiten zum Betrug ablehnt, obwohl es so viel zu gewinnen und zu verlieren gibt, ist nur einer der Gründe, warum die Sportler bei uns so ein hohes Ansehen genießen.

d) Teamwork

Es wird oft gesagt, dass der Sport sich auf den Wettbewerb konzentriert, der wiederum den Egoismus fördert. Logischerweise kann dies nicht ganz der Fall sein. Was ist Sport, wenn nicht ein Anreiz dazu, alle Unterschiede in Bezug auf Überzeugungen oder die Hautfarbe aufzugeben, um gemeinsam nach dem Sieg zu streben. Wettbewerb erfordert Zusammenarbeit. Wettbewerbe benötigen diesen gemeinsamen Geist, den wir oft als Fair Play bezeichnen und Teamsportarten können sich nicht ohne den Zusammenhalt im Team auszeichnen, wo jeder Spieler lernen muss, seine Individualität in den Dienst der gesamten Gruppe einzubringen.

e) Andere Tugenden

Während es allzu offensichtlich ist, dass ein Sportler, dessen Anstrengungen auf ein bestimmtes Ziel ausgerichtet sind, bestimmte Tugenden wie Disziplin, Zielstrebigkeit, Verbissenheit und Durchhaltevermögen benötigt, muss der Sportler daneben auch über „Mut" und „Umsicht" verfügen, um zu wissen, wann es sich für ihn wirklich lohnt, ein bestimmtes Risiko in seinem Leben als Sportler einzugehen, das nur ein Mikrokosmos seines ganzen gelebten Lebens ist. Seine zukünftige Gesundheit durch ein Risiko (wie z.B. Doping) zu ignorieren, stellt eine Herausforderung dar, die große Umsicht und Moral erfordert. Dennoch haben wir alle in unserem Inneren dieses Streben nach Tugend im Allgemeinen, das Streben uns durch unsere Bemühungen auszuzeichnen.

Ich möchte dieses Kapitel über Tugendethik im Sport mit den Worten von Papst Benedikt auf unserem letzten Sportseminar abrunden: „In einer Zeit, in der es dringend notwendig ist, die neue Generation auszubilden, muss die Kirche weiterhin den Sport für die Jugend unterstützen und die positiven Aspekte des Sports (auch auf Wettkampfniveau) wie z.B. Wettbewerbsfähigkeit, Mut, Durchhaltevermögen und Zielstrebigkeit ausschöpfen. Jedoch ist es notwendig, jede Tendenz zu vermeiden, die der Natur des Sports zuwiderläuft wie zum Beispiel die Schädigung des Körpers durch Doping. Katholische Leiter, Angestellte und Arbeiter müssen sich als Experten für die Jugend betrachten und jedem jungen Menschen dabei helfen, sein sportliches Potenzial zu entwickeln, ohne dabei die menschlichen Eigenschaften und christlichen Tugenden zu verschleiern, die einen mündigen Menschen ausmachen.[13]

C. Umsetzung eines Paradigmenwechsels

Wir haben gesehen, dass dem trans-anthropologischen Paradigma von heute ein Zentrum fehlt, da es durch flache, rhizomartige Wurzeln ohne Tiefe oder Hierarchie charakterisiert ist und folglicherweise ohne Bedeutung. Deshalb ist der erste Schritt, um ein neues Paradigma zu schaffen, dem Menschen eine Verankerung zu geben, einen Untergrund, auf dem er stehen kann.

In seiner Enzyklika *Caritas in veritate* bemerkt Papst Benedikt XVI. Folgendes: „Ohne Gott weiß der Mensch nicht, wohin er gehen soll, und vermag nicht einmal zu begreifen, wer er ist. [...] Der Humanismus, der Gott ausschließt, ist ein unmenschlicher Humanismus. Nur ein für das Absolute offener Humanismus kann uns bei der Förderung und Verwirklichung von sozialen und zivilen Lebensformen – im Bereich der Strukturen, der Einrichtungen, der Kultur, des Ethos – leiten, indem er uns vor der Gefahr bewahrt, zu Gefangenen von Moden des Augenblicks zu werden." (n. 78)

Vor dem Hintergrund der beschriebenen dominanten Paradigmen haben wir gesehen, dass jedes Paradigma auch seine positiven Seiten hat. Die Wertschätzung von Höchstleistung und den Sinn für das *Telos* wieder zu entdecken, das in der Essenz bzw. Natur von jedem Ding präsent ist, könnte zu unserem Vorteil sein. Insbesondere in Bezug auf die menschliche Person hat sich Papst Benedikt XVI. wie folgt geäußert: „Aber heute wird die Natur als ein rein mechanischer Sachverhalt betrachtet, der an sich überhaupt kein moralisches Gebot enthält, keine Werte, die Orientierung geben: Sie ist ein rein mechanischer Sachverhalt und daher kommt aus dem Sein selbst keine Orientierung."[14]

In Bezug auf das gottzentrierte Paradigma des Mittelalters wäre es für uns heute von Vorteil, wenn wir den Sinn dafür wieder entdecken würden, dass wir Geschöpfe mit menschlichen Grenzen sind. Von der Renaissancezeit könnten wir den Sinn für ein Gleichgewicht wiederherstellen, wie wir es beim „galant homme" finden, der seinen Körper und seinen Geist gleichermaßen kultivierte sowie das Bestreben die Wissenschaft mit dem Glauben zu verbinden. Von der trans-anthropologischen Ära können wir lernen, dass ein anthropozentrisches Paradigma nicht ausreicht und der Mensch selbst nach dem Transzendenten strebt. Anstelle zu versuchen den Menschen durch einen Über-Körper oder Über-Geist zu überwinden, könnten wir versuchen ein tiefer gehendes Verständnis seiner Spiritualität zu erreichen, indem wir das spirituelle Erbe Europas wiederbeleben, das nur allzu leicht gegen einen trostloseren Horizont ausgetauscht wird. Ein Vorteil der „Rhizom-Ära" ist das stärkere Gefühl des Menschen, mit anderen verbunden zu sein. Dies könnte dem Menschen dabei helfen ein falsches Konzept seiner Autonomie zu überwinden, das beansprucht, dass der Mensch sich durch sich selbst und für sich entwickeln muss ohne Aufzwingungen durch andere.

Dieses Konzept ist jedoch fehlerhaft, da sich das Selbst des Menschen in Verbindung zu anderen definiert. Papst Benedikt XVI. äußerte sich hierzu wie folgt: „In Wirklichkeit ist für die menschliche Person die Tatsache grundlegend, dass sie nur durch den anderen sie selbst wird, das ,Ich' findet sich selbst nur vom ,Du' und vom ,Ihr' her, es ist für den Dialog geschaffen, für die synchrone und diachrone Gemeinschaft. Und nur die Begegnung mit dem ,Du' und dem ,Wir' öffnet das ,Ich' auf sich selbst hin."[15]

Dominante Paradigmen werden sowohl durch den kulturellen Hintergrund einer Gesellschaft als auch durch den Kontext des historischen Moments geformt. Durch die folgenden Bedingungen könnte ein auf Tugend basierendes Paradigma gefördert werden: Ausbilder, die die Ideen des Paradigmas an ihre Schüler weitergeben, Laiengruppen, die die zentralen Überzeugungen des Paradigmas annehmen, dynamische Führungskräfte, die dieses alternative Paradigma einführen und unterstützen, Berufsorganisationen, die das Paradigma legitimieren; Unterstützung durch die Medien: Journalisten und Redakteure, die über das Denksystem schreiben; Regierungsbehörden, die diesem anderen Paradigma Glauben schenken.

SCHLUSSBEMERKUNG

Im Allgemeinen haben wir gesehen, dass die Art und Weise wie sich der Mensch in einer Epoche dem Sport und den Sporthelden annähert, auch seine Weltsicht auf sich selbst widerspiegelt. Dies hat uns auch ein Gespür dafür gegeben, wo sich der Mensch hin bewegt und was seinen Über-Körper Trend antreibt, der große Ähnlichkeit zum Doping und dem Gebrauch/Missbrauch der modernen Biotechnologie hat. Wir haben auch gesehen, dass Versuche Doping im Sport aufzudecken notwendig waren und auch immer noch notwendig sind, aber gleichzeitig auch nicht ausreichen. Wir müssen die Mentalität ändern und dies erfordert Anreize sowie auch Verbote. Es erfordert positive Vorbilder, aber auch Strafen sowie vorbeugende Maßnahmen, aber auch kontrollierte Tests. Vor diesem Hintergrund wurde ein Paradigmenwechsel in der Tugendethik im Sport vorgeschlagen, der versucht die Dynamik der Höchstleistung – wie sie bereits im sportlichen Streben und in der tieferen Hoffnung des Menschen vorkommt – mit dem Streben nach Tugend in allen Bereichen zu verbinden.

Ich möchte abschließend die Frage stellen, ob sich tatsächlich gerade ein Paradigmenwechsel vollzieht oder nicht? Erinnern wir uns an den Erfolg der Paralympics in Peking, wo die Stadien mit chinesischen Zuschauern gefüllt waren, die die Paralympiker sehen wollten, da sie zu der großen Menge gehörten, die keine Tickets mehr zur Olympiade bekommen hatte. Wir sprechen hier von einem Land, das in Bezug auf die Menschenrechte eine negative Erfolgsgeschichte vorzuweisen hat und wo Eltern nur ein Kind haben dürfen. Demzufolge wünschen sich viele Eltern ein rundum gesundes Baby, vorzugsweise einen Jungen. Nichtsdestotrotz haben in diesem Land die Leute Tickets gekauft und Riesenstadien ausgefüllt, um die Wettkämpfe der Paralympiker auf internationalem Niveau mitzuerleben. Sportler, die man nicht gerade als „Ideal" betrachten kann, da ihnen z.B. ein Bein oder ein Arm fehlt oder sie im Rollstuhl sitzen.

Die Paralympics erfreuten sich so großer Beliebtheit, dass schon Gerüchte aufkamen, die besagten, dass sich IOC-Mitglieder bereits über diese wachsende Beliebtheit Sorgen machen, da die Olympiade an sich darunter leiden könnte. Aber ich glaube nicht, dass dies der Fall ist. Ich denke aber, dass die Paralympics ihrem Motto gerecht wurden und durch die sportlichen Höchstleistungen ihrer Athleten die Welt „inspirieren" konnten. Der Präsident des Internationalen Paralympischen Komitees, Sir Phil

Craven, der an unserem Sportseminar im Vatikan teilnahm, äußerte sich wie folgt: „Wenn wir über die Paralympiker sprechen, sollten wir nicht über Sieger trotz Behinderung reden, sondern vielmehr sind sie gerade deswegen Sieger, weil sie diese Hindernisse überwunden haben!"

Die Welt hat schon genug Betrüger. Deshalb möchten Fans sie nicht auch noch in ihrem Lieblingssport sehen. Sie wollen lieber echte menschliche Größe sehen: menschliche Höchstleistung in Bestform. Die Leute haben den Sport schon immer wegen seiner Transparenz und Unvorhersehbarkeit geliebt und dies wird auch so bleiben. Auch wenn wir uns nicht an die Namen der Paralympiker erinnern können, mit Ausnahme von Oscar Pistorius, gehen uns die Bilder der Größe dieser Sportler nicht mehr aus dem Kopf und berühren etwas in unseren Herzen: Denn diese Sportler sind Sieger trotz Hindernissen bzw. gerade dadurch. Diese Sportler sind wahrhafte Zeugen für die Größe des menschlichen Geistes in einer Art, die attraktiv ist, ansteckend und inspirierend. Und genau diese Größe des menschlichen Geistes, ist diese Leistung, die die Tugendethik im Sport und durch den Sport fördern möchte.

1| Cf. K. Joisten, „Der Mensch, die Endlichkeit und das sportliche Idol – gestern und heute", in: Sport und Christentum: Eine anthropologische, theologische und pastorale Herausforderung, D. Mieth / N. Müller / C. Hübenthal (Hrsg.), Grünewald, Ostfildern 2008, pp: 20-38.

2| F. Nietzsche, The Gay Science, W. Kaufmann (ed), Vintage Pub., New York, 1974, pp.181-82.

3| Cf. K. Joisten, „Der Mensch, die Endlichkeit und das sportliche Idol – gestern und heute" in: Sport und Christentum: Eine anthropologische, theologische und pastorale Herausforderung, D. Mieth / N. Müller / C. Hübenthal (Hrsg.), Grünewald, Ostfildern 2008, p. 36.

4| M. Grossekathöfer / C. Gilbert, „Interview with Former Anti-Doping Czar: Doping Is Organized Along Mafia Lines", in: Spiegel Online, 12/02/2008, http://www.spiegel.de/international/world/0,1518,druck-593937,00.html

5| Pius XII., Address to the Centro Sportivo Italiano, 9. Oktober 1955, auf Italienisch in: Discorsi e radiomessaggi di Pio XII, Vol. XVII (1955), p. 277. [meine Übersetzung].

6| J. Wooden / J. Carty, Coach Wooden's Pyramid of Success: Building Blocks for a Better Life, Regal Books, Ventura, 2005, p. 17.

7| T. Kluck, The Reason for a Sports: a Christian Fanifesto, Moody, Chicago, 2009, p.48.

8| Benedict XVI., Address to political and civil authorities and the Diplomatic Corps at Prague Castle, 26. September 2009, in: „L'Osservatore Romano" Weekly Eng. Ed. N. 39, 30. September 2009, p. 7-8.

9| J. Ratzinger, Co-Workers of the Truth: Meditations for every day of the year, Ignatius Press, San Francisco 1992, 262-263.

10| *A. MacIntyre, After Virtue: A Study in Moral Theory, Notre Dame Press, South Bend, 1984 (2nd ed.), S. 187, 190.*

11| *Aristotle, Nicomachean Ethics, Bk. II.V; 1105-21.*

12| *B. Carey, „After Glory of a Lifetime Asking ‚What now?'", in: New York Times Electronic edition, 18. August 2008, siehe http://www.nytimes.com/2008/08/ 18/sports/olympics/18psych.html.*

13| *Benedict XVI., „Message to the President of the Pontifical Council for the Laity on occasion of the International seminar on Sports, Education and Faith: A New Season for the Catholic Sports Movement", in: „L'Osservatore Romano" Weekly English, Ed. N. 46, 18. November 2009, S. 5.*

14| *Benedict XVI, „Address to the General Assembly of the Italian Bishops Conference", 27. Mai 2010 in „L'Osservatore Romano" Weekly English Ed. p.*

15| *Ibid, p.*

DOPING UND ETHIK

Dietmar Mieth

ZUR SITUATION DES SPORTS HEUTE

Der Sport sieht auf eine große Erfolgsgeschichte in den letzten 100 Jahren zurück, im Laufe derer er sein Gesicht sehr gewandelt hat. Der moderne Sport hat religiös-moralische Quellen (Coubertin und die olympische Idee); er verdankt sich national-romantischen Aufbruchsbewegungen („Turnvater" Jahn), bestimmten Erziehungssystemen (z.B. in Großbritannien), und er entwickelte sich aus der Demokratisierung der Freizeit, die nicht nur anwuchs, sondern auch allen zugänglich wurde.

Demgegenüber ist der Sport heute am Anfang des 21. Jahrhunderts von den Faktoren Kommerzialisierung, Mediatisierung und Medikalisierung geprägt. Zunächst die Kommerzialisierung: Das aktive Interesse am Freizeitsport und das passive Interesse am Spitzensport haben enorm zugenommen. Daraus entstand einerseits eine ganze Industrie im Dienste des Sportes bis hin zur Selbstverwertung durch Merchandising; andererseits macht sich die Industrie durch Werbeverträge und Sponsoring den Erfolg des Sports und die Nachfrage nach ihm zu nutze und beschert so dem Sport einen enormen finanziellen Aufschwung.

Die Mediatisierung des Sports steigert sich im professionellen Spitzen-
bereich bis zu astronomischen Ziffern bei der medialen Vermarktung.
Zwischen der anwachsenden Bedeutung der Medien für den Sport und
der Verantwortung in den Medien klafft eine Lücke. Ideale wie „teilnehmen ist wichtiger als siegen" oder „es gibt höhere Werte als den Erfolg"
werden in diesen Kontexten immer mehr obsolet.

Die Medikalisierung meint: Sport ist einerseits mit dem Gut Gesundheit,
andererseits mit der Belastung der Gesundheit durch spezifische, oft
einseitige und extreme Leistungen verbunden. Der Faktor medizinische
Betreuung hat deshalb immer mehr Bedeutung gewonnen und ungeheure
Ausmaße angenommen. Dies wirkt sich auf die Angebote der pharmazeutischen Industrie ebenso aus wie auf die immer spezieller werdenden An-
forderungen an das medizinische Personal, für die eine entsprechende
von Sportverbänden oder vom Staat kontrollierte Ausbildungsschiene
fehlt.

Der Sport ist einerseits ein Spiegel der Gesellschaft. Auch seine Zwei-
deutigkeiten können in diesem Kontext betrachtet werden. Andererseits
verkörpert der Sport in Angebot und Nachfrage ein Set von Gütern oder
Werten, die ein besonderes Profil haben und deswegen als attraktiv
erscheinen, weil sie nicht auf andere Weise so effizient zu haben sind
(oder zu haben zu sein scheinen). Solche Güter sind: Gesundheit im
Sinne von Fitness, Bewegungsfreude, Wettbewerbserlebnis, Spaß an
Leistung und Erfolg, Disziplin, neue Kontaktmöglichkeiten, Bildungs-
und Kulturchancen, Vorbildfunktionen in Fairness, Solidarität, sozialer
Aufstieg und soziale Integration usw.

Doping ist nun ein Faktor, der mit der Realität des heutigen Sports unlösbar verbunden zu sein scheint. Doping ist im Sinne des Einsatzes proble-
matischer Mittel attraktiv. Es geht nicht nur um Leistungssteigerung,
sondern auch darum, dass Schmerzen und Schäden kompensiert werden
sollen, dass die Regenerationszeit verkürzt werden soll und dass schließlich die Wahl zwischen kurzfristigem, aber intensivem Erfolg und längerer
Teilnahmestabilität zugunsten des Ersteren getroffen wird. Doping ist
daher ein sehr komplexes Phänomen, dessen ethische Erörterung und
rechtliche Behandlung mit besonderen Schwierigkeiten zu kämpfen hat.

SCHWIERIGKEITEN, DAS THEMA DOPING ETHISCH ZU ERFASSEN

Die Komplexität des Phänomens Doping ist oft unbekannt. Da man Doping mit unerlaubter, manchmal „artifiziell" genannter Leistungssteigerung in eins setzt und da man diesen Begriff für eindeutig hält, ruft man den Kampf gegen Doping aus, ohne die komplexen Voraussetzungen zu klären. Diese liegen auf wissenschaftlichem, medizinischem, rechtlichem und politischem Gebiet.

Medizinisch gesehen ist das Unerlaubte das Gesundheitsschädigende. Doch die Parameter der Gesundheit sind schwer einheitlich normativ und kontextunabhängig für alle Sportarten zugleich festzulegen. Hier fehlen auch wissenschaftliche Studien und Folgeanalysen.

Doping wird pragmatisch, politisch und rechtlich oft mit Verbotslisten für bestimmte pharmazeutische Produkte gleichgesetzt. Doch sind diese Listen national unterschiedlich und ebenso unterschiedlich in Bezug auf Sportverbände und Sportdisziplinen. Es stellt sich nicht nur die Frage, ob und wie es zu Vereinheitlichungen kommen kann, sondern auch die Frage, wie die Aufnahme bzw. Nichtaufnahme in eine Verbotsliste begründet wird.

Die unterschiedlichen Regulierungen zwischen den Sportverbänden einerseits und zwischen Sport und Staat andererseits (s.u.) erhöhen die Schwierigkeit der Argumentation, zumal unterschiedliche Rechtsgründe herangezogen werden und unterschiedliche Rechtssysteme zu berücksichtigen sind.

Die Nachfrage nach Produkten, deren Transfer und deren Angebot sind von allen möglichen Bestimmungen (z.B. des Zolls und des Inverkehrbringens) abhängig. Schon bei der Herstellung von Pharmazeutika stellt sich die Frage, ob sie eindeutig einer medizinisch-therapeutischen Indikation dienen.

Viel hängt davon ab, welcher Stellenwert dem Dopingproblem in den Medien, in der Gesellschaft, in den Sportorganisationen und seitens der politischen Zuständigkeit gegeben wird. Hier stehen sich oft eher strikte und eher relativistische Positionen gegenüber.

Ein besonderes Problem stellen Sportideologien dar, die Doping als Problem entweder verdrängen oder vorschieben, um andere Probleme zu verdecken. Nationale Ideologien oder der Versuch, die Sauberkeit des Sports entgegen den Fakten zu behaupten, können verdrängend wirken.

Bei der Ermittlung und Kontrolle von Dopingfällen geht es um ein komplexes und oft nicht transparentes System von Laboranalysen (wobei die Einheitlichkeit fehlt), von Untersuchungsmethoden (Situationen, Zeiten, Spannung zwischen Privatsphäre und rechtlicher Kontrolle), Unterschiede in der Verfolgung, der rechtlichen Einordnung und des etwaigen Strafmaßes usw.

Das Dopingproblem ist also mit vielen anderen strukturellen, politischen und rechtlichen Bereichen vernetzt. Insbesondere sei hier auch das Problem benannt, dass in den Erziehungs- und Bildungssystemen eine frühzeitige Beschäftigung mit den Lebensfragen der Gesundheit, der Ökonomie und des Rechts meist ausfällt.

DOPING UND ÖFFENTLICHKEIT

Doping beschäftigt immer wieder die öffentliche Meinung. Zum einen ist Sport eine zentrale Lebensäußerung der sozialen Kultur; zum anderen liegen im Bereich der Verehrung des Erfolgs Heldentum und Betrug nahe beieinander. Der exponierte Sport ist so oder so eine Sensation. Er hat seine Wurzeln in der Versportlichung des Lebens; die Tendenz zur Leistung setzt sich noch in der Kompensation durch andersartige Leistung fort. Auch wenn der Körper eher durch Enthaltsamkeit den Normen der Gesundheit entspricht, ist das Bewegungsmotiv verlockender.

Die Öffentlichkeit reagiert auf Doping in verschiedener, oft extrem wirkender Weise. Eine scharfe Ablehnung stellt Doping in die Nähe des Drogenkonsums, der betrügerischen Manipulation und der Korruption, die im Sport ebenso leicht wie in der Politik - hier wie da leider oft nicht zu unrecht - vermutet wird. Daneben gibt es eine achselzuckende Akzeptanz, die über Saubermänner lächelt und die Doping eher für eine Art „business as usual" hält. Drittens gibt es die Haltung der Verdrängung, die sich vor allem den Sportkonsum nicht durch negative Begleiterscheinungen stören lässt und die Augen davor schließt.

Die Unangemessenheit dieser Extreme angesichts eines höchst komplexen Phänomens liegt auf der Hand. Schon klagen die Kämpfer gegen Doping mehr Solidarität und Parteilichkeit ein, wenden sich gegen Verniedlichung und Defätismus ebenso wie gegen gewissenlose Nutznießerei. Ihnen gegenüber stehen die Relativisten, die Doping als ein eher sichtbar werdendes Delikt, das üblichen Verhaltensweisen entspricht, herunterspielen und auf die Schwierigkeit verweisen, die Negativität von Doping eindeutig zu erfassen (s.u.).

Sport, vor allem der Hochleistungssport, lebt als Kulturphänomen davon, dass er Gefühle aufpeitscht. Je zentraler bei der aktiven ebenso wie bei der passiv konsumierenden Sportkultur die Emotion ist, um so mehr überragt das Sensationelle das Moralische. So wie der Crash der Vehikel und der Knochen ein Unterhaltungsinstrument darstellen kann, so ist auch die Manipulation der Leistung ebenso „sensationell" wie die Leistung selber.

Alle diese Phänomene tragen zu einer Nebelwand vor der Sache „Doping" bei, die erst einmal aufklärend durchdrungen werden muss, damit in einem ethisch relevanten Sinn von Doping die Rede sein kann.

Die Rolle der Medien scheint dabei, von wenigen Ausnahmen abgesehen, eher zwiespältig zu sein. Denn insbesondere die Sportmedien preisen den Erfolg und verdammen die Instrumente, die dazu führen. Oft kann der Erfolg logischerweise nur unter Einbeziehung von Instrumenten gedacht werden, die unter eine schädigende Leistungssteigerung (s.u.) fallen. Die Medien geben hier keine Wegweisung, sondern sie leben wie die Geier vom Höhenflug und vom Absturz, vom schwerelosen Schweben und von den Kadavern. Ohne Übernahme einer orientierenden Aufgabe, die sich auf Ethik als Nachdenken über Moral reflexiv einlässt, ist hier keine Abhilfe zu schaffen. Medien setzen, ohne je die Medienethik verstanden zu haben, die Moral als Waffe der Entlarvung und Verdammung ein. Ohne ihren eigenen Beitrag zum Verfall der Sportmoral zu kontrollieren, verstärken sie eher die Ratlosigkeit und die abschüssige Bahn, gleichsam den Jo-Jo-Effekt der Dopingbekämpfung. (Den Jo-Jo-Effekt kennt man von der Bekämpfung des Übergewichts durch kurzzeitige Methoden des Abnehmens, die, bei Erneuerung der vorherigen Lebensweise, zu verstärkter Zunahme führen.)

BEGRIFF „DOPING"

Doping ist ein komplexer Begriff. Wenn man ihn mit unerlaubter Leistungssteigerung gleichsetzt, muss man klären, was warum unerlaubt ist. In der Begründung wirken vier Momente zusammen:

Erstens, die Gefährdung der mit dem Sport verbundenen Werte, insbesondere der Fairness im Wettbewerb und der körperangemessenen Fitness.

Zweitens, das Gesundheitsrisiko bzw. die Gesundheitsgefährdung, der sich (und u.U. auch anderen ein dopender Sportler/in nach objektiven Kriterien zusätzlich aussetzt.

Drittens, der Betrug bzw. die Täuschung der gesellschaftlichen Erwartung, dass menschliche Fähigkeiten und menschliche Eigenleistung, die durch Training gesteigert werden, den Erfolg hervorbringen, ohne dass Leistungssteigerungen und Leistungsvorteile durch medikalisierende Manipulation erst erzielt werden.

Viertens, der Konsens über das „was unerlaubt ist": ein Ergebnis eines Diskurses der Selbstregulierung im Sport und, im Falle seiner mangelnden Effizienz, eines Diskurses über gesetzliche Regulierungen.

Doping im Sinne der moralisch und/oder rechtlich unerlaubten Leistungssteigerung ist also jeweils als Ergebnis einer Konvergenzargumentation zu betrachten. Eine solche Argumentation setzt nicht auf einen einzigen entscheidenden Grund, sondern fügt verschiedene Gründe, die eine Richtung konvergieren, zusammen. Ein einziges kategorisches Kriterium für Doping würde stets in Widersprüche geraten. Denn nicht jede Leistungssteigerung ist falsch; Gesundheitsgefährdungen werden toleriert (Rauchen, Extremsport u.a.); die „natürliche" Leistung gibt es nicht bzw. sie ist schwer zu bestimmen; ein moralisch relevanter Unterschied zwischen Medikamenten und extremen Trainingsmethoden (z.B. Weltraum-Simulationen) ist schwer zu beweisen. Andererseits ist z.B. Gesundheit im Sport ein dem Sport inhärenter Wert, der nicht in sein Gegenteil verkehrt werden darf, und jedes gesellschaftliche Wettbewerbsystem bedarf notwendigerweise der Verständigung über gleiche Ausgangschancen und über unerlaubte Vorteilsnahme. Gerade in einer Gesellschaft, in welcher die persönliche Freiheit einen hohen Stellenwert hat, müssen immer wieder die Gleichheitsbedingungen der Freiheitschancen untersucht und gegebenenfalls reguliert werden. Dies ist die vielgerühmte „Gerechtigkeit als Fairness" (John Rawls) Die Kriterien für die dazu notwendigen Diskurse festzulegen, gehört zur Aufgabe der Ethik.

DOPING ALS GRENZÜBERSCHREITUNG

Es gibt moralisch akzeptable Methoden zur Leistungssteigerung. Sie sind dadurch gekennzeichnet, dass sie die Ressourcen des Körpers wecken, entfalten, intensivieren und stärken. Dabei sollen sie zugleich möglichst dauerhaft gebraucht und daher auch geschont werden können. Dies ist nicht immer in gleicher Weise möglich. Aber die kurzfristige Leistung des Körpers sollte mit der Nachhaltigkeit (*sustainability*) einer guten körperlichen Verfassung balanciert sein und nicht zu dauerhaften Schädigungen führen.

Die Grenzen des Körpers sind verschiebbar, aber nicht aufhebbar. Sie dürfen nicht zu weit und nicht zu lang verschoben werden. Deswegen sind allmähliche und behutsame Methoden der Leistungssteigerung den abrupten und eingreifenden Methoden vorzuziehen. In diesem Zusammenhang spricht man auch von „Natürlichkeit". Damit sind zugleich die Behutsamkeit und die Endlichkeit im Körperverhältnis gemeint.

Dies gilt auch für Grenzen der Entfaltung psychischer Kräfte (Konzentration, Motivation, Stabilisierung etc.). Die Erfahrung, dass z.B. Hochleistungssport nur über eine bestimmte Zeit betrieben werden kann, orientiert sich nicht nur am Abbau physischer Kräfte. Diese Erfahrung ist auch für andere Hochleistungen z.B. in Managementberufen typisch.

Doping ist also eine nicht mehr verantwortbare Grenzüberschreitung. Da die Grenzen und die Verträglichkeiten für Belastungen individuell verschieden sein können, kann die individuelle Ethik der Leistungssteigerung unterschiedlich sein. Da der Sport aber ein Teil sozialer und solidarischer Kultur ist, bedarf es einer Verallgemeinerung der Grenzen. Das Recht kann sich nicht am Individualfall orientieren. Deshalb muss es Durchschnittswerte für körperliche Verträglichkeit setzen. Grenzwerte (z.B. im Emissionsschutz) sind immer auch Ergebnis von Verständigungsprozessen in einer Expertenkultur. Dabei sollten möglichst viele Perspektiven der Verantwortung beteiligt sein.

Die Bestimmung von Dopingmethoden ist also an einen Diskurs gebunden, der einen Konsens anstrebt. Dieser Konsens sollte jedoch nicht einfach das strategische Minimum bzw. den kleinsten gemeinsamen Nenner der Beteiligten festhalten, sondern er sollte sich argumentativ auf die genannten Grenzen, auf die anerkannten Werte im Sport als einem geförderten Kulturphänomen und damit auf die berechtigten gesellschaftlichen Erwartungen und insbesondere auf die durch den Sport propagierte Gesundheit sowie die daraus resultierenden Vorbildverpflichtungen beziehen.

UNTERSUCHUNGSMETHODEN

Eine Liste von Dopingmethoden sollte standardisierte Beschreibungen der Arten, der Mengen, der Vergabemethode u.ä. ebenso enthalten wie standardisierte Methoden der Entnahme von Dopingproben sowie der Überprüfung von Substanzen im Labor. Die Untersuchungen sollten eine angemessene Kombination von Ritualisierung und Überraschung handhaben, damit sowohl Rechtssicherheit als auch Effizienz gewährleistet werden können.

Damit Entnahme-, Überprüfungs- und Untersuchungsmethoden Doping wirklich kontrollieren bzw. davon abschrecken können, muss in diese entsprechend finanziell, wissenschaftlich, technisch und strukturell investiert werden. Ein Teil der Einnahmen von Sportverbänden sollten, rechtlich überprüfbar, für diesen Zweck gebunden werden. Subsidiär sind auch staatliche Investitionen z.B. durch die Errichtung von Stiftungen denkbar.

Angesichts des Streites über die Kontrollsicherheit und ihre Effizienz sollten in bestimmten Abständen Überprüfungen durch Befragung (anonym) unter Sportlern erfolgen, um eine realistische Einschätzung zu sichern.

Etwaige zukünftige Entwicklungen sind vorauszusehen und präventiv anzugehen. Dies gilt z.B. für genetische und/oder neurologische Einwirkungen, soweit sie unter den genannten Perspektiven der Verantwortung und der Grenzüberschreitung einzuordnen sind.

MEDIZINISCHE ASPEKTE

Auch für die Sportmedizin gelten die üblichen medizin-ethischen Grundsätze: Respekt vor der Autonomie, dem Nicht-Schädigen (*non-maleficience*), der Orientierung am Wohl des Behandelten und gerechte Verteilung der zur Verfügung stehenden Ressourcen.

Solche Kriterien können miteinander in Konflikt geraten, wenn der Sportler seine Autonomie als Selbstbestimmung über seinen Körper reklamiert, und wenn der Arzt demgegenüber die Nicht-Schädigung geltend machen muss. Der Arzt soll keine Autonomie respektieren, die als willkürliche Selbstschädigung ausgelegt werden muss. Indem er als Sportmediziner oder nebenamtlich in der Sportmedizin tätig wird, sollte er zwar in erster Linie auf seinen Betreuten verpflichtet bleiben, aber, auch zu dessen Gunsten, zusätzlich auf die Werte verpflichtet werden, auf die Sportler und ihre Verbände sich selbst verpflichtet haben und unter deren Voraussetzung die Gesellschaft den Sport kulturell privilegiert und fördert. In diesem Sinne wäre an einen spezifischen Code für Sportmedizin zu denken. Dadurch würde die rechtliche Zurechenbarkeit medizinischer Dopingvorgänge zu den beteiligten Ärzten gesichert. Die Lücke einer speziellen sportmedizinischen, kodifizierten Ethik sollte geschlossen werden. Dabei ist freilich darauf zu achten, dass der Mediziner kein Sportfunktionär wird, sondern primär seinem Patienten verpflichtet bleibt. Ohne zureichende medizinische Versorgung können weder Spitzen- noch Breitensport angemessen betrieben werden. Da aber ein spezifisches Spektrum schützenswerter Güter den Kulturwert des Sportes bestimmt, muss dies auch bei der medizinischen Versorgung beachtet werden.

ÖKONOMISCHE ASPEKTE

Sport wird als in der Breite rezipierter Kulturbetrieb oft auch indirekt oder direkt zum Wirtschaftsbetrieb. Ob über Merchandising, über Werbung, über Sponsoring oder über Kapitalbildung bzw. Einbeziehung in den Aktienbesitz und die damit verbundenen Erwerbs- und Verwertungsstrukturen – die ökonomischen Aspekte drängen sich immer mehr in den Vordergrund. Die Sportökonomie darf jedoch keinen reibungslosen Anschluss des Sports an die Gesetze der Wirtschaft gewährleisten, sondern sie steht unter dem Anspruch, wirtschaftliche Kräfte und Eigengesetzlichkeiten der spezifischen Kultur des Sports anzupassen. Sportökonomie im verantwortbaren Sinne heißt Ökonomie im Sport, nicht Ökonomisierung des Sports. Nur unter der Bedingung der Eigengesetzlichkeit der Werte-Orientierungen des Sports, hier an erster Stelle, der Wertverträglichkeit der Leistungssteigerung, macht die ökonomische Hilfestellung im Verwertungsinteresse einen sportethischen Sinn.

Die Kommerzialisierung des Sports schließt auch Pflichten gegenüber dem Sport ein. Die Instrumentalisierung des Sports für Gewinn soll mit der Förderung der Werte verbunden sein, deren Ansehen den ökonomischen Erfolg mit bewirkt. Deshalb sollten Sponsoren, Medien, Sportvermarkter auch zum Kampf gegen Doping – als Gesundheitsgefährdung, unlauteren Wettbewerb und Täuschung berechtigter Erwartungen – bereit sein. Finanzielle Beiträge, Entziehung der Unterstützung und Beteiligung an Kampagnen zur Dopingbekämpfung sollten einem Code der Selbstverpflichtung in der Sportökonomie angehören.

RECHTLICHE ASPEKTE

Unterschiedliche Rechtslagen sind in der internen Regulierung von Doping in den unterschiedlichen internationalen Sportverbänden zu beobachten. Sie sind auch ein Kennzeichen nationaler unterschiedlicher Verfahren in Fragen der Ermittlung, der Verfolgung und der Bestrafung. Hier sind Standardisierungen erforderlich. Vermutlich sind sie nur auf dem Wege einer Charta, einer Konvention oder – bei entsprechendem Konsens – einer EU-Direktive zu erreichen. Die Autonomie des Sports ist zu beachten, aber sie ist erstens gegenüber den übergreifenden Rechten relativ, und zweitens ist sie aufhebbar, wenn der Sport die ihm inhärenten aber zugleich die Gesellschaft mitbetroffenen Probleme nicht selber lösen kann. Das Prinzip der Subsidiarität hat zwei Seiten: das Einräumen von Selbstregulierung seitens der übergreifenden Instanz sowie deren Verpflichtung zum helfenden Eingreifen, wenn die Regulierung nicht ausreicht oder nicht effizient angewandt wird. Die rechtsgültige Definition von Doping sollte international gleichlautend sein. Ferner sollte man die Kompetenzebenen und ihr Zueinander klären. Die Rechtsgründe des Zugriffs auf und der Verurteilung von Doping sollten ebenfalls einheitlich sein (Selbstschädigung, Schädigung anderer, Betrugsanalogien u.a.).

Je bedeutsamer der sportliche Kulturbetrieb in der Spitze und in der Breite geworden ist, um so weniger lässt sich eine Verrechtlichung vermeiden. Dabei geht es auch um Aspekte, die Doping berühren, aber darüber hinausgehen: Jugendschutz, Kinderrechte, Schutz der sauberen Athleten vor Manipulationen durch ihr Umfeld.

Ferner geht es um Institutionen wie die Internationale Anti-Doping Agency, die rechtlich so abgesichert werden müssen, dass sie eine unabhängige Instanz gegenüber den Sportverbänden, der Sportökonomie und der Sportpolitik darstellen.

ETHISCHE ASPEKTE

Wird Doping als ethisch falscher Gebrauch von Mitteln zur Wettbewerbsfähigkeit, Belastungsverringerung, Leistungssteigerung und zur Regeneration betrachtet, so muss geklärt werden, was gegen die guten Sitten ist und was als ethisch falsch indiziert werden kann. Dabei geht es um Werte, die dem Sport inhärent sind und denen er seine Reputation und Attraktivität verdankt (1), ferner um Rechte, die der Sportbeteiligte aktiv und passiv beanspruchen kann (2), schließlich um Solidaritätspflichten, die zwischen Sport und demokratischer Gesellschaft wechselseitig bestehen (3).

Die im Sport verankerten Werte oder Güter, deren Realisierung ethisch relevant, z.T. ethisch geboten ist, sind für den aktiven Sportler Gesundheit, Fitness, Bewegungs- und Lebensfreude, Disziplin, Kontaktmöglichkeiten, Bildungschancen, Kulturwerte wie Reisen, Sprachen, Freizeitmöglichkeiten u.a.m. Im Verhältnis zu anderen Aktiven sind es Kameradschaft, Fairness, kulturelle Integration, Anerkennung des anderen in seinem Anderssein, Rücksichten u.a.m. In Bezug auf den gesellschaftlichen Rang des Sports sind es Vorbildfunktionen in der Leistungsgesellschaft ebenso wie in der solidarischen Gesellschaft, Kultur- und Bildungsfunktionen, Ausländerintegration, moralische Bindung sozialer Lebensäußerungen und ihrer Ausdrucksformen u.a.m.

Die im Sport zu verankernden Rechte sind:

- Selbstentfaltung und Selbstbestimmung in Abstimmung mit der Selbstverpflichtung auf durch Teilnahme am Sport anerkannte Werte;
- Recht auf die Unverletzlichkeit des eigenen Körpers, auf seine Entfaltung in Identität mit Person und Geschlecht;
- Recht, nicht instrumentalisiert und ausgebeutet zu werden (insbesondere gilt dies für Kinder);
- Schutz verletzlicher Personenkreise (z.B. Behindertensport);
- gleicher Zugang, nur begrenzt durch Talent und Leistung;
- Nicht-Diskriminierung;
- Recht, nicht getäuscht und verführt zu werden;
- Recht auf Verhältnismäßigkeit zwischen Risiken und Erfolg;
- Recht auf Nicht-Schädigung durch andere (Ausbilder, Konkurrenten, Mediziner, Verbände, Medien, Publikum);
- Recht auf Mitbestimmung der Aktiven;
- Recht auf Beteiligung an den durch den Sport erschlossenen Ressourcen u.a.m.

Die für den Sport wichtigen Solidaritätspflichten sind:

- präventive Maßnahmen zum Schutz der Sportlichkeit des Sportes und der damit verbundenen Werte;
- angemessene Kulturförderung bzw. u.U. auch Entzug derselben;
- rechtliche Rahmenbedingungen unter Voraussetzung der Subsidiarität;
- Beaufsichtigung des sozialen, ökologischen und medialen Umfeldes;
- Schutzmaßnahme für aktive wie passive Sportbeteiligte;
- Solidaritätspflichten unter den Aktiven;
- Solidaritätspflichten der Aktiven gegenüber legitimen Erwartungen.

Alle diese Werte, Rechte und Pflichten können in Bezug auf das Doping-Phänomen konkretisiert werden. Dies gilt insofern, als Doping per Definition die Realisierung der Werte, Rechte und Solidaritätspflichten einschränkt oder gefährdet. Während die unmittelbare Dopingbekämpfung sportrechtlich, strafrechtlich und institutionell (Ermittlung, Aufdeckung, Verfolgung) erfolgen kann, ist in eine indirekte Dopingbekämpfung auch durch Förderung der Werte, der Rechte und der Einhaltung von Pflichten möglich. Insbesondere muss die Beanspruchung der eigenen Rechte die Achtung der Rechte anderer mit einschließen.

LITERATUR

- *R.T. Cherkeh, Betrug (§263 StGB), verübt durch Doping beim Sport. Frankfurt a.M. 2000.*

- *Centre National de la Recherche scientifique, Expertise Collective: Dopage et pratiques sportives (Paris, octobre 1998).*

- *J. Court / Wilder Hollmann, Doping. In: O. Grupe / D. Mieth (Hrsg.), Lexikon der Ethik im Sport. Schorndorf 2, 1998, 97-105.*

- *Etude des legislations nationales relatives au Sport en Europe. Editions du Conseil de L'Europe 1999.*

- *E. Grayson, Sport and the Law. London 1994.*

- *B. Houlihan, Dying to win – Doping in Sport and the development of anti-doping policy. Editions du Conseil de l'Europe 1999.*

- *D. Mieth, L'Europe, garante de l'éthique sportive? Conférence inaugurale. In: Les Cahiers de l'université sportive d'Eté no. 15, Pessac 2002, 43-50.*

- *ders., Doping – die abschüssige Bahn der Normalität. In: O. Grupe (Hrsg.), Einblicke, Aspekte olympischer Sportentwicklung, Schorndorf 1999, 52-58.*

- *ders. Le dopage, Doping. In; G. Hottois / J. N. Missa (Hrsg.), Nouvelle encyclopédie de bioéthique, Brüssel 2001, 293-297.*

- *C. Pawlenka, Utilitarismus und Sportethik. Paderborn 2002.*

- *C. Tamburrini / T. Tännsjö (Hrsg.), Values in Sport. Leicester 1999.*

- *R. Tricker / D. L. Cook (Hrsg.), Athletes at Risk. Drugs and sport. Dubuque 1990.*

- *K. Vieweg (Hrsg.), Doping – Realität und Recht. Berlin 1998.*

- *I. Waddington, Sport, Health and Drugs. Leicester 2000.*

HERAUSGEBER UND AUTOREN

Dr. Thomas Bach
Präsident des Deutschen Olympischen Sportbundes (DOSB) und Vizepräsident des Internationalen Olympischen Komitees (IOC)

Thomas Bach wurde am 29. Dezember 1953 in Würzburg geboren,
promovierter Jurist, war Olympiasieger 1976 und Weltmeister 1976 und
1977 mit der Mannschaft im Fechten (Florett), von 1977-1981 Mitglied
des Beirats der Aktiven im Deutschen Sportbund (DSB), ab 1980 Vorsitzender. Seit 1991 ist Thomas Bach Mitglied des IOC, 1996-2004
sowie seit 2006 Exekutiv-Mitglied des IOC, 2000-2004 sowie seit 2006
IOC-Vizepräsident. Innerhalb des IOC ist er Vorsitzender der Juristischen
Kommission sowie der Kommission Sport und Recht, Mitglied der Marke-
ting-Kommission, Kommission für TV- und Internet-Rechte sowie Anti-
Doping-Disziplinarkommission. Seit 1994 ist Thomas Bach Vorsitzender
der Berufungskammer des Internationalen Sportgerichtshofs.

Armin Baumert
Vorsitzender der Nationalen Anti Doping Agentur (NADA) Deutschland

Armin Baumert wurde 1943 in Grünberg/Schlesien geboren und absolvierte 1961 das Bessel-Gymnasium Minden/Westfalen. Anschließend
begann er seine technische Lehre bei den Farbenfabriken BAYER AG in
Leverkusen (1961-1964). Herr Baumert studierte nach seiner Lehre
an der Deutschen Sporthochschule Köln und legte 1971 das Examen
als Diplom-Sportlehrer an der Deutschen Sporthochschule Köln ab.
Im Zeitraum 1971 bis 1972 war er als Diplom-Sportlehrer bei der EIFEL-
LAND-Wohnwagen GmbH Mayen. Danach arbeitete er vier Jahre am
Staatlichen Neusprachlichen Gymnasium Mayen als Diplom-Sportlehrer
und wurde schließlich leitender Landestrainer des Berliner Leichtathletik-
verbandes von 1976 bis 1978. Bei dem Landessportbund Rheinland-Pfalz
Mainz war er als Referent für Leistungssport und Sportwissenschaften
tätig und wurde 1987 zum Leiter des Olympiastützpunktes Berlin auf
acht Jahre ernannt. Von 1995 bis 2004 engagierte er sich als leitender
Leistungssportdirektor/Geschäftsführer des Deutschen Sportbundes
Frankfurt/Main. Außerdem war er 1996 stellvertretender Chef der Mission
der Deutschen Olympiamannschaft in Atlanta. Im Jahre 2000 arbeitete er

schließlich als Sportkoordinator der Deutschen Olympiamannschaft in Sydney und ist seit 2004 Vorsitzender der NADA Deutschland. Zusätzlich ist er elffacher Deutscher Meister in Leichtathletik, u.a. Deutscher Hallen-meister im Weitsprung 1966. Baumert betätigte sich ebenfalls bei zahl-reichen ehrenamtlichen Tätigkeiten. Beispielsweise war er langjähriges Mitglied des Arbeitskreises „Sportforum" der CDU Rheinland-Pfalz Vorsit-zender des Sportforums der CDU Berlin (1977-1978) und Trainer des Deutschen Leichtathletik-Verbandes (1977-1984).

Dr. Christoph Bergner MdB
Hochschulagraringenieur, Parlamentarischer Staatssekretär im Bundes-ministerium des Inneren

Geboren am 24. November 1948 in Zwickau; evangelisch; verheiratet, drei Kinder.
Abitur. Berufsausbildung zum Rinderzüchter. Hochschulabschluss. Grund-wehrdienst der NVA. Bis 1990 Wissenschaftlicher Mitarbeiter am „Institut für Biochemie der Pflanzen" der Akademie der Wissenschaften in Halle. 1990 bis 2002 Mitglied des Landtages Sachsen-Anhalt, 1993 bis 1994 Ministerpräsident des Landes Sachsen-Anhalt. 1989/1990 Mitglied Neues Forum; Mitglied der CDU seit 1971, 1991 bis 1994 stellvertretender Landesvorsitzender der CDU, 1995 bis 1998 stellvertretender Bundesvor-sitzender der CDU. Mitglied des Bundestages seit 2002; seit November 2005 Parlamentarischer Staatssekretär beim Bundesminister des Innern, Beauftragter der Bundesregierung für Aussiedlerfragen und nationale Minderheiten. Präsident des Sportvereins Halle e.V.

Dr. Werner Blumenthal
Konrad-Adenauer-Stiftung, Hauptabteilung Politische Bildung, Leiter der Abteilung Bildungswerke und Bildungszentren, Leiter des Politischen Bildungsforums NRW der Konrad-Adenauer-Stiftung

Werner Blumenthal wurde 1953 in St. Tönis geboren, studierte Politische Wissenschaft, Soziologie, Pädagogik und Geschichte an der Universität Bonn und promovierte 1988 zum Dr. phil. Arbeitet seit 1989 in der Poli-tischen Bildung der Konrad-Adenauer-Stiftung und ist seit 1999 verant-wortlich für die Inhalte und Organisation der „Eichholzer Sportforen".

Herbert Fischer-Solms
Stellvertretender Leiter Sportredaktion Deutschlandfunk/Deutschland-
radio

Herbert Fischer-Solms wurde am 11. Dezember 1946 in Löbau/Lausitz
geboren. Er absolvierte ein Volontariat bei der *Gießener Allgemeinen
Zeitung*. Er wurde Redakteur bei der Evangelischen Kirchenpresse in
Kassel und beim Wiesbadener Kurier. Im Jahre 1973 trat er der Sport-
redaktion beim Deutschlandfunk und dem nationalen Hörfunk in Deutsch-
land bei. Dort ist er als ARD-Reporter für Sportpolitik tätig. Zudem ist
Herr Fischer-Solms Mitglied der Doping-Task Force im ARD-Hörfunk.
Zusätzlich veröffentlichte er zuletzt 2009 den Beitrag „Spritzensport –
Doping in Ost und West" im Begleitbuch zur Ausstellung *Wir gegen uns –
Sport im geteilten Deutschland* im Haus der Geschichte der Bundes-
republik Deutschland.

Dr. Peter Liese MdEP
Koordinator der EVP-Fraktion im Ausschuss für Umweltfragen, Volksgesundheit und Lebensmittelsicherheit, Europäisches Parlament

Dr. Liese wurde 1965 in Olsberg geboren. Er legte 1991 sein zweites
Staatsexamen in Medizin ab und promovierte am Humangenetischen
Institut der Universität Bonn (Dr. med., 1989-1992). Bis 1994 war er
Stationsarzt in der Kinderklinik Paderborn. Im Anschluss daran war er als
Arzt in einer Gemeinschaftspraxis für Allgemeinmedizin und Innere Medizin (seit 1994) tätig. Zusätzlich war er ehemaliges Mitglied im Landes-
vorstand der JU Nordrhein-Westfalen und Bezirksvorsitzender der Jungen
Union (1991-1997). Er engagierte sich ebenfalls als Mitglied im Landes-
vorstand der CDU Nordrhein-Westfalen. Im Zeitraum 1989 bis 1994 war
er Mitglied des Rates der Gemeinde Bestwig. Außerdem war er als stellvertretender Vorsitzender der Jungen Gruppe (1994-1999) aktiv und war
Berichterstatter der AG Bioethik/Biotechnologie (1994-1999). Seit 1994
ist Dr. Liese Mitglied des Europäischen Parlaments. Er ist Mitglied im
Ausschuss für Umweltfragen, Volksgesundheit und Lebensmittelsicherheit. Er engagiert sich in den Delegationen für die Beziehungen zu den
Ländern Mittelamerikas und in der Parlamentarischen Versammlung
Europa-Lateinamerika. Er ist ebenfalls als Mitglied im Zentralkomitee der
deutschen Katholiken tätig (seit 1997).

Pater Kevin Lixey L.C.
Leiter der Sektion „Kirche und Sport" des Vatikan

Pater Kevin Lixey kommt ursprünglich aus Michigan in den USA. 2001
wurde er in der Kongregation der Legionäre Christi zum Priester geweiht.
Am Athenaeum Pontificium Regina Apostolorum in Rom hat er Master-
Abschlüsse in Philosophie und systematischer Theologie erlangt. Derzeit
arbeitet er am Abschluss seiner Doktorarbeit mit dem Thema „Theologie
des Spiels im Sport". Seit Juni 2004 leitet er im Vatikan die Abteilung
„Kirche und Sport" beim Päpstlichen Rat für die Laien. Diese Abteilung
wurde von Papst Johannes Paul II. eingerichtet als eine Art vatikanisches
Observatorium und Forschungseinrichtung für die Welt des Sports und
soll als Bezugspunkt im internationalen Rahmen für die pastorale Arbeit
der Katholischen Kirche dienen, insbesondere im Bereich Jugendsport.

Professor Dr. Arne Ljungqvist
Vorsitzender der Medizinischen Kommission des IOC, stellvertretender
Vorsitzender der WADA

Professor Dr. Arne Ljungqvist wurde am 23. April 1931 geboren. Er ist
verheiratet und hat drei Kinder. Von 1992 bis 2001 war er Präsident der
schwedischen Krebsgesellschaft. 1992 wurde er für vier Jahre Rektor
des schwedischen Universitätskollegs für Sport und Gesundheit (heutige
Swedish School of Sport and Health Sciences). Im Zeitraum von 1983
bis 1992 war Professor Ljungqvist Vorsitzender der Abteilung für Patho-
logie und Zytologie am Karolinska-Krankenhaus. Am Karolinska-Institut
war er Prorektor und Prodekan der medizinischen Fakultät (1972-1977).
Seit 1986 ist er Oberkammerherr des schwedischen Königs. Von 1977
bis 1986 hatte er als Kammerherr ein Amt am schwedischen Königshaus
inne. Professor Ljungqvist ist immer noch stellvertretender Vorsitzender
der WADA. Er ist Mitglied des Exekutivkomitees der WADA, Vorsitzender
des WADA-Komitees für Gesundheit, Medizin und Forschung, Vorstands-
mitglied der Welt-Antidoping-Agentur (WADA), Vorsitzender der Medizinischen Kommission des IOC und Mitglied des Internationalen Olympischen Komitees. Von 1981 bis 2007 war er Vorsitzender der Medizi-
schen und Antidoping-Kommission des Internationalen Leichtathletik-
Verbandes IAAF. 1981 wurde er Vizepräsident des Internationalen
Leichtathletik-Verbandes IAAF und übte diese Funktion ganze 18 Jahre
aus. Des Weiteren war er auch Mitglied des IAAF-Rates. Von 1989 bis
jetzt war er Mitglied des schwedischen Olympischen Komitees. Zusätz-

lich fungierte er als Vorsitzender des schwedischen Sportverbands (1989-2001) und als Vorsitzender des schwedischen Rates für Sportforschung (1980-1992). Ljungqvist war Mitglied des Rates des schwedischen Sportverbands (1975-1989). Von 1973 bis 1981 war er Vorsitzender des schwedischen Leichtathletik-Verbandes und von 1971 bis 1973 Mitglied des Rates des schwedischen Leichtathletik-Verbandes. Auch seine eigene großartige Karriere im Leistungssport soll nicht unerwähnt bleiben. Er war ein schwedischer Hochspringer der Spitzenklasse (Teilnahme an den Olympischen Spielen 1952) und war schwedischer Meister der Senioren im Hochsprung (1952) und schwedischer Hochsprungmeister der Junioren (1951).

Professor Dr. Dietmar Mieth
Professor für Theologische Ethik an der Universität Tübingen

1940 geboren in Berlin. 1959-1967 Studium der Theologie, Germanistik und Philosophie in Freiburg, Trier, München und Würzburg, dort Staatsexamen 1967, Promotion in Theologie 1968. 1967-1974 Wissenschaftlicher Assistent an der Universität Tübingen am Lehrstuhl für Moraltheologie/Theologische Ethik, Habilitation in Theologischer Ethik 1974. 1974-1981 Professor für Moraltheologie und Direktor des Moraltheologischen Institutes an der Universität Fribourg/Schweiz. 1977-1981 Begründer und erster Herausgeber der Reihe „Studien zur theologischen Ethik". 1981-2008 Professor für Theologische Ethik unter besonderer Berücksichtigung der Gesellschaftswissenschaften an der Universität Tübingen, derzeit weiterhin Vertretung dieses Lehrstuhls in der Lehre (Dekan 1984/85, 1996-98, 2007-2008); Beauftragter für das Studium Generale; Gastprofessuren in Fribourg/Schweiz (Moraltheologie 1986), Zürich (Theologische Ethik 1993) und Nijmegen (Philosophie 1995). 1994-2000 Berufenes deutsches Mitglied der interdisziplinären Beratergruppe (9-12 Mitglieder) der Europäischen Kommission, Brüssel: „Ethik in den Wissenschaften und in den neuen Technologien" (European Group on Ethics, EGE). 2000-2003 Entsandtes deutsches Mitglied der Arbeitsgruppe des Lenkungsausschusses „Bioethik" für das Protokoll zum Embryonenschutz der „Menschenrechtskonvention zur Biomedizin" des Europarates. 2003-2005 Mitglied der Enquete-Kommission Ethik und Recht der modernen Medizin des Deutschen Bundestages. Seit 2005 Mitglied und Vorsitzender des „Science Advisory Board" der Katholisch-Theologischen Fakultät der Universität Wien.

Doris Pack MdEP

EVP-Fraktion, Vorsitzende des Ausschusses für Kultur und Bildung
im Europäischen Parlament

Doris Pack kommt gebürtig aus Schiffweiler. Sie ist Rektorin a.D. im
saarländischen Kultusministerium und war von 1968 bis 1976 im Ge-
meinde- und Stadtrat tätig. Zwischen 1974 und 1983 arbeitete sie im
Deutschen Bundestag und zwei Jahre später war sie Mitglied in der
Parlamentarischen Versammlung des Europarates und der Westeuropäischen Union (WEU). In demselben Zeitraum wurde Doris Pack zur
Präsidentin der Frauen in der EVP, von „Europa in der Schule" und der
saarländischen Volkshochschulen ernannt und wurde zudem Mitglied
der Konrad-Adenauer-Stiftung, des ZDF-Fernsehrats sowie stellv. Vorsitzende der Deutschen Vereinigung der Europäischen Kulturstiftung (ECF).
Bei der Europäischen Bewegung an der Saar war sie Vorsitzende, wie
auch bei der Stiftung für die deutsch-französische kulturelle Zusammenarbeit und der Europäischen Kinder- und Jugendbuchmesse. Seit 1989
ist Doris Pack Mitglied des Europäischen Parlaments. Sie wurde zur
Vorsitzenden im Ausschuss Kultur und Bildung ernannt und ist stellvertretendes Mitglied in den Ausschüssen für die Rechte der Frauen sowie
Gleichstellung der Geschlechter und Auswärtige Angelegenheiten. Sie
ist zudem Mitglied in der Delegation Albanien, Bosnien-Herzegowina,
Serbien, Montenegro und Kosovo und ist stellvertretendes Mitglied in
der Delegation Kroatien.

Manfred Palmen MdL

Rechtsanwalt, Stadtdirektor a.D., Parlamentarischer Staatssekretär a.D.
Geboren am 11. März 1945 in Kaarst; ein Sohn. Abitur 1966. Zweijähri-
ger freiwilliger Wehrdienst beim Fallschirmjägerbataillon 261 in Lebach/
Saar; Major der Reserve. Studium der Rechtswissenschaften an der
Universität Bonn. Erste Juristische Staatsprüfung 1972, Zweite Juristische
Staatsprüfung 1975. Von 1. April 1976 bis 30. April 1990 bei der Bezirks-
regierung Düsseldorf, zuletzt als Ltd. Regierungsdirektor, Dezernat
Wasser, Abfall. 1977 bis 1978 ein Jahr im Innenministerium NRW.
Von 1. Mai 1990 bis 30. September 1999 Stadtdirektor der Stadt Kleve.
Seit 1. Oktober 1999 Rechtsanwalt, zugelassen am Amts- und Landge-
richt Kleve. Mitglied der CDU seit 1982. Seit 1999 Mitglied des Vorstan-
des des CDU-Stadtverbandes Kleve, seit 2000 Mitglied des Vorstandes
des CDU-Kreisverbandes Kleve. Mitglied des Präsidiums des Nordrhein-

Westfälischen Städte- und Gemeindebundes von 1993 bis August 2005.
Von 2002 bis August 2005 im Vorstand des Landkreistages NRW. Juni
2005 bis Juli 2010 Parlamentarischer Staatssekretär für Verwaltungs-
struktur und Sport, Innenministerium NRW. Mitglied der CDA seit August
2005. Abgeordneter des Landtags Nordrhein-Westfalen seit 2. Juni 2000.

Professor Dr. Wilhelm Schänzer
Direktor des Instituts für Biochemie an der Deutschen Sporthochschule
Köln

Professor Dr. Wilhelm Schänzer wurde 1951 in Spellen am Rhein geboren. Er absolvierte 1973 ein Sportstudium an der Deutschen Sporthochschule Köln (DSHS). Anschließend studierte er Chemie an der Universität
zu Köln. 1979 erhielt er sein Diplom in Sportwissenschaften und absolvierte sein Staatsexamen in Chemie sowie für Lehramt an Gymnasien.
Nach seinem Studium (1980) war er als Wissenschaftlicher Mitarbeiter
am Institut für Biochemie der DSHS Köln tätig. Professor Schänzer promovierte 1984 unter der Leitung von Professor Manfred Donike mit dem
Thema: „Investigations to the determination and metabolism of Promotion doping substances and steroid hormones, with emphasis on the use
of high performance liquid chromatography". 1986 führte er Forschungen
auf den Gebieten der anabol androgenen Steroidhormone (Metabolismus
synthetischer anaboler Steroide beim Menschen, Identifizierung, Synthe-
se und gaschromatographischer/massenspektrometrischer Nachweis)
durch. An der DSHS Köln habilitierte er im Fach Biochemie im Jahr 1994.
Seit 1996 besitzt er die Labor-Akkreditierung durch das IOC und veranstaltet seitdem den jährlichen Internationalen Workshop für Dopinganaly-
tik in Köln (Manfred-Donike-Workshop). Außerdem ist er Herausgeber
der jährlichen Proceedings: Recent Advances in Doping Analysis.
Professor Schänzer ist seit 1997 Direktor des Instituts für Biochemie an
der DSHS Köln und erhielt 2004 die Labor-Akkreditierung durch die Welt
Anti-Doping Agentur (WADA).

Andreas Schwab
Geschäftsführer Nationale Anti-Doping Agentur Austria GmbH (NADA
Austria)

Andreas Schwab ist seit 1970 bis 1983 Leistungssportler und studierte
im gleichen Zeitraum an der Universität Salzburg Sportwissenschaften
und Geographie. Im Anschluss an sein Studium wurde er Geschäftsführer
der österreichischen Sporthilfe (bis 1997). Außerdem war er neun Jahre
als Geschäftsführer der Skiregionen Schladming, Planai und Hauser
Kaibling tätig. Er fungierte zudem als Sportdirektor des österreichischen
Golfverbandes (2006-2008) und ist seit 2008 Geschäftsführer der NADA
Österreich. Andreas Schwab nahm an den Olympischen Winterspielen
1976 in Innsbruck teil und erreichte im Zweierbob den vierten Platz.

Dr. Marco Steiner
Stellvertretender Direktor Antidoping Schweiz

Dr. Marco Steiner wurde 1978 in Sitten (Schweiz) geboren. Er studierte
Rechtswissenschaften an den Universitäten Lausanne und Ottawa von
1998 bis 2003. Im Anschluss daran absolvierte er ein einjähriges Post-
diplomstudium in Europarecht an den Universitäten Lausanne, Neuen-
burg, Genf und Freiburg. In Nyon ist er als Jurist im Rechtsdienst der
Lebensversicherung Providentia von 2004 bis 2005 tätig gewesen und
war darauf für zwei Jahre Assistent in Rechtsvergleichung und Doktorand
in Sportrecht an der Universität Lausanne. Im Zeitraum von 2007 bis
2008 engagierte er sich als Jurist der damaligen Fachkommission für
Dopingbekämpfung von Swiss Olympic. Seit 2008 agiert er als stellvertretender Direktor und Leiter Rechtsdienst der unabhängigen Stiftung
Antidoping Schweiz. Im Jahre 2009 promovierte er zum Thema „La
soumission des athlètes aux sanctions sportives – Etude d'une problématique négligée par le monde juridico-sportif' und ist seit demselben Jahr
Mitglied des „Court of Arbitration of the International Canoe Federation".

Dr. Thomas Ulmer MdEP
Sportmediziner, EVP-Fraktion im Europäischen Parlament

Dr. Thomas Ulmer wurde 1956 in Karlsruhe geboren und ist Facharzt für Allgemein- und Sportmedizin. Er studierte von 1976 bis 1982 Medizin an den Universitäten in Heidelberg, Mannheim und Freiburg. Seit 1984 ist Dr. Ulmer Fraktionsvorsitzender im Stadtrat von Mosbach. Außerdem ist er ehem. Mitglied des Landesvorstands JU Baden-Württemberg. Zwischen 1984 und 1994 arbeitete er im Kreisrat Neckar-Odenwald. In der Zwischenzeit beschäftigte er sich in seiner eigenen Praxis mit Strahlenschutz, Betriebsmedizin und Verkehrsmedizin. Seit 1994 ist er als stellv. Kreisvorsitzender der CDU Neckar-Odenwald tätig und seit 1999 Mitglied des Bezirksvorstandes der CDU Nordbaden. Schließlich wurde er 2004 Mitglied des Europäischen Parlaments. Des Weiteren ist Dr. Thomas Ulmer Mitglied im Ausschuss Verkehr und Fremdenverkehr sowie stellvertretendes Mitglied im Ausschuss für Umweltfragen, Volksgesundheit und Lebensmittelsicherheit. Ergänzend dazu ist er als zweiter stellvertretender Vorsitzender der Delegation Schweiz, Island und Norwegen sowie des Europäischen Wirtschaftsraums (EWR) beschäftigt. Zudem ist Dr. Thomas Ulmer bei der Paritätischen Parlamentarischen Versammlung AKP-EU stellvertretendes Mitglied.

ANSPRECHPARTNER IN DER KONRAD-ADENAUER-STIFTUNG

Dr. Werner Blumenthal
Leiter der Abteilung Bildungswerke und Bildungszentren /
Leiter des Politischen Bildungsforums NRW
Hauptabteilung Politische Bildung
Bildungszentrum Schloss Eichholz der
Konrad-Adenauer-Stiftung e.V.
Urfelder Str. 221
50389 Wesseling
Tel.: +49(0)-22 36-7 07-42 15
E-Mail: werner.blumenthal@kas.de

THE FIGHT AGAINST DOPING

SOCIAL RESPONSIBILITY OF SPORTS AND POLITICS
ON NATIONAL AND INTERNATIONAL LEVEL

Werner Blumenthal (Ed.)

Published by the Konrad-Adenauer-Stiftung e.V.

Print compensated
Ident-No. 106633

MIX
Papier aus verantwor-
tungsvollen Quellen
FSC
www.fsc.org
FSC® C051149

© 2010, Konrad-Adenauer-Stiftung e.V., Sankt Augustin/Berlin

All rights reserved. No part of this book may be reproduced or utilised in any form or by any means, electronically or mechanically, without written permission of the publisher.

Translation: Marcus Kemmerling, BONNSCRIPT Textredaktions- und Übersetzungsdienste GmbH, Dinslaken.

Layout: SWITSCH KommunikationsDesign, Cologne.
Printed by: Druckerei Franz Paffenholz GmbH, Bornheim.
Printed in Germany.
This publication was printed with financial support of the Federal Republic of Germany.

ISBN 978-3-941904-79-8

CONTENT

FOREWORD

The Konrad-Adenauer-Stiftung performs a mediation role in society by initiating and encouraging the dialogue between those responsible from politics, associations, academia, business and the media. And in sport.

That is why the Konrad-Adenauer-Stiftung has been conducting sports fora for more than 30 years. The aim of these sports fora is dialogue about important issues between the worlds of sport, politics and sports sciences. This dialogue sees itself as a clarification process in which current problems are discussed, always against the backdrop of what sport and sports associations on the one hand can and must do to overcome these problems and what politics on the other hand should contribute so that these problems can be solved.

The 2008 and 2010 sports fora dealt with the problem of doping and combating it. In Leipzig in October 2008 attention was on combating doping in Germany. Three things became clear: firstly, that doping is no longer limited to elite sport, but has long since moved into grassroots sport. Secondly, that doping is increasingly becoming a challenge for society as a whole, where it is also a matter of raising people's awareness of the negative consequences of doping. Doping does more than jeopardise one's own health; anyone who turns to doping is not only betraying his or her own natural performance, but also his or her competitors', thus undermining the basic ethical principle of all sporting comparison – fairness. And thirdly it has become clear that no matter how necessary and effective combating doping is in the national area of responsibility, combating doping is only really efficient when there are international standards that are also adhered to and implemented.

It was not least for this reason that the Konrad-Adenauer-Stiftung and the EPP Group in the European Parliament organised an international sports forum in Brussels in June 2010 that concentrated on and discussed the international, but primarily European, aspects of effectively combating doping. This was also done against the background that the Lisbon Treaty has enabled the European Union to develop an independent European sports policy. Therefore, the Belgian Government, which took over the EU Council Presidency in the second half of 2010, has put a European standardisation of the national anti-doping regulations on the basis of the WADA Code on the agenda. However necessary harmonisation of the anti-doping regulations may be for effectively and successfully combating the abuse of drugs in sport, we must not lose sight of the fact that state interventions always mean interference in the autonomy of sport. This aspect also has to be discussed.

With this publication the Konrad-Adenauer-Stiftung wants to draw attention to the most important positions on the subject of doping. The contributions are all presentations that were held at the sports fora in Leipzig and Brussels and they reflect the breadth and the different aspects of the doping problem expressed by those responsible from sport, politics, science and the church. It is the last aspect in particular – sport and ethics – that is not really considered when the issue is dealt with in the media, even though it is important. Because sport is always a mirror on society and its values.

Berlin/Wesseling, in September 2010

Dr Hans-Gert Pöttering MEP
Retired President of the European Parliament
Chairman of the Konrad-Adenauer-Stiftung e.V.

DOPING AND THE RESPONSIBILITY OF SPORTS

TOP-LEVEL SPORTS AFTER THE BEIJING OLYMPIC GAMES

Thomas Bach

Since your subject area covers a broad spectrum, I will choose something between a 90-minute general presentation on the importance of sport in society and the world and simply answering your question "Do we need gold medals?"

In my opinion and undoubtedly in the opinion of the many representatives and colleagues from sport who I can see here in the Plenary, answering the question "Do we need gold medals?" goes far beyond actually winning medals. Because top-level sport and grassroots sport are still inextricably linked and the question has to be associated with the relationship between society and sport.

We need sport in society for many different aspects of social policy and for social reasons. I don't have to go into this in detail for you as political experts. But subjects such as integration, education, preventive health and representation of the country beyond its borders as well as much more are tasks where sport will increasingly have to be fostered, but where it is also faced with a real challenge.

I would like to make this a bit clearer for you: we work in various fields of society with 11 federal ministries and the Federal Chancellery. This cooperation ranges from the Federal Foreign Office, the Defence Ministry, the Ministry of the Interior – that I should really have mentioned first of all, here, Mr Kass – to the Women's and Building Ministries. You can add to this list at will.

This is how sport meets its social-policy responsibility and performs its social-policy role. But it can only do this if it retains its force in society, if it continues to be as deeply and broadly integrated in society as it currently is. I quote the former Federal President Johannes Rau who said that sport and clubs are the glue that bind our society. And this glue can only work if enough people are involved in sport, take part in the clubs and then volunteer. In the German Olympic Sports Confederation this is 7.4 million people alone.

However, this broad and deep penetration of our society by sport can only be achieved with healthy elite sport. The role-model effect of top-level sport continues to be essential. That is why we need gold medals and top performances. We need them as a correlation to grassroots sport. But we also need to credibly link guiding principles and values in our society.

This aim, that the German Olympic Sports Confederation set itself with the Olympic team for Beijing, is above our commitment to top-level sport. We want success, but we want clean success. This means that we want the laurels, but we don't want any dirty laurels. Elite sport and Olympic sport have to remain values-oriented. Otherwise they no longer match our ideas about sport.

We need success on the Olympic stage to embody this, to show that performance using fair means is still possible and that there are still young people in our society who are equally motivated by performance and values to perpetuate this role-model effect. I am sure that yesterday with Lena Schöneborn you also gained your own positive impression of how elite sport can be associated with the necessary discipline and ambition, with the belief in fairness and with a personal naturalness and geniality that characterised our entire Olympic team.

In the Olympic team for Beijing you saw young, fresh winners who kept their feet on the ground, did not lose touch with reality, who were just as ambitious as they were natural and who certainly knew how to measure their sporting achievements and also combined this with social aware-ness and an understanding of the role that they play in society.

We can't have enough role models of this kind. However, these role models don't grow on trees. It doesn't happen on its own. Here the relevant conditions have to be created in many areas. We must encour-age. But, above all, we must declare our belief in performance – and this is the basic prerequisite for any success and for all support in the sport-ing field for these young athletes. Not every performance, wherever it is achieved has to be immediately greeted with envy and suspicion – and this does not just refer to sport, it can be transferred more or less to society as a whole. Ideally, it must be appreciated and encouraged. But obviously this is only the case when it has been achieved with fair means and within the rules. This is a basic requirement that was not always the case in Germany and is still not completely the case. In our culture we do not have the orientation towards success, the appreciation of success that we experience in many other areas of culture. It is also very painful for our young athletes when this recognition and appreciation of their willingness to perform and their contribution towards the development of society is not given the acknowledgement that is really its due.

There are other general conditions that I don't have to explain to you in detail for establishing optimum training and a competition system and then giving our athletes the opportunity to be successful in them. I therefore intend to limit myself to the international comparison.

The value of top-level sport for the positive motivation of young people, the value of elite sport for the presentation of performance in its most favourable light, the value of top-level sport for acknowledging perform-ance in society at all and for publicising this acknowledgement, the value of top-level sport for national representation and, in many young states, for national identification – all of this has resulted in us being in a situa-tion today where more is being invested on a large scale in the develop-ment of elite sport than ever before. Not even in the hardest times of the Cold War was so much invested in top-level sport as today. In the last decade alone, investments in elite sport in the United Kingdom have increased by a factor of twelve, against the background of the then Olympic bid and now the host role for the 2012 Olympic Games.

There are similar programmes in Russia, and it goes without saying, China, and in many, many other countries in the world, which are starting at varying levels. And you can see how these efforts bear fruit in the results at the Olympics. You can see it at the top, how the UK has worked its way up. You can see it in other countries, how Russia has worked its way back after a period of decline. But you can also see it in the breadth. If we look at the figures, we can see that 74 nations won Olympic medal in Athens in 2004, whereas medals were won by 87 nations in Beijing.

If we also consider that China, as host country, took an even bigger piece of a cake that had not become any bigger, we get an idea of how the competition among the others is tougher than ever before. Bearing these facts and this competition in mind, we are very satisfied with the results of our Olympic team in Beijing. We realised the three goals that we formulated before the Games.

The first goal was to be successful. This Olympic team was successful. It finished one place higher than the team in Athens in 2004. In the unofficial national table we moved up from 6th place to 5th place.

The second, but equally important goal was to achieve this cleanly. And we did this. To do this, we introduced extremely comprehensive anti-doping management for this Olympic team, which comprised short-term and long-term measures originating in our 10-point action plan. For the first time, all members of the Olympic team had to sign an athlete's agreement, which contained a clear statement against doping and under which the athlete subjected himself or herself to the entire anti-doping system of NADA and the DOSB. In the event of violations, especially anti-doping violations, this leaves the athlete open to financial sanctions, for example reimbursement of travel expenses for the Olympic team.

Before the start of the Games we also subjected the members of this Olympic team to targeted tests by NADA and during the Olympic Games we also pursued a very strict "whereabouts" regulation – i.e. information from the athletes about where they were at any given moment so that they could be located for ad-hoc training and targeted tests. We set up an extremely comprehensive anti-doping management system with a dedicated employee in the Olympic Village.

Furthermore, we subjected back-up teams and doctors to corresponding obligations. They also had to sign declarations of obligation. We arranged special preparatory seminars, particularly for the medical staff, in which we made it clear that there is a "zero tolerance" policy towards doping in the DOSB and that everyone has to actively participate in this if they want to have any responsibility at the Olympic Games or in the DOSB.

We established a raft of measures. That is why we are still very proud – even though we should not say this very loudly in Germany – that the then WADA President, Dick Pound, who is certainly not known for diplomatic wording and is known for his tough stance against doping, cited our DOSB set of measures as exemplary in the worldwide fight against doping.

This means that we are all the more saddened if, in spite of all these measures, a case occurs like the one we had in Beijing with the Ahlmann scenario and I just want to say one sentence on this. I do not understand at all the ban that the International Federation has just imposed. You must be able to test each individual case, but to arrive at such a mild punishment that is below the minimum punishments of six months for a comparable violation, which has been investigated thoroughly, is beyond my comprehension. On the other hand, I am very satisfied that this lack of understanding is shared by the National Association, the German Equestrian Association, which intends to make an appeal and stand up against this ban insofar as this is possible in its statutes. A clear signal has to be sent out here in the interests of equestrian sport, especially in the interests of equestrian sport in Germany, for which this case is not the first of its kind.

We all still have painful memories of the experience of Athens 2004 when a gold medal had to be returned. When it is then a rider, who was affected at the time, who four years later still attempts something similar, it is really saddening and shocking and I hope that the matter will be addressed with force and clarity.

In any case, the DOSB will play its part. As soon as the violation has been ascertained by legal means, we will demand the return of Mr Ahlmann's travel and accommodation expenses. At the time, in conjunction with those responsible for equestrianism, we ensured that he was sent home immediately and removed from the Olympic team. We will ensure

that the sanction from the athlete's agreement takes effect and I hope that its deterrent effect will also be felt.

Mr Pfeifer asked me not to just speak about doping. Nevertheless, at this point I would like to go into more detail on one point. Because this question and the problem of doping is currently the key question with regard to the credibility of sport. That is why I intend to address a second case that subsequently affected the Olympic team.

This is the Schumacher case. If his violation had been detected at the Tour de France before the Olympic Games, he would not have been able to become a member of the Olympic team and we would not have nominated him. However, before the Games and during nomination the situation in terms of evidence and law was different – even though I won't deny that we did not find this particular nomination easy. We considered this for a very long time because beforehand there were many moments that – to put it carefully – aroused our suspicions and that ultimately the nomination was a legal question, quite simply because the grounds for not nominating him were insufficient.

And then this case arose. The arrogance associated with it defies description. It was and should be clear to everyone and it has also been repeatedly stated that at the Tour de France in particular, the tour organisers will conduct an extremely rigid anti-doping management system.

If someone still tries it on, this shows that the required change in attitudes has obviously not yet happened. If someone still believes that in this situation he can manoeuvre his way through, win stages and believes that either the drug cannot be detected or he could get out of it in some other way, he quite simply has not understood what is at stake.

On the one hand, that is encouraged by the past, but on the other hand also by the organisational peculiarities of cycling. In cycling we have a situation where they have many pioneering and good concepts in the fight against doping, but where these concepts are not coordinated with each other and that are not enforced 24 hours a day, 365 days a year like all other effective anti-doping concepts. They have an anti-doping concept from the UCI, the International Cycling Union. This includes biological passports and blood profiles, and many other controls, etc. But it is not implemented throughout the whole year and cannot be so

because there is also an equally tough and clear concept from the tour organiser, ASO, which, for many reasons, does not want to cooperate with UCI. Depending on who you ask, each party has its view of things. Ultimately this means that different responsibilities are in force at different events at different times. I don't even want to go into the responsibility of the racing team owners, the responsibility of the sponsors or the responsibility of other tour organisers.

All of this leads to chaos that then, apparently maybe automatically, gives the athletes the impression that they can elegantly weave their way through these regimes and things aren't as bad as they seem. That is why I feel that a basic requirement, if cycling wants to have a chance to regain credibility, is that a very careful, rigid agreement will have to be put in place, everyone will have to come to an agreement and there must be a seamless anti-doping concept in cooperation with the World Anti-Doping Agency, which then applies to cyclists 24 hours a day, 365 days a year.

In these cases, too, it has become clear that we urgently need the support of the state in the fight against those behind doping. Incidentally, that is also part of our 10-point action plan, in which we made it clear that for those behind doping the reach of sport is too short and we cannot take enough action. This quagmire around the athletes has to be drained, especially by statutory means, in which dealing, incitement and other useful measures are combated in the fight against doping using the vehicle of the Pharmaceuticals Act, which has been strengthened accordingly. This actually allows the tapping of telephone calls and the involvement of the Federal Office for Criminal Investigation and offers a plethora of investigation options that should and must be exhausted. Doping agents don't come out of the blue. There have to be "back-room boys" who supply cyclists and others, who ensure repeated supply and possibly even take special orders and any of the other opportunities that we have seen in the past.

I still hold out hope, and also call upon the justice authorities to make greater use of these investigation options and prosecution methods and we believe that the establishment of a specialist public prosecutor would be a step in the right direction.

But we have to say that this is not a one-way street. We cannot just make demands of the justice authorities and say, do something. The associations and those with responsibility in sport have to be more aware that there are these options for criminal prosecution and that we will actually use them if there is sufficient suspicion; that we should not limit ourselves to launching sporting or disciplinary proceedings, but that we should immediately report our suspicions to the authorities.

If this is working, another dimension must be added. There must be a better exchange of information between those responsible for disciplinary proceedings within sport and the criminal prosecution authorities. There is a great deal still to be done here, both nationally and internationally. To this day, in spite of repeated questions and demands, we have not received information from the Spanish authorities in the Fuentes case to be able to introduce further disciplinary and legal action.

On the other hand, you have seen a positive example. The Disciplinary Committee that I headed at the Winter Olympics in Turin in 2006 was able to work very closely with the Italian state prosecutor in the proceedings against the Austrian athletes; we received a mass of information and provided likewise, which then enabled prosecution in Italy of some of those involved whereas we, on the other hand, were in a position to conclude our proceedings, which mainly ended in life-long bans, around a year ago.

The third goal that we associated with the team was that it should be a good ambassador for our country. I believe that it was. It conducted itself well. It represented modern sport, fresh, youthful sport. It was well received in China and by the other teams and I believe it brought a positive effect back to Germany. So we can only congratulate all who were involved in this success and who represented Germany well and worthily in a host country where they were received with great friendliness.

That is why we would like to be friendly hosts of Olympic Games again in the near future. We have decided to support Munich's application to host the 2018 Winter Olympic Games with all our might and hope that the support for this Olympic application, which is backed by the population and all with political responsibility in Munich and Bavaria, will spread to our whole society and the whole country. Because that is one of the

conditions we have to meet to be successful with this application, and I am sure that the new Land government in Bavaria will also lend all of its support to this Olympic bid by Munich 2018. We in sport will do whatever we can and I would be delighted if you were to accept and look to spread the message of a German Olympic Games.

THE FIGHT AGAINST DOPING – A TASK FOR THE IOC

Arne Ljungqvist

Thank you for this invitation it's a great pleasure for me to speak on behalf of both the IOC and WADA on anti-doping matters, particularly on an occasion like this, with a very competent and knowledgeable audience and on a very prestigious occasion. I will give the IOC standpoint vis-à-vis the matter of doping, how it has been dealt with by the IOC and what we see is going on and also a look into the future.

I usually say, citing Winston Churchill's words he spoke at the Royal College of Physician in 1944 in London, saying: "The longer you can look back, the further you can look forward". I usually say that this is very true for the fight against doping because if you don't know the history, you don't fully understand where you are today and why you are where you are and also have difficulties in designing a strategy for the future.

Unfortunately or fortunately, choose your word, we can't look very far back because the fight against doping did not start actually until post-war era in 1960ies and onwards. I will give you a piece of that history. I mean doping had gone on for quite a while in elite sport and it was not taken seriously by sports organisations. It occurred in particular in

professional cycling but not so much in so called amateur sport at that time, as far as is known.

Not until the famous case in 1960 at the Rome Olympic Games when a Danish cyclist died during the road-race did the IOC react. The reason was very much the fact that the Rome Games were the first world-wide televised Summer Games, meaning that an Olympian died in front of the public eye around the world and that was a bit too much for the IOC.

They had to do something. And what they did was to institute a medical commission in 1961 which was given the sole and explicit task to design or come up with a proposal of a philosophy or approach to fight the drug misuse in Olympic sport. That was the mission assigned to the IOC medical commission. They started from scratch and not surprisingly did it take quite a while for the medical commission to find the right people to review the situation and to get started. I would say that not until 1965/67 did the IOC medical commission start an efficient work, very much due to that a young IOC member took the responsibility to do this as a chairman of the medical commission.

The Belgian who recited here in Brussels and is a well known figure in the history of anti-doping. He was not a Medical Doctor himself but he was a talented and extraordinary competent man in identifying the right people and bringing the right people together and take the leadership which was very much needed at that time. They did get started by some preliminary testing at the Olympic Games already in '64 but in '68 in particular. The first wider testing for doping substances at an Olympic Games took place in Munich in 1972.

At that time the drugs that were used, were mostly stimulants, drugs like amphetamine and alike. It's also interesting here to know the history that drugs like amphetamine were not a very ethical matter. Amphetamine was regarded as a fully innocent drug but it was known as an efficient promoter of aggression and action and could therefore have a doping effect and was used in sport at that time. I say it was not a social or ethical matter in my country in Sweden, I don't know about Germany, I don't know about Belgium, but I know that amphetamine in my country did not become classified as a narcotic until 1974. Before then it was widely used, by soldiers, by students to keep awake during hard time of studies and so it was not a social or ethical matter but it became a sport matter.

The IOC had a problem however to conduct an efficient fight in the field because the IOC only had one or two competitions every four year, winter and summer Olympic Games. So the true responsibility for the conduct of an efficient fight against doping should lie with the international federations who are responsible for the year around international sports activities. But no federation took this seriously.

The first who did it was the UCI, the cycling federation, who had these identified problems at that time. They were the first to structure rules and introduce testing in some way and ban certain stimulants. The IOC had the problem, as I said. They only had the mandate every four years. Therefore the federation that came to become the leader in this field happened to be my own, namely IAAF, International Athletics Federation who started, when I came onboard in 1972 in Munich into the IAAF medical commission. And there we started a fight on an one year around basis. I recruited to the medical commission in IAAF the two top stars from the IOC medical commission the predecessor of Professor Schänzer, Manfred Donike and the world champion in stimulants from London, Professor Arnold Beckett. They were the two who joined us and we started to conduct a fight against doping and very much of what has been going on since then has been lead in the field by IAAF but supported by the monitoring supervision of the IOC.

The first time that anabolic steroids were identified and tested for was at the Athletic European Championship in Rome in 1974. I talk very much here about testing. Of course any anti-doping programme and that is obvious to anyone includes education, includes the production of rules and includes also the control that people obey the rules and therefore testing of athletes or competes is essential. This is also what produces visible results and so called "cases" that are very observed by media.

I think this history is worth knowing so that you understand why the development went the way it did and why we are where we are today and what we can do in the future. In IAAF we started a programme for accrediting laboratories in the late 1970ies. And we had all the rules and regulations in place for the conduct of doping analysis at accredited laboratories. But in order to make those laboratories available also to other sports we handed over from the IAAF to the IOC the accreditation programme in 1983. All this is documented in a book that came out in 1997 and which is entitled "First 30 years of the IOC medical commis-

sion" written by another Belgian doctor. So the laboratories started in 1970ies under the umbrella of IAAF and from 1983 under the umbrella of IOC.

During the 1970ies / 1980ies the fight against doping was very difficult for one simple reason, and that is very important for the politicians to know: We had no support. No support from society, not even from sports organisations. This was part of the Cold War, there is no question about it, and I think you are very well aware of it not at least in Germany. We were very much applauded for what we tried to do but actually not supported. Officially applauded, unofficially worked against. And we felt the headwind very clearly. Certain political powers used successes in Olympic sport to show as a means of the superiority of the political system in the country. We are all aware of that and what was picked up by one country was later picked up by another. I think the peak of the doping era when the fight was unsupported was reached around 1988.

You can easily see, again, that in a sport like athletics, I was a happy witness to the World Championship in Berlin last year in 2009. But I can tell you the gold medallists in many games there would not have qualified in Olympic Games in Seoul 21 years earlier. Take one example: the German discus thrower, who won surprise gold. He did not even reach 70 metres. The first discus thrower's 70 metres were reached in 1978. You can simply go and look at statistics, it is easy. In particular in men's and women's throw we have the same implements, the events haven't changed much. You can take men's hammer throw as an example in 1988 women did not throw hammer. In Berlin, eight finalists throw six throws each, 48 throws. In Berlin only one single throw reached beyond 80 metres. That man would have been number 8 of the finalists in Seoul 21 years earlier. Something has happened, and I remember when I talked to Mr Samaranch, about this in the stance of a stadium at Valencia at the indoor championship a few years ago. We walked through these figures and he said to me: "Arne, something has happened." And we know what this something is. It is the successful fight against doping, where we now have a playfield which looks very different from 21 years ago.

But what happened in 21 years ago was crucial in the fight against doping: The 100 metres champion is usually regarded as the number one athlete in the world. Whether we like it or not, that is the way it is taken.

Here it was Ben Johnson, the Canadian sprinter, broke the world record by a fantastic race, beating Carl Lewis and all the others and was found doped. The world felt cheated and was disappointed. Sport leaderships finally realized this cannot go on, the actual competitive sport as such was at stake. A year later we know the political changes that took place in Europe and around the world which also made the Cold War fade away. Those two years around 1988 and 1990 the wind had changed, from headwind for us anti-doping fighters to support.

Slow support in the beginning. But it came along. Since then we had been working in more and more support. This was a very clear feeling within the IOC. I think one very crucial matter here, was the fact that the IOC actually took a clear standpoint after the Ben Johnson incident. Through the 1990ies things evolved in the right direction, no doubt about it. We found during the 1990ies that we needed to have harmonised rules, we needed a harmonised approach to this around the world and in particular we noticed that athletes, who were found doped, were treated very differently in terms of penalties, in different countries and also in different sports. This could not go on.

Also we found that some rules included penalties that were not acceptable to the IOC. Many cases did end up in civil courts and were either revoked or changed. So we were in a rule wise chaos and the implementation of these rules was in a chaos. Therefore IOC, during the 1990ies, slowly came up with a code, a suggestion to common rules around the world that came in 1999. Those rules, the IOC code, were not very well received around the world. Therefore IOC sent out an invitation to the governments around the world. Please join us in the fight against doping, so that we can harmonise our activities, our rules and our penalty systems.

So WADA was created. I think that is a truly remarkable event. WADA is a unique organisation. It is a marriage between world sport, under the umbrella of IOC and the political establishment around the world, the governments around the world. We from the sport's side could easily organise ourselves as a partner of WADA, the governments had much more difficulties, for obvious reasons. WADA needed a financial backbone. 25 million dollars is not much, but it is better than nothing. Governments had problems to support a private organisation based in Switzerland financially, because that is what WADA is. It required changes of

legislation, procedures at the governmental level around the world but it is fantastic that today 98 % of the governments around the world are supporting WADA financially. So the loyalty to WADA today is 100 %, I would say, from sport and the governmental level. We all have the common goal, namely, to get rid of drug misuse at sports. WADA is so far a success story in a record time and I will come back to that.

What did the IOC do? WADA took over the code work and in record time, in four years time, did we have a common set of rules. I remember there was a German article back in the 1990ies under the title "Can harmonisation ever be achieved" and the answer was probably not. And they raised all the different issues that would complicate the attempts to reach common rules for world sport all over the world. But in 2004, in four years time, WADA produced it. Some of us remembered the story we were at the Copenhagen conference in 2003 where the preliminary support was given by the governments. What did the IOC do to enforce the code? They took the brave action, and I applauded. They said that those Olympic Summer Sports who do not rectify and accept the code before the Athens's Game 2004 will not be eligible for participation in the Olympic Games.

Literally one minute to twelve before that hour stroke. FIFA as the last federation accepted the code. I think this is a very efficient way, in which IOC can act. It has to exercise its power carefully and cleverly and they did it this time and it worked. The governments on their side, worked quite efficiently as well and those who represent the politicians here in the hall, know this better than me.

But I have been told that the UNESCO convention was produced in record time, to be such a convention. Never earlier has such a convention been rectified, produced and ratified in such a short time. Why did that happen? Well, the government representatives at the WADA. I have been onboard of the WADA since its inception in 1999 and I listened to all these discussions. The governmental representatives found that they can of course not tell governments around the world that they should install legislations. It is the matter of domestic decisions. The closest they could come to a close-to-binding document would be a convention at the UNESCO, which is a strong recommendation for governments to follow what is written down in the convention. The convention means a support for the sport's fight against doping as it is presented in the WADA code.

So it is a support of the code of WADA, expected to be implemented by the UN member states at their own domestic level.

That code was produced in five years time, from 2000 to 2005, and was rectified by the necessary 40 member states in 2007. It has been told that this never happened at UNESCO before. So we have a complete political establishment behind us in today's fight against doping which is dramatically different from the 1980ies. Then some important matters happened which has a bearing and relation to the WADA code and UNESCO convention. We had an incident in the Torino games in 2006 which we all know about, I believe.

Where it was found that a systematic, sophisticated doping activity is taking place in the Austrian skiing, cross-country and biathlon teams and the Austrians know it and they have taken the necessary consequences. They should have been applauded for what they have done. This could have happened in any country. But it happened to be Austria. I think it was a message to the world that even in a country like Austria doping is prevailing at a sophisticated level and very advanced. The story is the following, since I was in the middle of what was happening, I think I can report it. The IOC medical commission, we, got a report from WADA that doping control officers had been at the foreseen camp where the cross-country and biathlon teams of Austria were supposed to prepare in Austria for the Torino Games.

I will come back to a rule we have, which says that any Olympian, should be available for testing during an Olympic period. We got the report that the Austrians were not at the foreseen camp that there was a pension on the Austrian side of the Austrian-Italian border. It turned out that the camp was a small pension and that people involved in that pension were in particular Mr Walter Mayer, who had already been under suspicion at the Salt Lake City Games and moreover, therefore the control officers from WADA went into the pension to see, despite what a woman they met said that they are not here, they wanted to make sure that there was nothing illegal going on. They did not find athletes but they found a hematologic laboratory in the pension with very sophisticated equipment, worthy an advanced hospital laboratory. So that is the message they told us, when I was in Torino. They did not find the athletes but this was what they have found which was a very serious message.

This became even more serious a few days later when it was reported that Mr Mayer has been seen in the area of Torino where the Austrian teams had settled down outside the Olympic Village. We found that this could mean that something illegal could go on in Italy. Here I come to the key point: Italy has a law which is completely in compliance with the WADA code and even goes a little beyond it. This means that the possession of doping material and substances is a criminal offence in Italy. I asked for a meeting with Jacques Rogge. We had a secret meeting with him in his office a particular morning. We called upon the Italian authorities and we handed over the information we had and told them that this is what we have and we cannot abstain from giving you this message because we judge that there may be some criminality going on in your country during the Games' time and IOC cannot be aware of it without telling you. We have no power to do anything but testing the athletes that is our field of responsibility. So we told them that in two days time, I think it was a Sunday evening, we would make a surprise test of the Austrian team. In 24 hours the Italian authorities came back to us after having analysed the information, answering this looks serious we will make a police raid in the Austrian camp, could we please coordinate so that not one comes after the other because the second unit will find nothing. It is sad for sport that such an action is needed to be taken during the Olympic Games but it had to. So I was sitting in a sort of spy operation centre down in Torino and we were making sort of strategic moves of our troops, if I may say so. Police, the Carabinieri on the one hand and the IOC testers on the other hand and we struck simultaneously in the Austrian camp with an enormous surprise effect.

Material and doping equipments thrown out of the windows, athletes escaped over the border to Austria. Some athletes immediately told the public that they finish their sports careers and it was a drama for Austria, the IOC and the Olympic Games in Torino. An interesting lesson is that all tests on all those athletes were negative. No athlete was tested positive. The Italian authorities found what the WADA officers already had seen in Austria before the games, namely a full hematologic laboratory, doping substances and doping equipment for doping methods etc. in the Austrian camps.

This is a criminal offence, as you already know, criminally prosecuted in Italy, which is still going on. The Austrian authorities took immediate action and I will come back to that.

From the IOC point of view this became a very clear doping offence. A number of Austrian athletes became disqualified for having conducted anti-doping rule violations and Austrian Olympic Committee was fined with 1 million USD they had to pay to the IOC for bad supervision of their Olympic team. All this was revealed for one single reason: the existence of a law in Italy. Had that not been, this case would have never ever been revealed. All were tested negative. So it is a lesson to be learned and I will come back to that during my presentation.

This is the Austrian team that we found and that is a matter of controversy because Mr Mayer was banned from being an accredited Olympian since his suspicious behaviour in Salt Lake City but unfortunately for the Austrians they had Mr Walter Mayer as an official leader of the biathlon team in their documents in Torino. So he is up to the right-hand corner as a leader of the biathlon team here in Torino. We had another key year recently, namely Beijing Olympic Games, probably you have read about, but I think it is another important message which shows how the fight against doping has become more and more intense and more and more efficient. In the WADA code there is today an eight years old statute of limitation which means sports authorities are authorised to take actions against suspected anti-doping rules violations that may have taken place even eight years ago but not beyond it.

This means, the message to an athlete or his or her entourage is, if you are not identified today your might be tomorrow or in eight years time because there are methods, let me look at them from the medical point of view since I am a medical doctor myself. Drugs come on the market today in a very controlled way. We usually say that it could take up to ten years from the time when a chemical compound has been identified as a potential drug which can be used as a drug to cure diseases until the time it really comes onto the market through all those clinical and other trials and in the end there is a stage of other clinical trials. The final stage of clinical trials can take three years before they become officially approved and registered as a drug. During these three years or more, they may be available on the market, illegally of course, but athletes and their entourage are very skilful in finding ways to obtain these drugs that are not yet officially on the market but available because of clinical trials in different laboratories and clinics around the world. Those clinical trials are usually multi-central studies.

When the host city contract was signed with the Beijing organisers there was no method available for testing the new generation of Erythropoetin, the blood boasting hormone. That last generation drug is called CERA, Continuous Erythropoetin Receptor Activator. At the time of the Olympic Games a method was there tentatively but we could make no use of it at Beijing because it was not included in the host city contract but we had no hurry because we have eight years at our disposal. After the Beijing Games we made further analyses of a number of samples. During the time of Beijing Games, we found nine doped athletes with different subtypes of drugs, anabolic steroids and stimulants. After the games we made those further analyses of a number of samples for CERA at the laboratory at Lausanne and Paris who both had this combined method and we found five more athletes with this new drug and that is a strong message to the people around, yes we have eight years at our disposal and we will find you sooner or later. Out of those two were medallists, one was a gold medallist even, in 1500 metres and one medallist silver in cycling.

Now we have decided for your information, we have been informed we are working today with respect to the testing very much on an intelligence basis. Information we get more or less save or secure information. So now we have decided since we have heard that CERA may be available at the time of the Torino Games in 2006 we will go back and test a number of samples for CERA from the Torino Games. An interesting message I believe.

Where are we today in terms of the IOC activities? Well, WADA was created in 1999. IOC is today exercising its role in anti-doping through its 50 % partnership in WADA. The supervision, the monitoring of the world activities in anti-doping is the responsibility of WADA not the IOC's. The IOC has left over the role it earlier had in being the umbrella body for anti-doping in the world of sport to WADA.

But the IOC has the ultimate responsibility for the anti-doping controls at the Olympic Games that is still our role, it was so still in Beijing, in Vancouver and Athens. This means the production of rules, specific for the Games but which are in harmony with the WADA code. It means the decision of a test distribution plan; I will come back to an example. It includes conduct of the controls through the local organising committee and we are assisted by WADA and we are responsible for the result

management. We could say for those who are representing local anti-doping commissions here, we work as a national anti-doping agency during the time of an Olympic Game.

Now there are particular IOC rules related to the anti-doping activities throughout the Games and there are three main additional rules, additional to what WADA says. The first one is, we identify an Olympic Period which includes the time from the opening of the Olympic Village which is usually a week or two before the Games get started, until the closing ceremony of the Games.

During that period IOC has the full responsibility and mandate to conduct anti-doping activities on the Olympic participants. During that period we test not just for the out of competition manual on out of competition tests but we test for all doping substances both whose who are banned during competitions and out of competition. We therefore have the right not just to test right after a competition but at any time during the Olympic period even if he or she may be at home and examples of that I will come to. They are by definition out of competition tests but they will include also substances that are banned in competition. We don't want any athlete to be a drug taker during the time of the Olympic Games.

All Olympic athletes have to be available for testing wherever they may be and at any time. Here are some examples: the Hungarians, sorry if I name them, but it is officially known that there were two Hungarians, medallists at Athens' Games, who delivered samples that were fake samples. We identified that they provided samples from a machine that already stored clean urine and we demanded a second sample of them during the Olympic period. One of them had gone home one was still in Athens. Both refused, both lost their medals and were banned for the necessary four years at that time. One was a completely dramatic one because he was protected by his own fans and squad in his home in Hungary and when WADA testers came there, they were threatened and did not dare to enter his home and the judicial panel deemed this to be an arrangement for evading providing the sample and he was banned.

More dramatic, I shouldn't compare, was the picture here the two Greek athletes that was a dramatic period. It was very uncomfortable to be IOC Medical Commission chairman. It was very uncomfortable for the

IOC president, I am sure, when a few days before the Games we found that the two top stars of the host country, the two sprinters, and one gold medallist from Sydney were trying to escape from getting tested. They were chased around the world during the Olympic Period from Canada, from USA, Germany down to Athens. The testers were on their heels but never reached them. Finally we got the message that they were in the Olympic Village in Athens. It was just a few days before the Games and I was very pleased that finally we found them so they would be tested but before the testers came to the Olympic Village they had disappeared and a few hours later they were found in a hospital having been subjected to a motorcycle accident which was never proven by the way. The case did not become more pleasant by the fact that the man was supposed to be the one to lead the Olympic Flame to the stadium. So it was the hero of the country and this was embarrassing of course for our hosts but for every one of us. It shows how much more accepted the fight against doping has become over the few decades. Even under such situations we were supported all over with the actions that we were taken. Of course the athletes were banned and since then disappeared from the scene.

These two incidents, I should say, with the Hungarians and the Greeks at the Athens Games created a new terminology, namely non analytical-positives, non analytical-cases, and this is remarkable. It is a step in the right direction again that today we can prosecute athletes who are obvious cheats even though they may not ever been tested positive. We can do it on other evidence; this is a very important step in the right direction as well. When I talk in these terms it may give the impression to outsiders that we are chasing athletes at every cost. That is not the case, we hope not to find any doped athletes, of course but what we are trying to do is to make sure that all those men and majority athletes out there around the world do not need to compete against those who take drugs and are cheating. That is the philosophy. This means have to take a mechanism in place which makes this as sure as possible. I think we have succeeded to some extend by the examples I have given you. Examples like comparing the results in Berlin World Championships with the same events in the Olympic Games in Seoul 21 years earlier.

The next rule, the Osaka Rule, it is called Osaka Rule because this rule was decided upon by the IOC meeting in Osaka in 2007 and it says that any person that has been sanctioned with a suspension of more than six

months by an anti-doping organisation for any violation of any anti-doping regulations may not participate in any capacity in the next addition of the Olympic Summer and Olympic Winter Games following the date of expiry of such a suspension. Meaning that if you have been banned for more than six months, even though the time ineligibility elapsed you will not be authorised to enter the next Olympic Games. This was questioned if it was a double penalty. This was evaluated by CAS, Court of Arbitration for Sport, and CAS has accepted that rule saying however that it has to be decided upon on a case to case basis, but in principle it was acceptable for the Court of Arbitration for Sport. So it was legally OK. It was intended to be used in Vancouver but the athletes concerned did not qualify for the team.

One other, and now I probably come to the most important message I have, as I see it, to you and particularly to those who are responsible for taking political decisions. This has been accepted on the basis of the Torino experience, the IOC has looked into the legislation in host countries and it was a matter in Copenhagen, at the Copenhagen IOC session last year, when the 2016 Games were awarded to Rio. The question was, is there a legislation in place in the host country and that question was raised to all candidates, Madrid and the others who were competing. Asking is there a domestic law in place which would allow your police authorities the same actions as the Italians in Torino. The answers were very vague to say the least. They are obviously not in place. Therefore the IOC executive board took this principle decision to promote such an action. Saying that the relevant authorities of the host country will provide its full cooperation and support for the implementation of the IOC anti-doping rules during the time of the Games and particularly in the relation to investigations and procedures regarding athletes' support personnel or any other person involved in trafficking or in assisting in any way in relation to the use of prohibited substances or methods.

This is reference to the Italian situation that relevant laws are in place in order to ensure the foregoing to mean this is complicated juridical wording, medical professionals usually go more straightforward to the point but legal terminology requires all this sort of protection. In the sense it means that in the evaluation process of coming candidate cities the candidate cities have to make sure that in order to be able to compete with other candidate cities they will have to make sure that proper domestic law be in place that would allow actions similar to the ones the

Italian Carabinieris did in Torino. This was decided in December 2009 to be applicable in the future and I know that the Rio people are working now very hard on this.

It is also interesting for you to hear the following, which I got a message two weeks ago when I was in Beijing that we had very much concerns about the Chinese legislation and investigated before the Games, would the legislation be acceptable to the IOC based in the experience in Torino and we got an insurance from the head of security of the state that yes probably. But we could not get it more but of course these were new events that came up way after the host city contracts were signed. Now, I heard two weeks ago that the former Chinese member of the board of WADA who is parliamentarian in China has send a proposal to the government in China to introduce laws against doping in the country. Whether this will be accepted or not by the government is very question-able but at least it is a sign how people look at these matters now around the world, people with the background and knowledge about doping. This man, as I said, was the earlier Chinese member Mr. Chi of the board of WADA and he saw obviously that the law in China was not sufficient and this is sort of legacy of the Games that was in that country may a law against doping be reality.

Now I come back to the UNESCO convention, because this is what is expected within UNESCO convention. This is a citation of the general director of WADA who said in the official bulletin of WADA named "Play True" that the UNESCO convention is intended to enable governments to align their domestic legislation with the WADA code by harmonising the public and the sport legislation in the fight against doping in sport. I have used it in a meeting with European authorities in Athens last summer. Some of you were there. I was saying the following: that the rectification of UNESCO convention is fine but the implementation is much more important and the implementation and the production of a domestic law means the implementation of the UNESCO convention.

Here is an example of what happened in Beijing how IOC is acting during the Games and you can see that we are covering the Games pretty well. 10500 athletes competing in Beijing and almost 50 % were subjected to doping controls during the so called Olympic period. Out of competition 1400 and in competition 3300 and as I said nine athletes tested positive during the Games and five athletes after. I mentioned I was in Beijing

two weeks ago and got the information about the discussion on the future legislation in the country. This is little beside the point but it is so fresh that I should share it with you.

The reason I was there is that there was a launching ceremony of a book named *The health legacy of the 2008 Beijing Olympic Games,* a WHO publication jointly with IOC and the health authorities in Beijing in China where it is documented that the various measures that were taken to provide optimal conditions for athletes visitor and Chinese during the time of the Games that the measures that were taken will have a long-lasting legacy effect. Smoking prohibition was introduced, dirty industries was moved out of the city centre that happened to be there, various types of legislations on infrastructure changes, metro system was expanded, the traffic regulation was introduced, part of which still prevails, by the way, with the support of the people. Every private car has to stand still one working day in a week. Today, you see blue skies Beijing which you did not see before. WHO became very interested and we initiated this documentation which also includes a chapter on anti-doping which shows that this big power now has a re-source of anti-doping which they never had before and would probably never have arrived at had they not got the Olympic Games. I think it is nice to show as an IOC medical commission chairman at the end of a presentation like this that the hosting of the Games does not mean an enormous input of money and resources and expensive installations. It can also mean a health legacy for your own population and if that be the case I think the Olympic Games has a major role to fulfil also in the future and I know that the Rio people are really interested in doing the same.

DOPING AND THE RESPONSIBLITY
OF POLITICS

DOPING AND THE RESPONSIBILITY OF THE STATE

Christoph Bergner

Just a few weeks ago the Olympic Games and the Paralympics came to an end in Beijing. The banking crisis has almost made us forget them already. So we can see how fast-paced our lives are now. But the Games in Beijing were certainly remarkable. I unequivocally agree with Jacques Rogge in this.

I believe that we have rarely seen such a tremendous celebration of world sport. In every way they were record-breaking games, in terms of top-class sporting achievements by the athletes and of the developments both within China and in interaction with the host country. The Tibet issue was discussed across the world. As were press freedom and the situation of human rights in a country that wanted to excel through its perfect organisation. As far as the sport was concerned, nobody can have failed to be impressed by the many world records and the haul of Chinese medals.

The German team was under great pressure to perform, mainly because of the sporting officials' target of winning as many medals as in the previous Olympic Games in Athens. But others also added to the great expectations, in particular the media and commerce. And the state sponsors of sport and all of us as sport fans were hoping for lots of medals.

But then, in the first days of competition when the medal haul was nothing special, the first prophesies of doom started – German sportsmen and women could no longer compete at an international level. It was only when the medal table showed more gold than in Athens that a certain degree of satisfaction was felt. The mood suddenly changed. A marketing alliance of major companies even issued a form of "Gold discount" in the form of bonus points for every gold medal won by the German team.

This is not only merely human; it is also anchored in the system of sport itself and in our democratic society, which is based on people's performance. No success without performance. That is the simple, but perennial formula. Without performance and competition our economy and every other area of life – be it sport, education, science or culture – would stagnate. Sport motivates us to achieve. When we, as grassroots or hobby sportsmen or women, give of our best, we are inspired. And we are delighted when athletes deliver top performances that no one had ever believed possible. After all, in the Olympic Games it is not just true that "it's the taking part that counts", but also "citius, altius, fortius" and the medal. Standing right on top of the podium is the dream of every Olympic competitor.

Some of them could be tempted to give success a helping hand. And you can start to wonder when you look at what sheer super-human performance was demonstrated in Beijing. Whether we are thinking about the sprint records, the eight gold medals won by one swimmer in seven days with seven world records, or the absolute deluge of gold for Chinese athletes: can that all be achieved legitimately? Are so many world records possible without banned performance enhancement? Can such great progress by individual athletes be achieved in such a short time just by means of intensive training?

The argument for a clean Games is backed up by the fact that in spite of the more stringent doping regime – there were approx. 5,000 drug tests – in Beijing only a comparatively small number of drug cheats were found. Another reason why the World Anti-Doping Agency, WADA, can talk about a clean Games is because around 50 athletes had been banned in advance. But we must continue to be vigilant. For as long as success goes hand in hand with the "celebrity circus" generated by the media and sponsors' generosity, there will always be the temptation to

cheat. This is also true for the biggest sporting event on earth. For as long as the control regime is not handled uniformly and intelligently all over the world – for example, during the performance training phases well before the competitions – many people will believe that cheating at sport is worthwhile.

So is fighting against doping like tilting at windmills? Some people think so and advocate the approval of doping. But I would not agree with this measure. I believe that this fight will be difficult and hard to win, but it will be worthwhile. On the one hand because the credibility of sport at the highest level is at stake. Top sporting events can only be marketed in the long term when rules are adhered to, thus ensuring the fairness of every competition. A good example of this can be seen in the Tour de France. Doping cases mounted up, viewers lost interest, the media withdrew, sponsors felt that their advertising platform was damaged and less money was forthcoming.

Now, we say that is how the system successfully regulates itself. For the very reason that we stand up for autonomy in sport and sport's responsibility for fighting doping, we could be tempted to welcome a development of this kind. But, unfortunately, things are not quite so simple. Putting a stop to the support cycle would not just weaken top-level sport. Grassroots sport would also lose its vital driving force. We can't just wait until things go wrong for the "naughty" boys and girls. Because that is too late – for those who break the rules and for sport as a whole.

That is why we have to take action against doping wherever we can. And as soon as possible. Primarily, sport owes it to itself, but also to the providers of public funding because of the positive social effects of sport. In terms of health policy, we cannot allow top sportsmen and women to pump themselves full of harmful drugs. After all, sporting champions are role models for our young people.

Even today, we have to deal with an enormous consumption of doping agents in grassroots sports – for example, in gyms. According to some studies, 250,000 to 400,000 gym members take performance-enhancing drugs. Substances are also used in large-scale sporting events. In Rhineland-Palatinate, drug tests were carried out at a marathon open to the public. Although only a few athletes were tested, five positive samples were found.

Other Länder want to follow the example of Rhineland-Palatinate and carry out tests at grassroots sporting events in future. We must not allow doping in top-level sport to have a knock-on effect on grassroots sport. Just think of the health risks, from which we want to protect not only athletes, but also the people who pay for their health insurance, which would have to cover the follow-on costs.

It is the responsibility of the state to prevent these social consequences of doping. However, doping itself must be combated mainly by sport and its institutions. But here, too, the state does not intend to shy away from the duty incumbent on it under a free system based on subsidiarity: creating a framework in which sport develops instruments to effectively combat doping.

If we draw up rules for a ban, they must be clear. There must be no grey areas. But drawing a boundary between natural and artificial perform- ance enhancement is often difficult. Athletes who live and train at alti- tude have a natural performance advantage. If other athletes want to achieve the same effect artificially by means of blood spinning, that is doping. And the question of drawing boundaries between "maintenance of health" and "banned performance enhancement" is sometimes dif- ficult. Where does health maintenance end and illegal performance enhancement begin? We have to answer these questions to arrive at a credible set of regulations. Then, even tough sanctions – that could cost someone their career – can be defended.

We have had a worldwide Anti-Doping Code since 2003. Its new version comes into force in 2009. Practically all international sporting associa- tions in the Olympic movement, all National Olympic Committees and anti-doping organisations have since accepted this Code and undertaken to implement it. But are these rules really observed? According to the first compliance tests by WADA, only around half of National Olympic Committees and the national anti-doping agencies had satisfactorily implemented the Code. This is a number that will have to be further increased.

But we also have to ask how these regulations are applied in practice. For example, how is the requirement for adequate testing during training implemented? Let's look at China: about 10,000 tests are carried out there every year. This is roughly the same as the number of tests in

Germany, although China has many more top athletes. This means that the results of the tests are hard to compare. This is especially the case for countries where there are no testing laboratories and there are probably very few tests. It is incumbent upon WADA to aim for comparable general conditions. We can only achieve credibility if athletes worldwide accept similar controls and there is thus equality of opportunity for all. This also helps to inspire more confidence in top performances in international competitions.

In Germany, we are in a good position with the so-called "intelligent testing system". It differentiates the pressures on athletes according to the risk and probability of doping. The majority of tests is concentrated on the national test pool. But the absolute number of tests has been greatly increased. Overall, testing is much more frequent among top athletes – up to seven times per year at the highest risk category. Obviously, in this regard I am well aware of the complaints of some athletes who see the required information about their whereabouts as an invasion of their privacy. However, other athletes stress the need for the information in order to allow ad-hoc testing. I am convinced that this system ultimately contributes to the perpetuation of top-level sport.

There is such a thing as success in the anti-doping war. But it is also true that sporting institutions often have trouble effectively combating doing. Many call for the state to be the saviour of sport. In a nutshell: combating doping was and primarily remains a job for sport itself. Its institutions have to define the values that they believe are worthy of protection. They have to create rules to be observed by athletes, their back-up teams and officials. And they also have to ensure unflinching credible implementation. For example, how does it make sense to have witness protection under sports law for doping perpetrators, if they could thereby reduce their ban, but actually no longer be able to practise their sport due to being labelled whistle-blowers? Credible implementation of its own rules by sport should look very different.

Whereas sport and its strict liability primarily focuses on the athletes, the state has to use the legal framework to ensure that doping does not have wide-ranging consequences. It has to prevent harmful substances that are used in sport being passed on to third parties. Doping is hardly conceivable today in competitive sport, or in grassroots sport, without a wide network of supporting structures. Some of these structures, espe-

cially the supplier networks, are criminal. Penalties under law and efficient prosecution can combat them. To this end, we strengthened the
laws last year and gave further powers to the Federal Office for Criminal
Investigation.

Some people believe that we should introduce comprehensive criminal
liability for possessing doping substances, i.e. also for the doping athlete.
The majority of experts believe this is problematic. Our legal system is
based on the principle of self-harm without penalty. The state cannot
use legal compulsion to prevent athletes, or any other citizens, from
self-harm. However, athletes do make themselves criminally liable if they
possess large quantities of drugs. Because then the suspicion prevails
that they are acting as part of a supply network.

Others call for the introduction of a crime called "sport fraud". Here, too,
we agree with the dominant opinion of legal experts, who believe that
the introduction of such a crime would be problematic from a legal point
of view – especially because of what is being protected. So we dispensed
with such regulations for good reason.

We do not have regulation problems in combating doping, just implementation problems. In criminal prosecution, for example, the concentration
of investigative powers with the Federal Office for Criminal Investigation
would be ideally complemented by similar powers for the state prosecutors. The Land justice ministers are against this. But if doping materials
are becoming increasingly complex – we only need to think of genetic
doping – such specialised public prosecutors will become inevitable.

We also have implementation problems in financing the National Anti-
Doping Agency's centre of expertise for combating doping. Although
the Federal Government, the Länder, sport and business agreed that we
have to jointly set up an office of this kind, financing for this institution
was subsequently left to the Federal Government to an ever increasing
degree. Here, too, more commitment by the Länder and business could
result in marked improvements. The same applies to doping prevention.
Firstly, we have too few preventive measures – especially at the lower
club level – and secondly the few measures there are, are mostly un-
coordinated. But we have reinvented the wheel several times here.
There are some good approaches, but they are not always used where
they are needed. Together with the Länder we conducted a survey of

current practice which we are currently evaluating. This will put us in a position to develop a joint action plan, which I will call the "national doping prevention plan". Then, doping prevention will hopefully be more coordinated, more targeted and more efficient.

There is certainly no ideal way to combat doping. Too many players and their interests are affected by it: athletes and their back-up teams, scientists, associations, media and sponsors, but also state providers of funding. Only when everyone in this mix recognises how they are involved in the doping problem and when they all stand up to their responsibilities, can we combat doping holistically. It would be an illusion to believe we could banish the threat posed by doping from sport once and for all. But together we can make sport cleaner and more credible. That is important so that sport continues to give us pleasure and retains its important role in society.

MANIPULATION-FREE SPORT STARTS AT SCHOOL

Manfred Palmen

For several years now, the Land Government of North Rhine-Westphalia together with the Land Sports Federation have been dealing with the preventive aspects of combating doping and have created foundations at sports club and school level that we feel are referred to much too rarely.

Currently, we are working with the Federal Government on a joint strategy on doping prevention, in which NADA is naturally to play a strong role. But we are also agreed that the expertise of NADA particularly refers to elite and top-level sport, but that doping prevention is a subject that encompasses more of society. This means that other players also come onto the scene, of which schools are certainly among the most important.

In recent years, we amateurs have learned a lot. For example, we now know that the "Belgian mix" ["pot Belge"] has given impetus to the kings of the mountains and sprinters in the spring classics and the major tours of the summer. You don't have to be a drugs investigator to know that this mixture of amphetamines, anaesthetics, heroin, cocaine and corticosteroids can be obtained only with criminal energy. But also by using the combination of insulin, growth

hormones, EPO and the third generation EPO drug, CERA, which is currently in the spotlight – a combination that is very popular in endurance sports at the moment –, a healthy athlete makes himself or herself criminally liable, and not just under sports law.

Nevertheless, not enough help is offered to those who uncover this apparently ubiquitous, manipulated system in cycling and want to leave the sport and all previous attempts to clean up the system have proved to be unsustainable in the long term. Jaksche and Sinkewitz have made extensive statements about the machinations in cycling. They confessed all and, unlike cyclists who have been accused of doping but have not made statements, they are now unemployed and are also being sued for damages.

The offers of the doping advocates in cycling still seem to be better than our offers. Maybe Jaksche and Sinkewitz need our support right now to make it clear that there is a way back from the morass of doping. If we are seriously interested in draining this swamp – and I assume that this is the case for all sports organisations – we also have to take care of the dropouts.

I don't want to misrepresent our elite sport. Doping manipulation only concerns a minority. A few who, however, as a result of their actions are capable of endangering the elite sports system in the long term. They throw the integrity of sporting competition into doubt and force all involved, whether spectators, reports or sponsors to view the achievements with reservations.

But we also note that the undoubtedly successful strategies to stem doping by expanding and optimising doping control activities and strengthening and unifying the sanctions for doping abuse have resulted in even more extensive efforts by doping advocates and the proportion of positive tests remains relatively stable.

That is why combating doping is and remains a permanent task. We will only be able to maintain the role-model function of elite and top-level sport if we succeed in preserving or re-justifying the credibility of the performance and results achieved. The latter appears to be necessary in cycling. The world of politics is greatly interested in effectively combating doping; it has to be: for reasons of sports policy and health policy and for social responsibility for sport.

I see expanding doping prevention as one way of improving our efforts.

In the past, the efficiency of doping prevention efforts in Germany have suffered from a large number of target groups being addressed by very different players with varying approaches. Moreover, there were no common goals and strategies in doping prevention. That is why setting a catalogue of common goals and measures guiding action by the most important institutions, organisations and facilities involved in doping prevention could lead to a marked improvement in doping prevention.

On behalf of the Länder and the Federal Government, Munich Technical University, involving NADA, has examined the current status of the doping prevention measures of recent years in German sport. This survey was overdue because it was the first time that all previous and planned activities and measures by associations, research institutions and ministries as well as their personnel and financial resources have been asked. Publication of this study is expected soon.

The first results of the evaluation have shown that we are not starting from scratch. There are already very good working documents on doping prevention, such as "Sport without Doping!" by Deutsche Sportjugend [German Sports Youth], "Wrong Throw-In – an Initiative by the Land Sport Federation and the Land Government of North Rhine-Westphalia", the NADA Campaign "High Five", as well as the previous NADA preventive measures.

North Rhine-Westphalia concentrated on two fields of action when conducting the campaign "Wrong Throw-In – Against Drug Abuse and Doping" – schools and clubs. When defining the campaign activities we deliberately made sure that we reach children and young people. Nowadays, personal best achievements are not only expected from elite sportsmen and women; they are demanded in practically all areas of life. Particular demands are made of young people and children in everyday life at school. There, but also in other areas of life, the idea of performance has increasingly gained ground. In principle, this is extremely positive, but at the same time we have to deal with the side effects that have unmissable parallels. Suspected lack of vitamins is not treated with fruit, but with vitamin pills, tranquilisers are used for fear of exams and psychoanaleptics for hyperactivity. A substituting or drug treatment to enhance the performance of young people is encouraged by the pharma-

ceuticals industry, often prescribed by doctors and simply accepted or even demanded by many parents and teachers. Using medication without reflection creates the basis for young people to be willing to accept doping.

But it is in school in particular that there are especially favourable conditions for extensive and early prevention of doping and the abuse of prescription drugs because it is only in school that all children and young people of school age can be reached. In implementation, schools present the opportunity for the subject of everyday doping to be dealt with comprehensively and from varying perspectives in different school subjects – not only in Physical Education (PE) and biology. This subject is so important because performance enhancement and manipulation do not just affect elite sport, but because they have so many parallels to other areas of children's and young people's lives.

Everyday dealings with performance-enhancing substances can be discussed in various subjects and school years from the most varied perspectives. But PE is the starting point, because that is where society's view of performance and the current physical ideals can be best understood and where the risks of an incorrect understanding of aiming for performance and the chance of an individual definition of performance can best be reflected.

The availability of performance-enhancing substances and even drugs cannot be prevented. Children and young people must therefore be prepared as personalities against the abuse of drugs and other substances harmful to health. This is a major educational aim of school. PE can pass on experience that is an important contribution to positive personal development for young people. In PE physical performance can be perceived and measured and it is possible to boost it by one's own efforts. Developing stamina, experiencing one's own and other people's limits, dealing with success and failure, accepting rules and taking responsibility: all of these experiences are possible and necessary in school sports.

This also includes the finding that a manipulated performance is not one's own achievement, but someone else's that you can't be proud of. Children and young people must recognise and learn that performance and success are two completely different things. They can only be proud of what they have achieved themselves on their own, irrespective of external targets and comparison with others.

We have already achieved quite a lot in combating doping: a worldwide, formally uniform doping regime, which is recognised under international law by the UNESCO Resolution against Doping in Sport, which is operatively implemented by WADA in treaties with the sports organisations. More stringent and intelligent doping tests, sanctions by the sports associations, a German Anti-Doping Act, an international and a German court of sports arbitration. But doping prevention is still in its infancy. In schools in particular there is a special potential for education because that is where we reach elite and grassroots sportsmen and women at the same time.

That is why it is also right for NADA, as part of its preventive measures, to go to the Olympics centres, the elite sports schools and where young people train for the Olympics to inform and educate. But that is not enough because to date doping has largely been an issue for elite sport and the particular strengths of prevention by incorporating the settings of children and young people have been exhausted nowhere near enough. The basic brochure "High Five" gives pupils a basic knowledge of doping. The manual for trainers provides knowledge on the fundamental aspects of doping prevention and didactic instructions on implementation. But the wealth of information is not brought together; neither is it taught to the peer groups so important to children and young people. But we will only succeed in doing this if the schools cooperate and recognise doping prevention as an important subject for continuing education.

It is not to be expected that doping and medication abuse will disappear – even with such well-meaning prevention offers. Prevention in these areas will be a permanent task.

We therefore need coherent concepts for action and materials that are harmonised and, if only for reasons of efficiency, show a certain degree of consistency in the various areas of action, such as school and sport.

In order to achieve a lasting effect among young people, up-and-coming sportsmen and women and pupils, we have to develop perspectives that can ensure permanent prevention. For example, these include:

- Integrating anti-doping work in the training of sports teachers and trainers to make them aware of the problem,

- Including the subject in as many different school curricula as possible,
- The school cooperating with various settings (e.g. community, sports clubs, addiction advice centres, etc.),
- Fixing curricula on doping prevention in the basic and further training of trainers by sports associations,
- Specifying a catalogue of common goals and measures guiding action by the most important institutions, organisations and facilities involved in doping prevention,
- and, overall, a balanced mix of preventive behaviour and relationships.

And nevertheless – given all the considerations on the future perspectives of prevention tasks – I am convinced that we need partners with integrity in the institutions and organisations of sport, who are committed, responsible and unstinting in their work against doping in sport. It will not be possible without them.

It is illusory to believe in a complete elimination of doping, just as it is illusory to believe in an end to crime. We will therefore have to continue to live with doping in sport in spite of manifold efforts by the organisations and institutions involved in combating doping.

Despite many efforts in combating doping, many years of experience have shown that repression alone, however important it may be, only ever provides short-term success.

Doping prevention, by contrast, is probably the much more effective lever for lasting changes. We can – and I am very confident of this – improve and strengthen explanation, information and education as our foundations for combating doping and thus achieve much more than we currently dare to hope.

Dealing with doping repression and doping prevention is tedious, it is imperfect, there are many setbacks associated with it, but in my view it is essential if we want to protect our children and young people.

THE WHITE PAPER ON SPORTS AND THE ROLE OF THE EUROPEAN PARLIAMENT

Doris Pack

"Sport is part of every man and woman's heritage and its absence can never be compensated for." This is a quote from Pierre de Coubertin, the founder of the modern Olympic Games. It contains several statements that I believe need to be considered in more depth.

SPORT IS A SOCIAL PHENOMENON

Sport did not come about because states or governments ordered its founding by decree. It is part of the development of our society and its structures came about because men and women from this society were committed to promoting and extending it. Sporting clubs and associations are protected by the right of assembly guaranteed in our constitution. In Europe there are approx. 700,000 sports clubs, run by 10 million voluntary supporters. Sports and its club structures are thus an expression of active and living commitment by citizens. Voluntary commitment by each individual is worthy of our great appreciation. Sports clubs operated by volunteers form the backbone of European sport. Irrespective of this, the fact that a sport is practised in hundreds of small clubs by enthusiastic players is a major

contribution to this sport enjoying great popularity in a region or a country. Grassroots sport and volunteering are thus key elements that make elite sport attractive and lucrative. We should take account of this close link precisely because in recent years we have seen that professional and grassroots sport appear to be growing apart.

SPORT IS A CROSS-BORDER PHENOMENON

The power of sport to bring peoples together was a central element of Pierre de Coubertin's philosophy, originating with the ancient tradition of joint competition during which all war-like activity had to stop. Even today, the International Olympic Committee stands up for the Olympic Truce. Since the first Olympic Games of the modern era sport has continued to become more international, especially in recent decades. It is not only the number of international associations and competitions that has increased. Sportsmen and women, too, have become increasingly mobile and this has been particularly noticeable in team sports.

Allow me to take this opportunity to say how much the Parliament abhors manifestations of racism. Racism and xenophobia are not compatible with the European fundamental values. But they show that associations, leagues and clubs, especially at the highest professional level, have to pay attention to developments of this kind and must develop and implement concepts to combat them.

Sport should not be an exclusive matter for an elite of top sportsmen and women.

Professional sport in Europe is part of the absolute world peak in all respects. This is clear when we look at the number of European participants and their results in international sporting competitions. In some areas, European sport is setting the standards worldwide.

The last few decades have seen clear professionalisation and commercialisation in certain sports. The sums of money generated by the sale of transmission rights, sporting articles and memorabilia are breathtaking. Sport has become an economic factor. The number of people employed in sport is growing. Major sporting events are important to regions and local communities not just from a cultural but also from an economic point of view. This development has many positive aspects.

Nevertheless: Sport should be and remain part of life in society for all. It should be guaranteed that money earned at the top of the European sports pyramid also benefits the regional and local clubs and associations. Because future top athletes often take their first steps in a small club before they are discovered by the large clubs. TV money and lottery grants are important sources of income for sport. The Parliament has spoken clearly in both cases. Income from the central sale of transmission rights should be distributed according to the principle of solidarity in order to guarantee financial equilibrium and ultimately to ensure more exciting competitions that are in the interests of all. And in the case of lotteries, the Parliament emphasised the legality of restrictions of competition by member states and the importance of lotteries in funding cultural and social activities. Just recently, the European Court of Justice (ECJ) supported the legitimacy of restrictions on competition.

SPORT CONVEYS SOCIAL VALUES

In addition to the economic aspects, the social and cultural importance of sport in our society should not be ignored. Sport not only brings people together across borders, it also contributes to social cohesion on a small scale, in the neighbourhood, in the local town. Sports projects for the integration of socially disadvantaged groups and immigrants impressively demonstrate this power of sport. Sport can convey values such as team spirit, fairness, observing rules and respecting others. People come together in clubs and associations where they take on democratic responsibility and can be actively involved in cultural networks. Not least, sport builds bridges between cultures and nationalities, facilitates the social integration of the disabled and gives participants and spectators a feeling of connectedness. It is apparent that sport helps children to strengthen their social skills. And irrespectively, also leads to a healthier lifestyle. Anyone who learned as a child to take exercise and respect his or her body has a good basis for staying fit as an adult. However, anyone who grows up without sport will find physical activity much harder later. And once again, we can only emphasise that it is mainly the many small sports clubs that take on the majority of care for children and young people, alongside schools.

In spite of its enormous social and economic importance, sport lived in the shadows at European level for many years: for example, this area did not have any legal foundation in the European treaties for many

years and was mostly perceived/treated as a marginal aspect of other areas of policy. It is only in the last few years that more attention has been paid to sport and account has been taken of its importance as an integral element of European reality:

At the end of 2000 the final declaration of the Nice Summit at long last contained a explicit declaration recognising the importance and social function of sport in Europe and highlighted the special features of sport that have to be considered within the scope of joint policies. The European Year of Education through Sport came about on my initiative.

In 2007 the Commission submitted the *White Paper on Sport*, the first comprehensive European document of this kind; the Parliament dealt with it in detail and adopted an extensive joint report.

For the first time the White Paper provides an appropriate foundation for all future activities and policies of the Union in the sphere of sport; and there is now a legal foundation for them. Article 165 of the Lisbon Treaty for the first time explicitly grants the EU responsibilities in the sporting sector – a positive development of relations between the world of sport and the EU. As a result, the demand of sporting associations for greater importance and visibility of sport at the European level has finally been met.

But how the new Treaty article will be applied remains to be seen. It is certain that there will be a sporting programme with which the EU can promote networks in the sphere of sport, the exchange of information and research. The European Commission has announced a first Communication for the autumn of this year. Moreover, thought could be given to the need for regulation in the field of agents or doping. In any case, we can assume that the new article will not throw the single market into question. Questions of competition or the freedom of movement of employees will continue to be answered mainly on the basis of the relevant article if economic aspects of sport are in doubt.

With the *White Paper on Sport* and the associated action plan, the European Commission has launched some important initiatives that the Parliament greatly supports. It instigated discussions about central problems, raised awareness of the special needs and peculiarities of the sport sector and illustrated the application of EU law in the sporting sphere. The

revival and intensification of the contacts between the EU and the world of sport that this has introduced show that a regular exchange of ideas by all involved can eliminate misunderstandings before serious legal disputes start. We as the Parliament/Culture Committee are pleased that we provided the financial support for these activities with our "preparatory measure".

PREPARATORY MEASURES

In the European Parliament decision of 14 April 2008 on the *White Paper on Sport,* the Commission was called upon to propose an EU Sports Programme and preparatory measures in the field of sport from 2009.

The aim of the preparatory measures is to carry out preliminary work for future measures on the basis of priorities laid down in the *White Paper on Sport*, by means of strategic support for the conception of future sport policy measures. This support can be in the form of studies, surveys, conferences and seminars. This leads to in trying out the introduction and use of appropriate networks and tried and tested methods by invitations to submit proposals. The aim is to advance greater pan-European visibility at sporting events.

In 2009, € 6 million were spent on preparatory measures, and the figure will be € 3 million in 2010. Two weeks ago, on 22 May 2010 the call for 2010 was published.

The following are also financed in sport:

- € 1.5 million for the X European Youth Olympic Festival,18 to 25 July 2009 in Tampere (Finland) with competitions in nine disciplines; 3,500 athletes took part,
- € 2 million for the Youth Olympic Winter Festival in Liberez (Czech Republic) from 12 to 19 February 2010,
- € 6 million for the Special Olympics Summer Games in Warsaw (Poland) from 18 to 24 September 2010.

I am convinced that the route we have started of regular contacts, exchange and mutual solutions will continue to be the best way. Because it is the best way to ensure the autonomy and self-regulation of the world of sport that the Parliament has always supported. Legal acts or

even court judgements can be a final means if other solutions cannot be found.

PROMOTING YOUTH

The Parliament, just like the Commission and the Council, see the promotion of the next generation of sportsmen and women as an important task for the world of sport. In professional team sports this is always associated with the question of opportunities for young talents to be called up into the professional teams. Two concepts have dominated the discussion here: UEFA's regulation on the use of home-grown players, which is already in use and FIFA's "6+5 Rule", which is only a concept to date. The Parliament and Commission support UEFA's rule, especially because the proportionality of the means, as required by the ECJ, is taken into account. In this way, discrimination is reduced as far as possible without throwing the goal of better practical training for young talent into question.

SOCIAL DIALOGUE

Another area in which there has been positive progress is the social dialogue between employers (FIFPRO players' association) and employers (EPFL association of professional leagues) in the field of professional football. Here, too, the Commission has provided useful support and created the framework for negotiations under the leadership of UEFA, which have now resulted in an agreement on minimum requirements for players' contracts in professional football. This, too, is a welcome development.

Ladies and Gentlemen, European sport is characterised by its pyramid structure. European top-level associations are supported by national associations and leagues, and they in turn by regional associations. The many clubs are found at the base of the pyramid. They form the foundation of European sport. Clubs can be promoted or demoted depending on their success – obviously, they are less keen on the latter. This permeability not only makes sport more interesting for the spectator, but also shows that there is a link between the individual levels in a sporting respect. These structures have helped to make sport – and its clubs and athletes – in Europe as successful as they are. And we should retain this model so that sport and thus the enjoyment of sport –

whether as a participant, volunteer, professional or fan – continues to belong to everyone's life.

CULT APPLICATION FOR A DECISION ON THE ROLE OF PLAYERS' AGENTS IN SPORT

The European Commission study on this subject, published in February 2010 states that there are problems with respect to criminal activities associated with players' agents, which have a negative impact on the image of sport, its integrity and role in society.

The Parliament calls upon the Commission in the decision to become active with respect to the standards and inspection criteria for players' agents, transparency in agents' transactions, the ban on paying agents when placing minors and on minimum harmonised standards for agents' contracts.

HEARING WITH UEFA

UEFA's new regulations on "Financial Fair Play" were presented to the Committee on Culture and Education on 1 June 2010.

There is a need for action because too many clubs have accumulated considerable debts in order to give themselves better competitive advantages by buying the best players. The concept of "financial fair play" will hopefully help to stabilise clubs financially and to create a genuine competitive situation in Europe's favourite sport in the long term.

DOPING AND THE RESPONSIBILITY
OF THE COMMUNITY

DOPING – TEMPTATION FOR THE ETERNAL YOUTH?

Thomas Ulmer

Over the course of today you will hear many presentations from experts, and we are already looking forward to them. They are mainly about the fight against doping, doping research or the European Parliament's view about sport.
I want to speak to you today not only in my function as a Member of the European Parliament, but mainly as a representative of amateur football.

For over 20 years, I have been president of a football club that plays in the "Verbandsliga", the 6th tier of German football. It is Spielvereinigung Neckarelz. A highlight in club history was the DFB cup match against Bayern Munich on 1 August last year. We lost 3-1, but gave Bayern a run for their money. There was a great atmosphere in the Rhine-Neckar Arena, Hoffenheim's stadium, and that was the main thing.

I always find it impressive how sporting events bring people together and trigger a sort of magic, a fascination. I am sure that sport, the team spirit that is experienced and the struggle for the same aim can overcome boundaries. I hope that this will be seen in the forthcoming World Cup in Africa. Although apartheid officially came to an end in 1994, there

is still discrimination in this country. Maybe sport can help to bring people closer together.

But sport quickly loses its magic when people's performances have not been achieved by their own drive, but only with the help of doping and stimulants. It is regrettable how this problem has crept into cycling in particular and has been discussed in the media. This has thrown an extremely bad light on this sport and on top-level sportsmen and women in general.

Sportsmen and women are role models for many people, especially young people.

They show that you can achieve a goal with your own strengths if you work hard and consistently for it. But if you use an agent of any kind to enhance the body's natural strengths, you are not being honest to yourself or the public. You are cheating your body and your fans equally.

However, I see the boundary between what is allowed and what is no longer allowed as very fluid. This seems to be increasingly becoming a problem. But I will come back to talk about this.

Article 149 Paragraph 1 of the Lisbon Treat says: "The Union shall contribute to the promotion of European sporting issues, while taking account of the specific nature of sport, its structures based on voluntary activity and its social and educational function."

This education function should not be underestimated and has a great influence on young people in particular.

The question that concerns me is: Why do sportsmen and women start doping in the first place? In my opinion, the main reason lies in the high, almost superhuman, expectations of sportsmen and women, that they cannot always meet. The commercialisation of sport and a great interest from the media are other aspects that put athletes heavily under pressure.

In the long-term, this has serious consequences, namely physical and mental dependency, not just on substances, but also on success. The lack of positive experiences leads to depression that has to be treated. In the worst case scenario, an overdose is fatal.

It is shocking that not only professional footballers and cyclists take illegal substances, but also these substances are being increasingly used in grassroots sport. Why is this the case and how can we counter this challenge?

I think that this is a very multi-layered problem. Our society has developed into a performance society in which success is increasingly the measure of all things. Even in school children and young people have to get used to the pressure of performance and competition to prove themselves. Anyone whose marks are somewhere around the middle is lost in the mass or fails in a permanent comparison with the better pupils. In this way, all educational foundations are removed from a sporting "Taking part is what counts" or even the principle of fair play.

Sportsmen and women must be encouraged but not overstretched! The players in my football club have all learned a trade that they practise alongside their sport. Obviously, this is only possible up to a certain performance level. But in grassroots sport I believe that it is extremely important for athletes not to concentrate exclusively on their sport, but also to practise a trade that they can return to later. After all, in many sports one no longer performs as required above a certain age. It is then at the latest that one has to ask oneself what is to be done with the rest of one's career. At this point, many fall into a hole and suffer from depression. Some athletes are suddenly faced with the terrifying fact that their entire existence to date has revolved around sport and they are not capable of giving their life a new direction.

I must be honest with you and say that I am extremely critical when I see sportsmen like Michael Schumacher returning at the age of over 40 after they have supposedly retired from sport. He obviously missed the media circus in Formula 1. I don't begrudge him his success, although he hasn't had much of that yet. But whatever motivated him to this comeback, it gives the deceptive appearance that the human body is capable of un-limited maximum performances. This sends out a message that can have highly dangerous effects. Although we are now living longer and, above all, more healthily, the active phase of every sportsman and woman still has its natural limits. We should recognise and accept this. Because after all, we can't compare our bodies with a pair of trainers that can be thrown in the bin when they are worn out!

As with so many things in life, we are often only aware of the value of our health when we have lost it, in some cases irretrievably. That is why it is our duty to protect our bodies and our health.

Every athlete is responsible him or herself to ensure that no banned substance enters his or her body. This is called strict liability, as many of you already know. The principle of strict liability is already used today in most international associations. It is explicitly anchored in the new Anti-Doping Code. If an accredited doping lab proves that the sample contains a banned substance, the athlete has violated the doping rules and must expect sanctions. This is irrespective of whether performance enhancement was intended and even irrespective of whether the athlete actually knew that a banned substance had entered his or her body. The chances that the athlete can provide counter-evidence by proving an error in the transport chain or the lab analysis are extremely slight.

However, an increasing number of cases are coming to light that show that young athletes in particular are not even aware of the fact that they are doping. One example of this is the trial against Thomas Springstein in March 2006: Magdeburg Local Court sentenced the athletics trainer to one year and four months, suspended, for a particularly serious violation of the Pharmaceuticals Act because Springstein had given the then 16-year-old sprinter Anne-Kathrin Elge testosterone undecaonate. Doctors who give sportsmen and women illegal substances against their knowledge are committing grievous bodily harm; this is not a trivial offence.

The harmonisation of the doping rules in the various sporting associations is one of the main goals of the Anti-Doping Code issued by the World Anti-Doping Agency (WADA). Harmonisation should mainly be achieved with regard to the sanctions. I believe that is very important! If an athlete is proved to have used a banned substance or method, he or she should be given a two-year ban for the first offence and then be banned for life if the offence is repeated. This is irrespective of whether it is a successful professional footballer from a top club or a young synchronised swimmer in the up-and-coming generation.

After all, the doping of individual sportsmen and women not only has manipulating effects on individual performances and competition results, it is also a demotivating factor for sport in general. I can completely

understand that competitors who take part fairly, feel cheated. The media circus gives the impression that doping is omnipresent in almost every area of sport, which means that some sportsmen and women are already going so far as to ask themselves, and I am exaggerating deliberately here: If everybody is doping already, is it worth my while taking part in the competition at all?

We have to answer this question with a clear and loud "Yes"!

The fact that doping scandals arouse more media interest than combating doping must not lead the population and sportsmen and women to the false impression that no effective measures have been introduced in this respect. A good example is the EU Anti-Doping Conference, which was organised in Athens in 2009 by the European Commission upon the proposal of the Parliament. Representatives of the government authorities responsible for sport in the EU member states came together with important players in combating doping. The central themes were data protection, cooperation between anti-doping centres and the pharmaceutical industry and the possibility of a direct exchange between accredited laboratories and other interested parties in an EU context. Only when all players work together with a common goal can we succeed in effectively countering attempts at cheating.

This also includes preventive education, which should protect young sportsmen and women in particular from the doping trap. In its White Paper on the subject of "Sport and Doping", the European Commission calls up sporting organisations to develop a code of conduct for better education about doping substances, medicines that possibly contain doping substances and their health implications.

Only in this way can we guarantee that the fundamental values of sport, such as the "basic right" of athletes to take part in doping-free sport and the promotion of health, fairness and equal treatment of sportsmen and women will in future be given the status that is their due.

GENE DOPING – MEDICAL BASICS AND THE NEED OF ACTION

Peter Liese

The importance of sport in the European Union is admittedly still a little opaque. Obviously, we have to take account of subsidiarity – Ms Pack talked about that earlier – and yet we should never forget how important it is. I would like to illustrate this using one example, not from top-level sport and not from doping, but from grassroots sport.

In the European Parliament Committee on the Environment, Health and Food Safety we are currently discussing the subject of food labelling with great engagement and passion. We are talking about whether we should use a traffic light system to label certain foods "red" that we actually shouldn't eat. As a doctor I would say that that is not quite appropriate because there are no unhealthy foods on the market in the European Union. There are only foods that one should not consume in excess. So, we should obviously not ban chocolate, for example, but we should not eat too much of it. We are discussing that heatedly and were debating the question of what can be done so that people do not consume too many calories, so that we can reduce the number of cases of certain diseases based on obesity, such as diabetes, cardiovascular diseases, diseases of the joints, etc. And the subject is very important.

We have an enormous problem caused by obesity, we have an enormous problem caused by the secondary diseases and this is explosive. Before I was elected to the European Parliament, I worked as a ward doctor in a children's hospital until 1994. At that time it was practically inconceivable for children to suffer from Type II diabetes. Type II diabetes is known as the diabetes of old age. It is usually caused by a certain degree of genetic predisposition, but mainly by obesity. Children did not suffer from this disease. But we now have the problem that Type II diabetes is increasing at an explosive rate among children. And naturally we think about what we can do and this is where food labelling comes in.

But scientific analyses, e.g. by Professor Harms at Münster University, who has dealt with this subject in the German Society of Paediatrics for many years, show that in the last 15 to 20 years, i.e. in the period when I was in the hospital, children's eating patterns haven't changed. Children then drank fizzy drinks, ate chocolate and sucked on sweets, none of that is new, and there was even McDonalds then, too. But what there wasn't then, were the many television channels, computers, Game Boys, etc. Children are exercising less. And that is why they are putting on weight and that is why we have these secondary diseases. That is why the question as to how we get children and society as a whole to exercise more is the central question.

And no matter how great the food labelling system we decide on, with however strict a warning, if people don't exercise, we will not be able to solve many problems. And I am not just talking about obesity and the resultant illnesses; I am talking about many things. There are scientific studies that say, for example, that women who take part in sport are up to 30 % less likely to suffer from breast cancer. There is a link between sport and depression, i.e. more sport means fewer cases of depression. Sport also has a positive influence on the brain's performance, on the memory's abilities. There is a link between sport and a lower risk of suffering from Alzheimer's disease. So that is an awful lot that we can have a positive influence on if we manage to make people in Europe do more sport.

Now, because of subsidiarity, we have a certain limit, we cannot prescribe, but we can point out certain things. And an expert said to me a few weeks ago that in certain countries we have a very lax way of dealing with sport in schools. Just a note from the parents or the pupil

that he or she doesn't want to take part in sport is enough; he or she no longer has to. And the question is whether we should not discuss something like this at European level so that we can learn from each other how we can motivate children, but also the population as a whole, to exercise more and more intensively. I wanted to say that to start with.

And doping is at the other end of the scale. Top-level sport is now not necessarily practised to stay healthy; it has another aspect. A few days ago, the team doctor of the German national ice hockey team said on the radio that the German team was under great stress. And when the reporter asked what impact that was having on their health, he said: "You don't become part of an ice hockey team to get healthy, but to become world champion." This shows that there are different aspects there. But this should not mean that those who damage their health should gain an advantage.

And so we arrive at doping. Doping cannot be accepted, must not be accepted. And I think that that has been said and explained often enough here today. In advance, I therefore thought about what I could still add. So many experts have been here today, including my colleagues Mr Ulmer and Ms Pack from the Parliament. I thought long and hard about what I could add that was meaningful but you haven't already heard. And then I remembered that I did my doctorate at the Institute for Human Genetics at the University of Bonn and I have therefore dealt at length with borderline questions of modern biotechnology in the European Parliament. I also head a working group on bioethics. And in this working group on bioethics we have also dealt with the subject of gene doping in recent years. So I thought that maybe an aspect that I could briefly address here.

I must excuse myself to all the experts sitting in the audience who have already taken part in the podium discussion because this will be nothing new for them. But in my experience, the circumstances of human genetics can be very hard to understand for people without a medical background and that is why there can be no harm if we briefly look at the subject of gene doping again. What is gene doping and what distinguishes it from traditional doping? What do we have to consider in sport, in medicine and in politics when we talk about it? I have brought a few illustrations on this subject.

That is a human cell or an animal cell; they aren't different under a microscope. And when we talk about genes, we are talking about that in the middle, the nucleus of the cell. The genetic information can be found in the nucleus of the cell. And that is important, for understanding genetics and therefore also gene doping. Next picture.

Here we have the fine structure of the genetic information. In the nucleus of their cells, all living creatures, including man, have DNA, desoxyribonucleic acid, the so-called genetic code. And to understand genetics and thus gene doping, it is very important to see how this genetic code results in properties. This is explained here, from the gene to protein. These coloured symbols that you can see, adenine, thymine, guanine and cytosine, are the so-called nucleobases. There are only four of them. But any combination of these nucleobases can be made. We have millions of these nucleobases in the nucleus of each and every cell in a human or other living creature.

And that can be called the building instructions for proteins. A protein is formed in a complicated mechanism using these building instructions but I won't explain that in detail here. And right at the bottom of the slide you can see these green symbols; they are amino acids. Amino acids are building blocks of proteins and, depending on what the genetic code is, the protein building blocks are composed differently. And these form different proteins and these proteins determine different properties of living creatures.

A very simple example: If the nucleus of a flower cell contains a building instruction for a blue protein, the flower will bloom in blue. But if the nucleus contains a building instruction for a red protein, it will bloom in red. That is simple. Other things are more complicated. But even complicated properties, including human properties, are based on the genetic code. As humans, we have a genetic code for our hair colour, for example. If the protein is dark, we have dark hair and if it is light we have blond hair. And other things, complicated matters, are also genetic. This also concerns diseases and it concerns other human physical properties.

In recent years we have learned how we can influence this genetic code. And the next slide shows a concept of what we can do with it. There are possibilities to treat diseases. And, as is always the case in medicine, the transition from not quite normal to ill is fluid. And naturally, using the

same means that are used to fight disease, we can make an average person into an above-average person, e.g. a better sportsman or woman. The example here is erythropoietin. Erythropoietin is normally produced in the kidneys of healthy people. If a person has kidney disease, he or she has no erythropoietin and erythropoietin is needed to produce red blood cells. People with kidney disease therefore normally have a lower number of red blood cells. Naturally, erythropoietin substitution is carried out in medicine. Using genetic engineering, it is possible to produce erythropoietin with genetically modified microorganisms and thus raise the blood cell levels again. Now we are wondering whether we cannot do this directly, by giving people the erythropoietin gene so that the body produces it itself again. To put it plainly, we just need one injection. The body is changed, in this case a muscle cell, and the person produces erythropoietin again.

We can see that erythropoietin is a medicine that is used for people who produce too few blood cells. We can see that this method also works to cause a person, a sportsman or woman with a normal number of red blood cells to produce more and improve his or her performance.

Gene doping has been very broadly defined by WADA since 2003. It is not just a matter of direct manipulation, the direct insertion of a gene in the human body; it goes further. Gene doping is the non-therapeutic use of cells, genes, genetic elements or the influencing of genetic expressions with the possibility of enhancing performance.

The World Anti-Doping Agency did that preventively in 2003. There are still no proved cases of gene doping, but we must assume that it is tried in many places in the world.

It says here "Gene doping is more than genetic therapy". I have just shown you how the information from the cell nucleus transforms into a protein. The whole thing is extremely complicated and I don't expect you all to understand how the cell nucleus… I'll show you. How this genetic information in the cell nucleus becomes a property. At all points between the DNA and the finished product you can intervene, and you can not just intervene by changing the actual cell nucleus, i.e. by inserting another gene, but you can also administer a medicine that does not have a direct effect, maybe directly increases the red blood cells as erythropoietin or brings about a different doping property, but you can

also administer a medicine that switches on the genes, i.e. that makes the genetic information produce more of the relevant protein.

And that is what is tricky in gene doping: the intervention takes place at a time with a method that one may not be looking for and that one can no longer detect at the time of the competition or the time of the test. So there are very many means of influencing the genetic information and the transfer of the genetic information into a final product.

Another example, alongside erythropoietin, is myostatin. Myostatin is a substance that retards muscle growth. And we all need this substance because otherwise we would look like the animals in this picture. If a muscle grows unhindered it grows uncontrollably and disproportionately and some people tried to harness this in doping by blocking the myostatin, which prevents the muscles from growing. This can be done traditionally. But is can also be done with gene doping. That is the next picture.

So there are very many means of intervening in this myostatin blocking, thus promoting muscle growth. This is a matter that is currently being discussed intensively.

In the internet fora this is not just a question of top-level sport, but also in grassroots sport, for example it is a topic among people who quite normally go to the gym without taking part in competitions. Over the internet they exchange experience about how to promote muscle growth. Testosterone is a substance that plays a role there, myostatin another. And information from Cologne Sports University is very worrying to me. In the internet fora for body builders there is a lively discussion about the advantages of gene doping and authors of scientific publications that present things like I have just shown for mice receive queries as to whether they can also do that for people. This means that gene doping is a serious danger, not just to top-level sport but also to grassroots sport. And in my view the dangers are much clearer than with traditional doping because I am intervening in a mechanism that I can control less.

If I no longer add testosterone or EPO in the conventional way, the process eventually comes to an end. If I manipulate a gene, in any way whatsoever, it can continue to produce a protein even when the intervention is long over and that can be controlled much less. The side effects are therefore at least as great as with traditional doping.

In principle, gene doping is simple once the principle has been developed. It is relatively cheap because I don't have to constantly add new substances, but need only a one-off manipulation on the gene for success. Many scientists, especially young scientists, use the relevant methods. It can be carried out in small labs and the transition between treatment of a disease and improvement, i.e. doping, can be fluid.

I have just hinted that officially there are as yet no cases that can be proved in court, but we must assume that it is being attempted and has probably already been carried out. As far as ethics are concerned, there are no fundamental new dimensions in comparison to doping. It is just as ethically reprehensible as doping per se, but it is a refinement of the method and the doping investigation is more difficult.

And now I come to the consequences. What do we have to do together to combat gene doping? I believe that it is very important for all of us together, politics, sports officials, everyone who has anything to do with it, including the churches, give political support to the doping investigators and the anti-doping agencies. That is not always so simple and I personally remember the case of Claudia Pechstein. If I have been correctly informed, this was not directly a case of gene doping, but the mechanism is comparable. No substances can be detected that resulted in increased production of erythropoietin in Ms Pechstein, but the evidence is very much in favour of manipulation.

And one may feel sorry for Ms Pechstein, she is maybe much more congenial than a bundle of muscles in the sprinting disciplines whose mere appearance gives rise to the impression that they don't keep to any rules. An acquaintance said to me that one would like to believe Ms Pechstein. But nevertheless, I have great understanding and would explicitly like to express my support for those who have excluded her from competitions because I believe that some things can simply only be judged on the basis of indirect evidence because we cannot provide the direct evidence, simply for technical reasons, and if we say that so long as there is no direct evidence a sportsman or woman is entitled to take part in all competition then we are removing an important instrument from the armoury of anti-doping investigators and doping control. And we need this in gene doping in particular. That is why I have great understanding. Obviously, you always have to bring together the evidence and consider the case on an individual basis to see whether the

evidence is sufficient or not. But I would really like to signal support for all who say we also have to permit indirect evidence otherwise we won't get any further, especially with gene doping.

Something that we can do as the European Parliament is support research. Show that we support research in the fight against doping. We have a well-financed research framework programme, € 50 billion in the financial period from 2007 to 2013 and, when the framework programme was being drawn up, the European Parliament advocated anti-doping being a focus of European research.

At that time I was still a member of the competent Committee on Industry, Research and Energy and personally supported it. Since I am no longer in the committee I have not been able to follow in detail what has become of our initiative. The indications that I have after consultations with the German Olympic Sports Federation and some others are that we may not yet have any ground-breaking success, that there is no massive funding for research by the European Commission in this area. I believe that is a duty that we share. The discussions about the next research framework programme start in the next few months and I, together with you, will be committed to the fight against doping and in particular against gene doping being a key focus of the European Union.

DOPING AND THE RESPONSIBILITY OF THE NATIONAL ANTI-DOPING-AGENCIES AND THE DOPING-LABORATORIES

ON THE TRAIL OF THE OFFENDERS

ANTI-DOPING SUCCESSES IN EUROPE THANKS TO THE NETWORK OF NATIONAL ANTI-DOPING-AGENCIES

PODIUM DISCUSSION WITH WILHELM SCHÄNZER | ARMIN BAUMERT | ANDREAS SCHWAB | MARCO STEINER

Discussion Leader: Herbert Fischer-Solms

Herbert Fischer-Solms

Good afternoon Ladies and Gentlemen. I hope that Mr Pfeifer's wishes come true: that our discussions are "as contentious as possible" – that is what a leader of the discussion would also wish for. I'm not sure whether I should introduce the speakers again. I'll keep it brief and start to my right. Professor Wilhelm Schänzer, Head of the Institute for Biochemistry at the German Sports University in Cologne, a highly renowned international scientist. He and his team, which also includes Dr Geyer and Professor Mario Thevis, have made great achievements in the field of doping research. He is the successor to Manfred Donike. His Cologne laboratory has been accredited by the IOC since 1966 and by WADA since 2004.

On my left is Dr Marco Steiner. He is the Deputy Director of the institution Antidoping Switzerland. He is a lawyer – and it's a good thing that we have a lawyer up here on this panel because we will need him. Mr Steiner is also member of the

Court of Arbitration for Sport of the International Canoe Federation. To his left is Magister Andreas Schwab, Managing Director of the National Anti-Doping Agency Austria. He is the sporting contingent on the podium – he was fourth in the two-man bob in the Innsbruck Winter Olympics. At that time he was a victim of the GDR, which competed in the bob-sleigh again for the first time in Innsbruck, so you could say that the GDR cost him a medal.

On the far left is Armin Baumert, CEO of the National Anti-Doping Agency NADA in Germany, long jumper and decathlete, member of the national team, multiple German champion who then made a career for himself in sports politics and as an official, including Head of the Berlin Olympic Team Support from 1987 to 1995. It was here that he lived through German Reunification, the reunification of the sport and did some important work in this field. Then, from 1995 to 2004 he was Managing Director of the Federal Committee, then Federal CEO for Competitive Sport in the German Sports Confederation.

Mr Schänzer, here today we are holding discussions for a whole working day about combating doping – and I believe that this is highly commendable of this institution, the Konrad-Adenauer-Stiftung. In this time, while we are talking here, the other side will not be idle, in other words the underground labs will still be churning out their products. How should we imagine this? How does the other side work? Give us an impression.

Prof Dr Wilhelm Schänzer

I can't exactly say how the other side works. But I believe that it is complex. There are certainly underground labs that manufacture and distribute doping agents. We know that from the United States and there seem to be labs here in Europe, too. The police and the public prosecutors will have to take action. But the hard part is uncovering them. In America, especially the USA, some successes have been seen in the last year. Authorities in Europe should similarly try to obtain the relevant information from the USA to see where the labs in Europe are located and how they work.

Herbert Fischer-Solms

Where do you get the information about how they work?

Prof Dr Wilhelm Schänzer

Obviously, we also get information from the authorities. We also exchange information with anti-doping organisations in America and in
various other countries to get further information. We know roughly
what drugs are distributed and available in Europe. And obviously it is
not the case that only elite sportsmen and women are served. Usually,
an attempt is made to supply a large market with doping agents. It
is known that not only professional and top-level sport is affected by
doping, but also grassroots sport. Doping also plays a role in grassroots
sport. At the moment, grassroots sport has hardly any fears with regard
to doping controls. But a specialisation of laboratories ultimately only
for elite sports, which are tested – only special laboratories and maybe
special working groups are used for this. A few examples are known from
the past, such as those in California (Balco Scandal) and Spain (Fuentes
Scandal). There are bound to be even more laboratories, but I think that
we only have specific and verifiable information from the past. How
labs work exactly now, how they try to get their products to the client
(sportsmen and women) – I just have to admit that I don't know enough.
But it is now known that underground laboratories obtain large quantities of basic materials from China, then process them accordingly and
distribute them so that they can be used as doping agents.

Herbert Fischer-Solms

What role is played by the internet?

Prof Dr Wilhelm Schänzer

For the leisure sector, the internet is extremely important, possibly for
the professional sector too. The other side, i.e. those who want to dope,
try to get information via the internet, especially to obtain new research
results and information about new products (possible doping agents).
After all, there are new products in the pipeline that are not just announced when they are launched on the market. There are reports about
new medicines even in the development phase. Dopers certainly obtain
extensive information about the new possibilities for doping. We have
seen this in a well-known case in Germany, where a coach supplied an
adolescent with a doping agent (this has already been mentioned). In
this specific case there were investigations into the extent to which the

trainer in question obtained extensive information about new doping methods over the internet. I believe that the internet plays a very important role in obtaining information about doping. But we also have to say very clearly that experts for the other side are also active. They are usually chemists, doctors and other scientists who make their knowledge available to sportsmen and women so that they can use their doping methods while remaining undiscovered.

Herbert Fischer-Solms

You know a lot about the other side.

Prof Dr Wilhelm Schänzer

A little bit, yes.

Herbert Fischer-Solms

I will have to press you a bit here, because you have to put us in a position to be able to have our discussion today. Do you assume that there are underground labs in Germany or in our neighbouring countries, such as Switzerland and Austria?

Prof Dr Wilhelm Schänzer

I assume that there are. But at the moment, I don't have any specific indications, or any data; that will have to be found. But I do know, especially from information that I have from colleagues in the USA, that there are corresponding networks here in Europe, too, including here in Germany.

Herbert Fischer-Solms

Where are they? If we are talking about things that come from abroad – China probably accounts for the lion's share of production. What are the routes? Where are the entrances to Europe and Germany?

Prof Dr Wilhelm Schänzer

Obviously, we try to obtain data for ourselves, e.g. from relevant information that we get from the customs authorities. But we now also know
that the borders are very open, especially since Germany is located
in the middle of neighbouring EU countries. In general, it is always
suspected that doping agents come from Asia, the Middle East, South
America and Central America. There are concrete data, but also data
that I can sometimes only roughly assess in terms of quality. I think
that there are also ways for medicines manufactured by major pharmaceuticals firms that go abroad to find their way back to Germany illegally
ultimately, there is insufficient knowledge about these ways.

Herbert Fischer-Solms

It is known that the production of these drugs, these doping agents, is
immense. We know roughly the demand from the health system, from
the medical sphere and, on the other hand, we know roughly how much
is produced. Can you tell us anything about this ratio?

Prof Dr Wilhelm Schänzer

These are usually data often quoted in the media, but I myself cannot
calculate them in this way and don't want to comment on them. I do
believe that the majority of medicines are marketed illegally, but to
say precisely, as is often quoted, that 80 % of EPO medicines are used
illegally is not something that I could confirm. I n my opinion, these data
should be calculated by experts who are very familiar with the pharmaceuticals market. I personally believe that the actual figures are usually
much lower. In principle, these data known from the media should be
treated with caution. I would not like to state any percentages myself.

Herbert Fischer-Solms

But in principle, as we have seen in the Balco doping scandal in the USA
and many other cases, there is an industry that manufactures exclusively
or mainly for the drugs market, for the sports doping market?

Prof Dr Wilhelm Schänzer

We now know that very many companies, particularly in Asia, in China prepare so-called basic substances from which steroid hormones and other doping agents can be manufactured very cheaply. Specifically, this means that it is very easy to order large quantities of material from such a company in China, which can then be specially filled and distributed in a laboratory. It is very difficult to state precise data here because we don't explicitly know them. China is an enormous country and other countries, such as Russia, India, etc. produce basic substances and medicines that can be abused for doping purposes.

Herbert Fischer-Solms

I will now only ask you once more for a possible percentage. Around 1.5 %, this figure is proven, are documented, proven and prosecuted doping cases. How high is the number of unreported cases? How pronounced is the doping mentality among athletes? What is your assessment?

Prof Dr Wilhelm Schänzer

I assume that the number of unreported cases is higher than 1.5 %. But I would also be cautious to use precise data for my arguments here. We know that there are surveys that arrive at higher numbers. These surveys often ask about consumption of doping agents over a wide area of life. The approx. 1.5 % from doping controls are percentages over just one year from selected athletes in the control system. That is quite a difference. Surveys for Germany in the leisure area associated with gyms and bodybuilding show that the abuse of anabolic steroids among men is around 19 %, but is much lower for women, as far as I am aware it is around 5 % to 6 %.These are figures that are serious for certain sports that work with anabolic steroids. That is why I think that clearly citing numbers is ultimately difficult for sport in general. We only have to remember that doping is a bigger problem in some sports than in others and that it is therefore generally not possible to state a percentage for sport as a whole.

We know that there are experts who have estimated the percentages to be very high in cycling. After many scandals have become public in professional cycling in recent years, the actual percentages seem to be approaching these high percentages, but I don't want to really state 20 %, 50 % or even 80 %. I believe that we have to work at improving our anti-doping campaign. We will not be able to deter 100 % of athletes. Back to the control figures, the 1.5 % are also imprecise. They also include repeat offenders, including athletes with approval for medical use and cases where athletes had used their medication incorrectly. This means that in my opinion, actual doping abuse cannot be definitively cited.

Herbert Fischer-Solms

Thank you, Mr Schänzer. Mr Schwab, the Ski President of your country, who is still in office, has said "Our country is much too small for doping" Do you agree?

Andreas Schwab

I don't exactly know what he meant by that.

Herbert Fischer-Solms

You know very well what he meant and what I mean with the question. Once again: Do you agree?

Andreas Schwab

I don't want to comment further on this statement. At that time, I was not Managing Director of the NADA. The fact is that the President of the Austrian Ski Association, together with the NADA, is highly active against doping.

Herbert Fischer-Solms

Mr Steiner, what is the doping legislation in Switzerland? We know what it is like in Germany and Austria and other EU countries. But we know less about Switzerland. Please bring us up to date.

Dr Marco Steiner

Maybe you know less about Switzerland because we ourselves probably know less in comparison to our neighbours. I just heard with some amazement that Professor Schänzer said that he gets information from the customs authorities. At home in Switzerland, we don't have the legal foundation for the customs authorities to speak at all to a so-called independent foundation like Antidoping Switzerland, which is organised under private law. To put it in a legal context: We have legislation, we have a Federal Act on the Promotion of Gymnastics and Sport. It contains criminal offences. But in principle the doping sportsman or woman is not subject to punishment. It is mainly a matter of import, trade, pre-scription. In other words, the legislative means using criminal law are in place, but the authorities are not allowed to talk to us. That is the start-ing position in Switzerland. The problem has been recognised. We are in the process of changing things – but "we" is a big word. The Swiss Parliament is in the process of changing things. The revised Act should then enable us to communicate actively with the customs authorities, medical authorities, investigative authorities and public prosecutors from mid-2011.

Herbert Fischer-Solms

We will dig a little deeper with this subject. First of all, a question to you: How is Jan Ullrich, your cycling compatriot?

Dr Marco Steiner

I hope that he is well. I don't know him personally, that is why I can't give you any information. I don't know where he is. I don't know what he is doing at the moment. You are probably referring to the fact that he is a compatriot from the point of view of sports law. There is still a case in Lausanne before the Tribunal Arbitral du Sport, the Court of Arbitration for Sport. Antidoping Switzerland lost in the first instance and it is now up to the Tribunal Arbitral du Sport to decide whether there is any responsibility at all and, if yes, whether Mr Ullrich was guilty of doping.

Herbert Fischer-Solms

So you are assuming that the Ullrich case is a doping case?

Dr Marco Steiner

Of course. We are a type of investigating magistrate's authority, under private law of course. If we did not assume that he was guilty of doping, we would not have applied for the Swiss Olympic Disciplinary Chamber for Doping to open proceedings and would not have taken the matter further to the Tribunal Arbitral du Sport.

Herbert Fischer-Solms

Why does it take years in Switzerland to ascertain that one is not responsible?

Dr Marco Steiner

Because everything takes a little longer with us. There were various reasons. Antidoping Switzerland is only two years old. The Ullrich case is much older. Previously, the National Olympic Committee, Swiss Olympic, was responsible. There was then a transitional phase where the files had to be transferred and, at the same time, requests to inspect the files in Germany were pending. We wanted to have this information and I can tell you, it was naturally not so simple. A public prosecutor in Bonn does not simply send records to a foreign foundation, organised under private law, especially not in such a contentious case as that of Jan Ullrich, who, by the way, had excellent representation, which did not exactly speed up matters. And that is why three years passed between the Tour de France and it being possible to apply for proceedings to be opened.

Herbert Fischer-Solms

Armin Baumert, CEO of the NADA, I think we can stay on first name terms, because we have known each other for a long time. My question: Do you have any contact with Claudia Pechstein?

Armin Baumert

If the times were different, I definitely would, because after the Berlin
Wall came down I was Head of the Berlin Olympic Team Support and
I had good contacts with all athletes, including Claudia Pechstein. We had
the advantage that others in Germany did not have. 24 hours a day we
really had to make sure that the motto was not just hollow words: "one
people". In sport in Berlin I believe that we tackled this well from both
sides and this also included putting sportsmen and women to the fore.
Claudia Pechstein was still very young when the Wall came down in 1989.
She then made her way, in the interests of Germany as a whole. We
from the National Anti-Doping Agency in Germany have currently received the very clever advice not to interfere in an ongoing case. However, just like the German Speed Skating Association, we have accused
"Anonymous" in order to enable public prosecutor investigations into the
athlete's surroundings. Interesting times lie ahead

Herbert Fischer-Solms

As a banned athlete, is she subject to the doping control system?
In other words, could the testers turn up on her doorstep tomorrow –
after all, she can train privately?

Armin Baumert

Just like my friends from Switzerland and Austria and all other NADAs,
we have set up the system on the basis that we cooperate closely with
the sporting associations. One of the most important conditions is that
not all sportsmen and women of a particular sport are controlled, only
some of them who are raised to a cadre status by the sporting associations in Germany or by the international associations so that they are
in the focus of efforts. Anyone who does not have cadre status is outside
for the time being. That means he or she is not subject to the control
system.

Herbert Fischer-Solms

Good, so Claudia Pechstein is not subject to the doping control system
although it is, to a certain extent, still a pending process.

Armin Baumert

I said that the NADA position does not need any further comment. We are waiting to see what happens in front of the Swiss Federal Court and we will act accordingly after that.

Herbert Fischer-Solms

Mr Schwab, what is happening with the Vienna Blood Bank? What is happening with Humanplasma?

Andreas Schwab

I know that you can certainly make me suffer as an Austrian. Unfortunately, we have a past, as we have already heard from Professor Ljungqvist today. In the case of Humanplasma, I would like to say that we, the National Anti-Doping Agency of Austria, have had the investigation files from the public prosecutors for about six months. And these investigation files contain the names of Austrian sportsmen and women and three mentors; there are also the names of international athletes.

Herbert Fischer-Solms

The standard question at these point: including Germans?

Andreas Schwab

There were no German names in this report from the public prosecutors. There is no evidence that German athletes went to Humanplasma in Vienna between 2003 and 2006. We know that there were very many rumours, but, as you know, the doping scene is full of rumours, full of untruths right up to slander. We have now handed the whole file over to WADA. Lawyers from WADA came to us in Vienna – we had very good talks. WADA together with other national Anti-Doping Agencies will start proceedings against those sportsmen and women who are not Austrians. We will start proceedings against all Austrian athletes and mentors before our Legal Commission; we have the Legal Commission in the National Anti-Doping Agency and the task of the Legal Commission in Austria is to clarify whether these athletes violated then valid WADA anti-doping guidelines or the then valid anti-doping guidelines of the

international specialist associations. We know only that these athletes went to Humanplasma and we can prove that they were there, that they had blood taken and that the blood was frozen. But we cannot prove than any athlete, whether Austria or foreign, had this frozen blood re-injected. There is no proof of this. And once again: We now have to clarify whether this procedure, this conduct by the athletes was a doping offence at that time.

Herbert Fischer-Solms

Because this returning of the blood, the refunding, that would be the legally interesting point.

Andreas Schwab

This is an interesting point under sports law because possibly – I deliberately say possibly here – this is a very contentious question that the lawyers will have to clarify. Possibly, doping – blood doping – has only actually taken place when the blood is returned. Added to this – and we have to keep stressing this – is the question of what was the anti-doping regime between 2003 and 2006. But in the negotiating body, the Legal Commission, we have the right experts who can determine this.

I would just like to say something about our President of the Austrian Ski Association. We know that Austria's problematic doping past has thrown up three cases. They were Salt Lake City 2002, Turin 2006 and Humanplasma, and all three cases have largely been caused by Walter Mayer. The Austrian Ski Association reacted firmly to this and excluded Walter Mayer from the Association. I would just like to point out that the President of the Austrian Ski Association now acts very firmly against doping, cooperates very well with the National Anti-Doping Agency and that we conduct annual, really well-organised comprehensive education and information programmes together with the Austrian Ski Association.

Herbert Fischer-Solms

Mr Schwab, I am sure you don't mind me saying that in our private conversation earlier you said that you are sure that the Vienna Blood Bank/Humanplasma case will have run its course through the courts within a year because you now have the instruments to deal with it. Within a year; are you prepared to bet that in public?

Andreas Schwab

I assume… we have a schedule of how many trials can be dealt with within a certain period and when I look at the number of names and the time available and how many cases our Legal Commission can process, it should be possible for us to have dealt with all of the Austrian cases in the Legal Commission by the middle of next year at the latest.

Herbert Fischer-Solms

At this point we would like to know what new instruments Austria has acquired? In Austria you have an Anti-Doping Act that is also worthy of the name – we will come to the Drugs Act and the revision in Germany later. What specifically characterises the Anti-Doping Act in Austria, Mr Schwab?

Andreas Schwab

The key thing is that the National Anti-Doping Agency, which is organised as a standard limited company, is enshrined in law, that all specialist sporting associations that belong to the Federal Sports Organisation in Austria and thus receive funding from the state are automatically subject to controls by us. That is 60 different sports in Austria. So all of the major specialist sports associations are monitored by us and, in the event of a positive doping test, the specialist associations no longer deploy their disciplinary commissions, as used to be the case, and as is mainly the case in Germany still, I believe. Since we have had the NADA in Austria, for exactly two years, we have had the independent Legal Commission at the NADA. There are five experts in it who then decide on the athlete's future under sports law.

Herbert Fischer-Solms

In other words, a NADA with a right of sanction?

Andreas Schwab

The Legal Commission has the right of sanction in all sports in Austria and, in addition, on 31 December last year, a law was adopted that expanded the definition of fraud in Austrian penal law to include sports fraud. In practice, for us this means – we have haven't yet had a case of

this kind – if there is now a current positive case of doping, it will be dealt with by our Legal Commission according to the aspects of sports law. But we pass all documents on to the criminal police, which is responsible for doping in Austria, or to the public prosecutors. They, i.e. the criminal police and the public prosecutors, then decide whether it is a case of fraud under criminal law. If this is the case, the athlete is reported to the court and there will be court trial against the athlete.

Herbert Fischer-Solms

In other words, Armin Baumert, this means that everything that has been hotly debated in Germany for the last year, everything that has been fiercely discussed in the Bundestag and the Bundestag Sports Committee, but what was not wanted, i.e. the crime of sports fraud, is possible in Austria. In Germany it was not achieved. Jealous of the Austrians?

Armin Baumert

We are relaxed about that point because we are an independent National Anti-Doping Agency which naturally has to observe the political and the sports policy environment, even in those points that are legally viable. So that means that everything that Andreas says about Austria is certainly one way, but we agreed with the German Olympic Sports Federation and with the world of politics, with the Federal Ministry of the Interior, that we would wait for the evaluation of this revised Drugs Act. I believe that this will be in 2012. And then we will see what the two parties responsible, i.e. politics and sport, will do then. I can only say that, no matter how charming it all sounds, we are not jealous but in very close exchanges we have found out what would happen if the NADA had this set of sanction instruments in Germany – and not the sports associations. At first sight, that would be a concentration of the NADA scope, maybe of independence vis-à-vis sport. But what happens when it comes to it, i.e. when someone who is accused pulls out all the stops with legal support etc. As Ulli Feldhoff always said, where will the "dosh" come from.

In other words, where will the money come from to really see through the trial by the NADA against whomsoever. And I doubt, when it really comes down to it, when the really big guns have to be fired, that NADA

Austria and its Legal Commission, although it is responsible, really will have the patience needed to see something like this through to the end.

Andreas Schwab

I have to answer here of course. It is absolutely right, Armin, that the Legal Commission has a very responsible task in the National Anti-Doping Agency. The Legal Commission is independent by virtue of the law, and is also called the independent Legal Commission, established in the National Anti-Doping Agency. Only we definitely won't get into material difficulties, even if we suspend or ban the very best athletes in Austria, possibly for a year, and it then turns out that the suspension or ban was wrong and he or she then sues us for damages. We are organised as a limited company and the owners of the company are the Federal Government, i.e. Austria, then the nine Austrian Federal Länder, the Austrian Olympic Committee and the Federal Sports Organisation, and even if the Legal Commission makes a mistake and makes a crass incorrect judgement, I don't believe that we will have material difficulties. Much rather, I hope that this will never happen as long as I am the one responsible.

On the other hand, however, you have to see that the athlete also has a legal route open under sports law. If he or she is adjudged by the Legal Commission in the first instance, he or she has to option of going before the Arbitration Commission in the second instances, which we also have in Austria. And if he or she is adjudged guilty again and believe that this is still wrong, he or she can go before the International Court of Arbitration for Sport, CAS.

Herbert Fischer-Solms

Obviously, we also have to add that this Austrian Anti-Doping Act is a very new law – it has been in force since 1 January 2010 – so it still has to undergo the acid test. We will follow it with interest. A question to Dr Steiner, the lawyer: What do you think of the Austrian model of the Anti-Doping Act?

Dr Marco Steiner

If you allow me to say it, I find it a very charming model and it is obviously exactly the direction that we have to go. As far as the details are concerned, I don't want to comment on them because I am not familiar enough with the details of the law and because, as you have said yourself, it still has to pass the acid test. But there is something that I have noticed in the discussion: Austria seems to be emphasising, or at least in part, legislation criminalising the athletes, but both in Germany, if I am informed correctly, and in my home country criminalising the athlete is not a priority For us, the priority is on exchanging information with the authorities so that the whole environment can be examined under criminal law. This position is not set in stone; the discussions are still ongoing at home, as I said earlier. The revision of the law is currently in Parliament, but it will probably be the case that an athlete who "only dopes" will not be criminalised provided that he does not deal in doping agents, imports them or commits other crimes. But in principle, I believe that the Austrians are going in the right direction. I must say that they are role models for us. We are orienting ourselves on what is being done in Austria.

Herbert Fischer-Solms

Mr Schänzer, several times today we have heard of the new EU Treaty, which for the first time contains sports legislation, if we want to call it that. The intention is to set up a sports programme by 2010. And now we have the buzzword of "harmonisation". In your view, in the opinion of a scientist, would harmonisation in the area of pursuing doping, in the area of sanctioning in Europe, would that be desirable?

Prof Dr Wilhelm Schänzer

I believe that harmonisation is always desirable. We are also trying to harmonise analysis worldwide, so that doping can be pursued and sanctioned in comparable ways and so that we are effective. But I also think that the exchange, i.e. the passing on of information, between the individual countries must be very good. This point is important because professional athletes in particular are highly mobile and are not just in one country. They often work in another country, where they have their licence. In such cases, the information has to be exchanged much more

quickly. Within harmonisation, however, there should be good links between the prosecuting authorities and the national anti-doping organisations.

Herbert Fischer-Solms

So, if I understand you correctly, mentioning this means criticising this.
Are you saying that exchange has not been quick in the past?

Prof Dr Wilhelm Schänzer

I don't work in this area myself. I can only cite an example where the
authorities were criticised, as in the Spanish case. Tracking athletes in
the Fuentes case in Spain was supposedly very difficult because not
enough information was available. On the other hand, however, I have
to not that the public prosecutors in Bonn received the relevant blood
bag from Spain so that it could assign this blood bag to Jan Ullrich after
the relevant tests So this exchange wasn't so bad after all. But I believe
that ultimately the anti-doping agencies concerned can say much more
about this than I can. In the field of information, it is very important for
the labs in the fight against doping to know which doping agents have
been ascertained in a police investigation like the one in Spain.

Herbert Fischer-Solms

Good, I'll do as I'm told and take up Mr Schänzer's recommendation.
Each one of you has one minute for a statement on how the international
exchange works from your point of view.

Armin Baumert

Yes, now we are coming to the real subject of this discussion. There is
no need for any more question marks. Those who are sitting here are
the guarantors that we in the Western European, German-speaking
network have been in practice for at least two or three years. In other
words, we, the responsible full-timers and volunteers, agree completely
that a strategic goal is to the fore that we keep having to repeat, even
here in today's company. Who are we actually there for? We are there
for elite athletes. For those who want to concentrate on this goal for a
certain period of their lives and need frameworks associated with a level

of certainty. And if we understand the fight against doping against this background of harmonisation, as we have now agreed here in Austria, Switzerland, Germany and also in France, then first of all we have to harmonise something for the athletes. And this is that the interpretation of the NADA and WADA Code really is consistent and does not result in German athletes saying but the Swiss are not tested so often or are treated differently in control planning.

I believe that we have come very close to this goal, that we really have been thinking of the athletes; when they start their competitions they will no longer take special notice of their neighbouring countries because they will see people treated the same as them. This is a very important task for Europe. And when I say Europe – after all, we met in Brussels in 2007 under the then German presidency of the Council – we saw who came. Comrades came from Eastern Europe, from Southern Europe. Now we could say, why are things not going any further? I will leave the question marks. We will concentrate on what makes us stronger.

We will concentrate on the level we have reached and want our athletes – and that is who this is all about – for the next Olympic games in London and then in Sochi to be free to concentrate on this task and not on unnecessary discussions. And we really have to take the same line again, as Arne Ljungqvist said earlier. If we do not succeed in optimising quality of opportunities for German and European athletes in the world of the IOC, then this path that we are following – harmonisation – must be pursued with greater persistence. We insist on that. We are fighting this fight for the athletes who obey the rules and subject themselves to the rule and they are entitled for the supreme government of world sport to perceive this properly. For example, it is not right, as happened in Beijing 2008, for "whereabouts" to be an unknown factor for half of the participating countries. That must not happen.

Herbert Fischer-Solms

We will come back to "whereabouts". By the way, our colleague from the French NADA is here; he intervened in the discussion this morning. Mr Schwab, your statement on the subject of the exchange of information.

Andreas Schwab

Well, the exchange of information between France, Germany, Switzerland and Austria is now exemplary for me. Naturally, we would be in an even better position if we didn't have the language barrier with France. That is an issue occasionally. It really is occasionally an issue when we meet to discuss specific issues, medical issues, legal issues associated with doping. But this is not excluding our French colleagues, far from it. When I started my job, my French colleagues helped me greatly when the Austrian, Bernhard Kohl, tested positive in the Tour de France and was convicted of doping. I also believe that it is very, very important, at least here in Central Europe, really to harmonise the WADA Code. WADA itself said that the WADA Code is the instrument to harmonise the world-wide fight against doping. And we are in the same boat as WADA, which is not sailing a very good course, because worldwide we are still very, very far from approaching doping in the same way. I only need to mention one thing: combating doping in Africa. There was not a single blood test in Africa in 2009. Or no national anti-doping agency in the Caribbean, only a regional Caribbean anti-doping agency. The tests there cannot be conducted as consistently and to the same quality as here in Central Europe.

And another point that shows the level of cooperation that we have now reached. This November for the first time we will carry out large-scale training of testers, doping testers from Germany, Switzerland and Austria, where we will bring together at least 160 to 170 testers and train them so that in future doping testing will be one hundred per cent identical in each country.

And one last point on cooperation. I know that our criminal police unit that is active in the fight against doping already cooperates very well with colleagues in Germany, Switzerland and Belgium. By the same token, we can also report that together with our criminal police we are co-mentoring an EU project in the fight against drugs and doping in Croatia. Just a fortnight ago, I was in Croatia in this matter.

Herbert Fischer-Solms

Thank you very much. Dr Steiner, the buzzwords communication, cooperation and exchange of information.

Dr Marco Steiner

Really, there is nothing to add to the words of the two previous speakers, Mr Baumert and Mr Schwab. Cooperation and the exchange of information are excellent. Just allow me to add two additional, very small points. I believe that we still have two major priorities, knowing that the four countries France, Germany, Austria and Switzerland, the anti-doping agencies talk to each other and exchange the information very quickly. I think that we have to succeed in every agency at home obtaining the necessary information from its state authorities – and Austria is exemplary in this – so that it can then be passed on to the foreign partner organisations if needed. And secondly – but this is much more minor – we also have to ensure that we achieve the same cooperation when working with the international associations Because doping is not only combated by the national agencies and monitored by WADA; doping is also combated by international associations at their level. And these three levels, or at least two levels, can result in problems of delimitation which can ultimately mean that information doesn't flow as it should and I believe that we still have plenty to do here.

Herbert Fischer-Solms

Injustices and omissions have been referred to, interestingly from the "sporting faction" Baumert/Schwab, who remind us strongly of the athlete's situation. Mr Schänzer, what do you think the testing situation is for the Olympic sprint champion Usain Bolt. Apparently there is nothing at all. And I would also like to ask you to say something about the remarkable figures that Professor Ljungqvist threw into the room. The IOC conducts increasing numbers of tests. But is that not just art for art's sake? Are these not competition tests, which are impressive in number but are ultimately useless? Basically, wouldn't the IOC's money be better invested in other things, such as strengthening the doping infrastructure in continents such as Asia, South America and Africa by setting up doping labs. Would the money not be better invested than in competition testing where, to quote the Heidelberg molecular biologist Professor Werner Franke, "only the stupid are found out"? I believe that you don't think any differently, Professor Schänzer?

Prof Dr Wilhelm Schänzer

Well, I can't quite accept that. I believe that competition tests are very important. There are very many substances that can really only be effectively used on the day of competition. That is why the tests are absolutely necessary. Naturally, the IOC has increased the number of these tests in particular in the Olympic Games. This is a consequence of that fact that in recent years (Sydney 2000, Athens 2004) a high number of positive samples were identified. In Athens there were far more than twenty positive samples. So tests at the Olympic Games make sense.

Herbert Fischer-Solms

And in Vancouver?

Prof Dr Wilhelm Schänzer

In general, we have to say that over the years we have had far fewer positive samples at the Winter Olympics than at the Summer Olympics. So far as I know, there were five samples in Salt Lake City 2002, and hardly any positive samples in Turin 2006 in the actual tests. There is a great deterrent for the athletes because they know that there is a lot of testing. That is why testing makes sense; with a large number of tests we achieve a high level of deterrence. T he money for doping tests is not wasted because we conduct so many tests. The infrastructure causes very high costs. A complete laboratory is always set up at the Olympic Games. It is then no longer important whether 1,000 or 2,000 samples are tested. But it is important that we have a high percentage in order to achieve a good level of deterrence.

But it is also important, and the IOC said this too, that tests before the Games are improved in cooperation with the international specialist associations and that the number of tests is increased. This is especially important for testing for substances that are not used on the day of competition, but in the preparatory phase. It has to be said that various associations undertook very good and effective testing before the Olympic Games in Beijing. In athletics, for example, successful tests were conducted in Russia, where several positive samples with manipulation were discovered. This shows us the importance of these tests outside competition. And the International Weightlifting Federation also con-

ducted intensive testing in the run-up to the Beijing Olympic Games in 2008 and convicted whole teams in Bulgaria and Greece of doping. This means that we have to do both in the fight against doping: tests during the competition and outside competition.

Testing in the run-up to the Olympic Games is certainly much more difficult from an organisational and logistical point of view than at the Olympic Games because the athletes have to be reached without becoming aware of the planned test beforehand. This is much more easily possible in western countries than in many countries in Eastern Europe and in countries where there are no democratic systems. In many of these countries it is hard to prevent announcement of the testers.

Herbert Fischer-Solms

But you still haven't said anything about the lack of infrastructure in the continents and what do you say about the accusation of unequal treatment?

Prof Dr Wilhelm Schänzer

If athletes have been poorly tested in the run-up to international events, possibly as indicated previously in the discussion, it is an unsatisfactory situation and the international association should think about how the testing programme for elite athletes can be improved. In general there are already programmes run by several international specialist associations who continuously test their elite athletes. If a national association or a national anti-doping organisation does not manage these tests, we have to wonder whether other organisations can help to do this. I believe this ultimately asks the following question about the infrastructure: should every country in the world set up its own anti-doping organisation? Does that make sense? Or do clear structures have to be created on a regional level to guarantee doping testing. I can't answer that. It is certainly unsatisfactory when elite athletes are not adequately tested outside competition. I believe that this remains one of the biggest problems in the fight against doping: testing outside competition. Of course it must be improved and harmonised worldwide.

Herbert Fischer-Solms

But – you are so damned cautious – say something else on this: What do you think of an Olympic 100 m champion who has never been subjected to doping tests in the run-up to Olympic Games?

Prof Dr Wilhelm Schänzer

I'm now not certain that he was never tested. There is apparently no national testing programme in Jamaica. I can't say much about that. I don't have any figures on testing. There were possibly international tests? The International Athletics Federation would have to answer that. Of course international athletes who put in the top performances must be tested regularly. It is unsatisfactory if an athlete is not adequately tested. I cannot say any more about this at the moment.

Armin Baumert

Athletics is always the focus, to a certain degree, with 47 Olympic disciplines, that is clear. The attention is obvious for a country the size of Schleswig-Holstein, but that nevertheless dominates almost the entire sprint disciplines. We can now see how the system is crumbling on this beautiful Caribbean island. One or two people have now been suspected. The situation after Beijing no longer applies, just two years later. At an international level we hear the questions, too when we are abroad: "You must have cases of this kind, too?" Especially in disciplines that are not among the least suspicious disciplines. I only need to mention weightlifting. You can only respond with arguments, stand firm and say: look at the results of the ad-hoc testing during the training process of the Olympic champions and then you can discuss matters with us.

We have done all that is humanly possible. What is important is that the 438 athletes in the German team for Beijing plus those in Hong Kong subjected themselves to a testing system – nationally, which is almost incomparable worldwide.

But we must not make too many demands of the world. There are regions that will never get as far as us. So the demand that the majority of all National Olympic Committees should have a NADA like us doesn't add up. I'll say it again: we in Germany, because of our legacy of doping in both German states, we, all of us with responsibility, have the damned

duty and obligation not to slow down and not to rest on our laurels. And this includes the demand that is included in the 2003 Foundation Constitution of NADA. A system based on "out of competition" testing alone is only half a strategy. There must be independent competition testing for the German associations in their events. Only then can we say that we in Germany have established an independent testing system. This is not yet the case. In organised German sport there are more than 60 sporting associations and we now have twelve that have concluded this competition testing agreement with us. So we can still improve and should not necessarily point our fingers at others in the world.

Herbert Fischer-Solms

Let's stay with the Germans. The leader of the conference asked us to have a heated discussion. Armin, when presenting the NADA Annual Report last year, your Managing Director said that the NADA in Germany had the best testing system in the world. Now we have experienced meltdown in German sport: professional cyclist Jan Ullrich doped, Claudia Pechstein, the most successful German winter sportswoman of all time, doped, Isabelle Werth, the best dressage rider in the world, or rather her horse, doped. The heroes of German sport are doping cases. These were all cases that were not detected by NADA tests, but by international doping tests? So, what's going wrong?

Armin Baumert

It's obvious that cases like that hurt hard. Every individual case, whether prominent or no name is not good for elite sport. Nor is it good for this. You can't expect us to sit back rubbing our hands. We are annoyed that athletes don't stick to the rules. In 2009 we carried out a total of 15,000 unannounced tests in training, and we have 41 violations of proceedings, but not all of them needed sanctions. Only 21 of them were liable to sanctions under the rules that we have. The others were cases where the rulebook wasn't strictly observed, for example the deregistration system.

Now, we could say 'small fry'. But a 32-year old 2009 German champion in the 400 meter hurdles has also been caught in ad-hoc testing in train- ing this March thanks to our persistence. Now everyone has to listen carefully. We cannot assume that everyone is like that, but this Thomas Goller had a guilty conscience every morning when he looked in the

mirror and in April at the next training test he was caught again. I tell myself that these are the hard cases, they are not so prominent in the media as the above-mentioned names. And we had Katrin Krabbe, Dieter Baumann, etc. A long chain of idols, who were also idols for young Germans, who have fallen and will not get back up again.

Herbert Fischer-Solms

And all the cycling professionals, such as Zabel, Aldag, etc. You said every case of doping hurts you, which all of those who know you believe. But you will have your own thoughts on this: where does this come from in this supposedly so intensively controlled German sport?

Armin Baumert

We can't look into the minds of individuals. We have to believe. If we lose faith in elite sport then we can end the whole subject. That is why I believe at least that we don't have to give up hope on this generation that we are talking about now, but this faith has been seriously damaged.

I was not present at this conference this morning because I share the upbringing of my 8-year-old daughter. I place all of my hopes in this generation: prevention, education, information so that this generation doesn't move away from elite sport. I admit that when you see these hard cases, as a parent – even if you have elite sport in your blood – you should probably not allow anyone to take part in certain sports at the elite level. But it is still worth doing top-level sports because hope is growing again with the next generation. Others probably think the same.

Herbert Fischer-Solms

So, Professor Schänzer, is the doping mentality possibly even greater? The name has been mentioned: Thomas Goller, in Sydney 2000 – as a German, as a white man he was really something special. He reached the semi-final of Olympic Games and now he's been caught twice. With boldenone, a drug used in breeding cattle and pigs. Boldenone is apparently banned from veterinary medicine but this person has taken it. What is going on in the heads of such athletes?

Prof Dr Wilhelm Schänzer

Anabolic steroids, with the exception of testosterone, are generally hardly available on the medical market in Germany, and this is also the case in many other countries. Boldenone is one of the most commonly abused anabolic steroids. According to the statistics, in recent years boldenone comes after testosterone, stanozolol and methandienone in fifth place among the most abused anabolic steroids. It is an anabolic steroid with a similar structure to testosterone. Anyone who wants to dope themselves with an anabolic steroid can work with a drug of this kind. Incidentally, anabolic steroids, including boldenone, are still available for the leisure market. There is enough information about this, with advertisements using enhanced performance with the relevant anabolic steroids, including boldenone. I cannot say why an athlete should turn to this substance in particular and what recommendations lie behind it. It is a well-known phenomenon for an ageing athlete to want to continue and even improve upon old performances. Ultimately, the reasons for this substance are clear, i.e. performance enhancement, thus improving speed.

Herbert Fischer-Solms

Professor Schänzer, as the expert you must take this opportunity to explain two things to us. Firstly: what is the current state of affairs, which doping agents, which methods are currently not tested for or cannot currently be detected?

Prof Dr Wilhelm Schänzer

It is usually the case that athletes obviously try to turn to substances and methods that cannot be tested or that we find it difficult to prove. We still know, for example, that testosterone, an anabolic steroid naturally found in the body, can be tested, but the time window is very short. There, too, we are still trying to use corresponding effects for improved proof. But the athletes continue to use these steroid hormones in international sport because they are apparently a group of substances that can enable effective performance enhancement. At international competitions in particular, we keep finding cheating athletes from countries where in-training testing is not quite so effective. This means that we can detect steroid hormones (with the exception of testosterone) for a very

long time. Blood doping with one's own blood is still an enormous problem. Unlike doping with someone else's blood we cannot yet prove it and therefore not even asses the scale of abuse. There is a blood transfusion shortly before a competition after an athlete has had blood removed and stored beforehand. We just have to imagine this: athletes have up to a litre of blood removed in the winter and then exchange around half a litre of their removed blood every month so that it remains stable. Fresh blood is taken regularly and blood is reintroduced from the stored sample. These are techniques that are really practised.

New substances that are currently of interest, which we believe may be in use, include EPO-relevant substances. For example, there is a completely new group, so-called EPO-mimetics (e.g. hematides), which, unlike the CERA that became known in 2008, cannot be detected with the current EPO testing method. That is why it is particularly important for the doping samples from the Vancouver Games to be stored in the long term so that tests for hematides, which will be available soon, can be carried out retrospectively.

In principle, we can say that athletes obviously try to dope with substances that are also produced by the body because it is more difficult to distinguish between substances produced by the body or doping. And abuse is also possible with substances where the time window for proof is very short, such as growth hormone and testosterone. We currently also have problems in proving insulin produced by the body. Substances relevant to doping that are also produced by the body are the biggest problem for analysis. And I believe that athletes and the back-room boys who supply the sportsmen and women with doping substances know this. This is confirmed by the information that we have from confessions from athletes in cases from cycling, such as Telekom, from the Fuentes case in Spain and currently the statements by Floyd Landis. They all admitted which substances had been used. And these were only those areas where at the time insufficient or unsatisfactory proof of doping could be furnished.

Herbert Fischer-Solms

A second question, Professor Schänzer, concerns the doping case of the Swiss cyclist, Thomas Frei. After he was identified by a positive test, he very openly reported that the sector of those who want to dope works

with mini doses. In other words, they regularly take their mini dose that is so small that it cannot be detected if it is taken with very large quantities of water. After all, the tester doesn't come in the night. Is this method widespread among athletes?

Prof Dr Wilhelm Schänzer

I believe that it is certainly one technique, working with mini doses. Whether that is enough to have positive effects is another matter. But we cannot rule out a possible effect. However, this technique isn't new. We assume that it has already been practised for years. It has also been communicated. It possibly started when it was possible to prove the presence of EPO. This threw up the question of when we can still prove EPO; if the dose is reduced and smaller quantities are used. These are marginal areas where the relevant scientists who want to support athletes are trying to get information.

Ultimately, I am of the opinion that we have to work with the appropriate quantities of substances to achieve an effective doping use.

Herbert Fischer-Solms

Then a third question. In Austria, we have seen that the triathlete Lisa Hütthaler, attempted bribery in the officially accredited Austrian doping testing lab when she was there when the B sample of her doping sample was opened. An attempt at bribery that failed. Question: How often have you been bribed?

Prof Dr Wilhelm Schänzer

In my entire career I have received only one phone call, from an official from one of the former Soviet republics, who asked me whether an imminent B sample analysis could be prevented with an appropriate sum of money. Otherwise, there hasn't been a single attempt at bribery. That is why I have never experienced criminalisation in doping as such, as is often talked about. I have often experienced that sportsmen and women convicted after a B analysis actually thank me politely. Admittedly, they were crying and I almost had the impression that the dopers still have a little bit of the sporting spirit.

Herbert Fischer-Solms

Dr Steiner, you are bound to have read the book by your compatriot, Beat Glogger, *Run for My Life*. It deals with a sprint star who has been genetically modified in such a way that he beats all others and the drugs mafia wants to get to his genetic material. The author, who is an economics journalist by the way, says that the reality is so exciting that he didn't have to exaggerate too much. What do you have to say about this?

Dr Marco Steiner

Is there anything to say about this? I don't know. Naturally, I have not been in the business long enough to be able to take a definitive stance on it. Yes, it could be the case. I know the people on whom he modelled his hero. I think that it is just a novel, but I have too little experience to be able to assess that definitively. I have also never come into contact with it in such scenarios.

Herbert Fischer-Solms

A sentence from you on genetic doping, Professor Schänzer.

Prof Dr Wilhelm Schänzer

When using the term genetic doping, we have to distinguish between two areas. There are now actually three areas that will soon have different definitions. What is always being discussed in gene-therapy approaches to see whether we can use appropriate methods that then, for example, put the body in a position to produce its own doping agents, such as EPO, growth hormones or testosterone. In animal testing, a method has already been developed, gene doping with EPO, but it has remained at the development stage for animals. There are currently no methods being developed for humans because the EPO drugs currently on the market are much too good, meaning that there is apparently no interest from the pharmaceuticals firms. But we cannot rule this out in general. Our French colleagues have already developed a possible method of detecting gene doping with EPO. WADA (the World Anti-Doping Agency) sees gene doping as a very important point, right at the top of the agenda in its anti-doping measures. WADA is already funding research programmes so that when certain gene doping methods are used, it will be

possible to provide and develop proof (adapted to the relevant method) much more quickly than was the case in the past. I believe that gene doping could be a problem in future; currently, I don't regard it as a problem. But we cannot rule it out and we could even be surprised tomorrow (it would be in the press) because some athlete has tried to achieve doping effects with a measure that has only been developed in animal experimentation.

Herbert Fischer-Solms

Thank you very much. Before we hand the word over to you, a final, brief aspect that is often forgotten but that is very important. I need only say prevention, Armin, you mentioned it briefly. When we look at the financial means in the NADA budget, then prevention isn't so high on the agenda after all?

Armin Baumert

It's higher than it's ever been before but that still isn't enough. Nevertheless, I say that irrespective of financing, there are networks – especially in the field of prevention – that have been ignored to date. Not just by sport, but also by the ministries of culture, which are responsible for sport in schools, and maybe also by the NADA in the early days. We have now, I believe, proved – and the Council of Europe's observers' group praised us for this – that we can use the next generation elite sports system in Germany, via the 40 elite sporting schools and via the 20 Olympic Support Centres, without paying a single euro for it, so that we can arrive at really sensible and practical preventive work. This is an example of how everyone has to sing from the same hymn sheet in a federal state system like the one in Germany.

In other words, not just a single institution, the NADA. Starting from primary school, everything that can be done against addiction in society, including sport, must be incorporated in the curricula of German schools, in a measured fashion, obviously, and without exaggeration. It must all become a binding part of the curriculum. And we must no longer be able to find that the subject was not on the curriculum at all in some of the 40 elite sporting schools. We will succeed in this task only if the network of the parental home is also included. That is extremely important. And another thing: the previous example when Andreas said that the cat

wouldn't allow mousing. If I hear the name of a trainer here who was outed at the Olympic Games, taken away by the police, etc. And I then see that he apparently can't gain a footing in a sport any more and he takes a retirement opportunity and carries on. For me, these are points where I say how long do we still want to wait? These migratory birds who are destroying international and national sport, i.e. trainers and managers, how long do we want to let them carry on working? Who will send out the signal there? There has been a case of this in Germany: Thomas Springstein. There, I will say the name. The trainers want and must have even more security on the one hand so that they are not in the firing line. Social security, yes, because, for example, they must also be required to communicate their observations in the training process. If the performance of one of their athletes increases by 20 %, the alarm bells should start ringing because that is not possible with normal training methods in most sports. And that is here I stop being calm. When I see how we here are all making every effort while others, including trainers, are not fulfilling their really responsible educational and specialist tasks.

Herbert Fischer-Solms

Mr Schwab, prevention at the NADA in Austria, financial means and their implementation?

Andreas Schwab

I believe that we are financially on a very satisfactory path. 30 % of our budget funds are used for prevention, 30 % of the entire budget go only to prevention, and that is satisfactory, in view of the circumstances. It cannot be too much because I also believe that young people are our future and that the groups of, say, 20, 25, 30-year-old elite sportsmen and women who already dope can no longer be reformed. So I see things very soberly and, I believe, realistically. We will not reform anyone there. In Austria I tend to say why should we go there, they already think we are naïve and tell themselves that they know better than the people in the National Anti-Doping Agency.

I believe that young people are especially important because we have an educational and informative role there, because we already have major problems in practically all of the countries of the European Union with young people and drugs, alcohol and nicotine and we don't want doping

to become yet another problem among young people in youth elite sport as well as grassroots sport and fitness training. That is why I believe that there is much preventive work to be done.

In Austria, I am critical of the involvement of the Health Ministry. I have also said that repeatedly in Austria. In my opinion, the Austrian Health Ministry should do much more in the field of prevention, information and education, generally in grassroots sport, in fitness training. I believe that the national anti-doping agencies worldwide are much too small for this, they don't have the manpower and, above all, the budgets.

And the same applies to the Education Ministry. I am fully behind Armin, I believe that there should be much more information and education in sports lesson or even in biology lessons or wherever it fits.

I just want to say something in conclusion. The three terrible Austrian doping stories, I will say it again and maybe they will not be talked about internationally as much as now in the preparatory phase. Salt Lake City, Torino and Humanplasma, these three doping scandals are characterised by one and the same person. This is one person who damaged and denigrated the Austria Ski Federation and, consequently, elite Austrian sports worldwide. That was Walter Mayer. And we have still not managed to remove him from circulation in Austria.

Armin Baumert touched upon it. A month ago, his current partner, a marathon runner, refused a doping test in Croatia when we sent doping testers to a training camp there.

Herbert Fischer-Solms

Mr Steiner, doping prevention in Switzerland.

Dr Marco Steiner

Antidoping Switzerland has a dedicated department that deals with information and prevention. As for the importance of prevention, I can only agree with the two previous speakers where young people are concerned. Well, you wanted a contentious discussion. I would say, up to what age is one a young person? Up to 16, 17, maybe 18 at most. I personally don't believe that prevention works for any others. I believe

that we have to inform these athletes. Information is not prevention. It is about informing so that everyone knows the rules and, in knowledge of the rules, then decides what path to follow. I don't believe that we can influence grown-up athletes with a preventive message.

Herbert Fischer-Solms

Thank you very much, Mr Steiner. So much for the discussion on the podium. We will now open up the questions to the auditorium.

Questioner

I have a question for Mr Schwab. You have just announced the composition of the Austrian NADA. It seems that I missed something there; you have the BSO, the NOC, the Länder and who was the fourth? The Federal Government?

Andreas Schwab

Yes, the owners of the limited company, NADA Austria, are the Federal Government, i.e. the State of Austria with 53 % of the shares. Then we have nine Federal Länder in Austria. Every Federal Land holds 5 %, and I always say a symbolic 1 % is owned by the National Olympic Committee and the Austrian Federal Sports Organisation. They are the owners of the National Anti-Doping Agency.

Questioner

I am familiar with the structures in Austria, the BSO, which is sub-divided into three organisations....

Andreas Schwab
...three umbrella organisations....

Questioner

...Umbrella organisations and the NOC, and you have also mentioned the federations. What is the role of the BSO in bans and testing with respect to the federations and what is the role of the NOC? Who informs?

Andreas Schwab

It is organised so that the shareholders, they are the owners, and they provide the money. But they do not have any means of intervening in daily business, in testing processes, in the doping testing system or in jurisprudence. The doping testing system is organised in such a way that we have a Doping Selection Commission. It is made up of three experts, who advise us or our doping control system about when, where and which sportsmen or women should be tested at what point ideally in training. That is a Doping Selection Group. Otherwise, no one has anything to say.

If a sportsman or woman has a positive test, we are notified by the relevant laboratory and we or the lab informs WADA, the International Specialist Alliance and us, NADA Austria. Those who ordered the test. And we then start proceedings against this sportsman or woman before our Legal Commission, which in turn is made up of five completely independent men in this case - three lawyers, a sports doctor and a toxicologist. The Legal Commission is independent by virtue of the law. No one, neither the National Olympic Committee, nor I nor the Federal Government nor the Länder nor the Federal Sports Organisation can intervene in any way. It then decides.

Herbert Fischer-Solms

Thank you very much for the clarification. Please, Prof. Ljungqvist.

Professor Arne Ljungqvist

asks about cooperation between the national anti-doping agencies and the justice authorities in the state concerned

Andreas Schwab

I'd like to answer that first. Well, in Austria we got a regulation last July from the Austrian Justice Ministry whereby the Austrian public prosecutors can allow us to view all files relating to doping matters under criminal law. We have all the files when the criminal proceedings have been completed before the courts. And Austria has gone much further and I believe, Professor, you will be pleased to hear, that I also briefly

mentioned this: we were able to give WADA and its lawyers the entire Humanplasma file. I believe that that has very, very rarely happened to date anywhere in the world. So Austria is going very far there. WADA has all the means to now understand what has been learnt there and what we are doing.

We have now also created the opportunity for the IOC. We have received an inquiry from the IOC as to how we intend to proceed with Human-plasma and we indicated to the IOC that it should coordinate with WADA so that we don't have to report to two international organisations. So, we can work very well.

And at this point I would also like to point out that I believe it will be necessary all over the world to be successful in the fight against doping if it is possible for criminal proceedings to be launched in every country, otherwise the fight against doping doesn't stand a chance. There is no point in convicting individual sportsmen and women of doping occasion-ally. Dealing in banned substances must be prevented.

Armin Baumert

From our point of view I can only portray the current status. Earlier, I spoke of the possibilities agreed between sport and politics and this takes the form of us cooperating very closely with the public prosecutors in Munich. Very, very closely. Including in the Humanplasma case. And that we cooperate very, very closely with a public prosecutor in Bonn at the location of the NADA. And that always means in the legal sphere, not on the voluntary board or with X and Y peoples, but very clearly with reference people who then discuss individual points long and persistently with the experts on the other side.

This possibility exists. We will have to wait and see how this strategy develops worldwide. I want to state my private opinion: when I see how youth protection legislation has been cobbled together in Germany over the years since the War, I believe that our Youth Protection Act is a good law. But there are problems with implementation, as we seen in individual cases. So a law alone is not the deadly weapon. And, Professor Arne Ljungqvist, please allow me to add another sentence. I understand this demand of Europe. I see things in exactly the same way. And our western cultural sphere also advises us to stand up to all that is bad in

the world. I am very old-fashioned there but I believe that I am right. But when we see how quickly values are being lost in society, then I say: am I Sisyphus or Don Quichote or something? This is a general task for society to come back to what our generation received from its parents.

And then I can only say we would love to give away some of our expertise as NADA Germany. Incidentally, the Brazilians have also been in Bonn. They were here for information, so we already have international contacts. But when the big boys who motivate us, WADA and IOC, were to review their resources, we would be much more willing to respond to this call. I cannot call upon WADA. 25 million dollars, someone might like to correct me here, is its annual budget. That is nothing in comparison to the powers who operate worldwide with criminal energy. That is nothing, it's not a budget.

Things look a little different at the IOC. But then we really have to say, friends if you imagine that the NADOs are providing positive "development aid", we will be happy to do so. But quid pro quo – it has to be paid for. We can't do that from our subscriptions, which are earmarked. I would be happy to do so, but there are many who think like that.

And another thing: the key to the whole problem lies with international regulators of sport, admission to the Olympic Games is the most effective instrument. And if, damn it, ten years after establishment of WADA not everyone in the world who can – not everyone at the same speed, we all know that, there really are countries who want to but just can't yet. But if the highly industrialised and powerful countries still have deficits then I could now say – I know that hardly anyone will listen to me, but it would be associated with justice - let's only admit those who really are working on this strategy. This calling on those who are striving for the equality of opportunity for their athletes, should at least be received with openness by those who hold the associate opportunities in their hands.

Herbert Fischer-Solms

Thank you very much. Are there any more questions? Then we would round things up now and conclude this discussion.

Dr Bernard Simon, Representative of the French NADA

asks about the possibilities for NADA research and about the practice of international cooperation in fighting doping.

Armin Baumert

First of all thank you very much that we have heard the French voice here after all. It has become clear that we are not acting alongside each other, but really are agreed in this cooperation and the information. I can only say that we have no way of researching or of commissioning research. That is not part of our range of tasks.

In Germany, we have institutions such as the Federal Institute for Sports Science and the universities and, above all, the laboratories. Professor Schänzer in Cologne and Dr Thieme in Kreischa are the addresses that generate applications and finance for their research projects. We are happy to act as intermediaries.

Herbert Fischer-Solms

International cooperation, that was the second question.

Armin Baumert

If I remember rightly, it has not yet been necessary in the three years. But if international, then Austria, Switzerland, yes but not beyond that.

Andreas Schwab

We have not been designed for that in Austria, either. Not for supporting or financing research. In Austria things are like this: we have a WADA-accredited lab, and this lab receives funding directly from the Austrian Federal Government. I also know that WADA repeatedly commissions research projects from our lab in Austria and finances them there. And the lab can develop further in this way.

Dr Marco Steiner

Antidoping Switzerland has its own research department, but we don't conduct our own research. We support applied research, i.e. especially with the lab in Lausanne, which we provide with funding and try to make our own inputs within the scope of projects, and the same applies, for example, to Cologne.

As far as cooperation with the international associations is concerned, I touched upon it briefly earlier. I will say it now a bit more directly, it is – and I am glad that Professor Ljungqvist is not in the room at the moment – between very good and catastrophic. The spectrum is very broad.

Herbert Fischer-Solms

The last question from Folker Hellmund, Head of the EU Office of the European National Olympic Committee here in Brussels.

Folker Hellmund

Yes, this goes with the question that has just been asked. We are here in Brussels now and the EU will play a greater role in this field of anti-doping in future, and the sports ministers have just stated that anti-doping will be an issue.

I would like to know how you see this role. Earlier, I had the opportunity to speak to Mr Ljungqvist. He said that the only thing that is missing – and you said it, too, Mr Baumert - is implementation. The sports ministers should be helpful there and not try to launch new legislation. So I would be pleased if you were to see it the same way.

And Mr Schänzer, last year we had the opportunity to talk to your deputy, Dr Geyer. At our conference in Athens last year he said that the funds to start research were lacking. Is that still the case? And would that be one of the demands that you now have of the European Union: support us in our research activities? Then, I believe that would be a good signal for the sports ministers who could then set the ball rolling.

Prof Dr Schänzer

I believe that it was a correct demand that my colleague made there. Years ago, within the scope of the 5th Framework Programme of the European Commission (1998-2002) we had the opportunity to process financially sponsored projects in the field of doping detection. After that, it was no longer possible. That is an important point because the budget that WADA makes available worldwide for research is just under 4.5 million dollars per year – and that is relatively little, definitely too little. I believe my colleague, Hans Geyer, also indicated that there should be possibilities to fund case-related research projects. Incidentally, this is something that we do on a small scale with our national anti-doping agency. Often new questions arise in current cases which then have to be processed with short-term intensive research projects. A new testing method may have to be developed quickly. Usually, a research project has to be applied for at an early stage; there are run-up times and it can only be processed after approval. This is usually associated with a not inconsiderable time lag. So we need support here.

Armin Baumert

I want to say this again because we are looking at the German side here: I must stress that the development of financing all NADA tasks by the Federal Government has been exemplary in recent years. There is nothing left, we have to see things very realistically, especially given what financing scope there really is in our country. We have the option from the Federal Government that we can keep the status that we currently have in financing.

But very clearly, in the federal system, especially in the area of prevention that I mentioned earlier, we have to bluntly say that there have not been major improvements on the status of 2002, the year the NADA was established. We are still making persistent efforts with regard to the conference of sports ministers of the Federal Länder. And things are moving now thanks to Mr Caffier, not least also because of our new NADA Managing Director Dr Göttrick Wewer, who obviously became familiar with the instruments of the political landscape in the Federal Ministry of the Interior as a former State Secretary. This is advantageous for us.

German business, which sponsors sports in all respects, some winter sports athletes have 11 logos on their outfits, is very distant where standing up to doping is concerned. Deutsche Telekom, Deutsche Bank, Adidas and a fourth smaller company, Bionade, are our co-financiers. And what else? We should really get worked up about this all the time. But we are now in a good position thanks to our own marketing concept, which obviously has to convince the desired business partners and, I say optimistically, will convince them.

Andreas Schwab

The question was that EU sports ministers want to become more involved in the anti-doping issue. If the sports ministers do that, it would be very good. But I believe that the sports ministers should try to involve the health ministers and the education ministers or whatever – are there ministers for young people in other countries? The sports ministers alone – I am judging this for Austria – don't have the chance to be as success-ful alone as they should be because in sport we do not have the budgets or manpower, and I believe that I am speaking for Switzerland and Germany as well, to be able to work successfully in grassroots sports, young people's sports and in fitness. Therefore, it is essential to think of these ministries, too.

Then the interior ministries must, I deliberately say must, cooperate, justice ministries. The exchange of information, criminal police, I believe I am repeating myself for the third or fifth time. That is very important. This has to be organised so that it happens bit by bit and must not be complicated by bureaucracy. That will take us further.

Herbert Fischer-Solms

Thank you very much, Ladies and Gentleman. Today we have discussed "Anti-Doping Successes in Europe thanks to the Network of National Anti-Doping Agencies". The heading was "On the Trail of the Offenders". I would like a closing statement from each of you. I will start with Pro-fessor Schänzer, how do you see the prospects? On the trail of the of-fenders – do you think this effort has good prospects of achieving even more success in the fight against doping?

Prof Dr Wilhelm Schänzer

Support has become much better in recent years. This is a positive development. The gulf between the dopers and the "doping hunters" has become narrower. For dopers it will become increasingly difficult to dope without detection. In addition, cooperation with the relevant state investigation authorities and the police has improved the fight against doping markedly.

Herbert Fischer-Solms

Thank you very much, Professor Wilhelm Schänzer, Head of the Institute for Biochemistry at the German Sports University in Cologne. Armin Baumert, please.

Armin Baumert

Those who want to dope will continue to do so because they are no longer in charge of their senses. They have sunk into the mire in which they find themselves. They don't come out and those who try to do not usually manage a convincing new start. So I place greater hope in our prevention strategy. It is the best weapon in the fight against the hostages of sport.

Herbert Fischer-Solms

Armin Baumert, the CEO of NADA Germany. Dr Marco Steiner, what is the Swiss perspective on things?

Dr Marco Steiner

I don't think we can win the fight against doping. But we don't have to win it; we just have to make the gulf smaller and I am quietly optimistic that we can do that.

Herbert Fischer-Solms

Dr Marco Steiner, thank you very much, the Deputy Director of Anti-doping Switzerland. And the closing words go to you, Mr Schwab.

Andreas Schwab

I believe that the fight against doping will have to be continued un-diminished. Another figure: worldwide in 2008 there were 220.000 doping tests and analyses, and ultimately only 1 % were positive. If we want to improve and then also improve prevention then we are on the right path.

Herbert Fischer-Solms

Andreas Schwab, Managing Director of the National Anti-Doping Agency. Austria.

Thank you very much for taking part in the discussion. Thank you in the auditorium for your interest.

DOPING AND ETHICS

THE PURSUIT OF EXCELLENCE AND THE SCOURGE OF DOPING

ETHICS IN SPORT AS A SOCIAL PARADIGM

Kevin Lixey

As I was asked to speak about ethics in sport as a social paradigm, let me say something about this word paradigm, which comes from the two Greek words "παρά", meaning "by" and "δείκνυμι" (*deiknumi*) a verb meaning "to show, or to point out". Thus, it could easily be translated as "to show by an example or pattern". With Thomas Kuhn's "Structure of Scientific Revolutions", scientific paradigms and namely, "paradigm shifts" became popular terminology. In the English language, thinking "in the box" encompasses the reasoning of normal science; whereas thinking "outside the box" is what Kuhn calls revolutionary science. In the social sciences, paradigms have gained ground to describe one's world view or "Weltanschauung" for our German speaking friends; the world view is that set of experiences, beliefs and values that affect the way an individual perceives reality and responds to that perception. A "dominant paradigm" refers to the values, or system of thought, in a society that are most standard and widely held at a given time.

This being said, we could ask: What have been the dominant "Weltanschauung" or paradigms for the world of sport over the last 25 centuries or so? Not an easy question to answer!

But, considering that philosophy of sport professor Dr. Karen Joisten of the University of Mainz already did this homework for us at a sport seminar held in conjunction with our Vatican office a few years ago, I would like to share with you her findings as a backdrop for my talk today. After doing so, we will be in a better position to consider the connection between sport and ethics in light of these social paradigms, and the possibility of proposing a "paradigm shift" for the world of sport that could be advantageous in the fight against doping.

Professor Joisten's working hypothesis[1] is along these lines: the manner in which we human person – consciously or subconsciously – approaches sport (and especially regarding the care or concern to his or her body) will be similar to the way he or she deals with his self in other areas of life an especially regarding their mortality. Thus, sport can be interpreted as a kind of mirror of society in which the especially pronounced intellectual-cultural positions of a time go hand in hand with the way the same society approaches sport, and in particularly, how a certain epoch envisions its athletic idols or heroes Trust me, although it seems complicated, the following brief sketches of some dominant paradigms over the last 25 centuries will help illustrate this point.

COSMOS CENTRED PARADIGM

So, first of all, let us begin with ancient Greece. Here we have what Joisten calls the "cosmos centred" paradigm. This is a world view that is neither God centred nor man centred, but rather, on nature (*phusis*) where all creation or all the cosmos seeks to reaching its full "telos" or natural end already present in seed form in its nature or essence. Of course, this aspect is highly Aristotelian. Yet, the pursuit of excellence in ancient Greek athletic competition, dates back long before Aristotle to the ritual of holding funeral games to honour the dead or royalty. In sporting contests, *arête* is manifested above all in excellence in physical strength and agility. While the noble dead are honoured by these lavish funeral games, the living participants who compete strive for a type of "immortality" by being remembered for the athletic feats, for their excellence. Later, the pursuit of excellence would also be incorporated into the pursuit of the virtuous life.

GOD CENTRED PARADIGM

Later, with the spread of Christianity throughout the Roman empire, we have what Joisten considers a "God centered" paradigm. Here, there is a deep sense of being creatures created by a Triune God, where the human person is a pilgrim in a valley of tears – yes, but with a vivid hope of an eternal life of happiness. While some claim that Christians of this age totally despised their body (as symbolized by corporal penance). This depreciation of the body is more akin to Gnosticism than Christianity as the very Incarnation of the Son of God gives unprecedented value to the body. I see corporal penance or martyrdom- the supreme sacrifice of the body- as both being a subordination of the body and earthly life to a higher cause. The martyr simply values being true to their faith more than extending their life temporarily on this earth in the hope of gaining eternal life. When religious persecution ceased, the "heroic life of a martyr" is transferred to the severe asceticism of the monastic life – and both in a certain sense – replace the athletic idol of the ancient athletes of Olympia or the gladiators of Rome.

In the later Middle Ages, there arises the ideal of knighthood, where brave young men embrace the code of chivalry and engage in battles to defend their king or the Holy Land or some other cause. In lieu of battles, joisting tournaments arise. Yet these are quickly condemned by the Church (in favour if the body and human life!) because these tournaments unnecessarily exposed the knights to risking mortal wounds in the pursuit of folly and vainglory (Here, perhaps, we can see a sort of precursor to the risks taken in doping for similar purposes).

MAN CENTRED PARADIGM

I admit that we are making sweeping generalizations in order to offer a sketch of these paradigms; so I ask the reader to bear with me.) At the end of the Middle Ages, and especially during the Baroque period – arises the ideal of the "galant homme". Here, the perfect gentlemen was understood as the compete harmony of body and mind. The men and ladies of court had to have a good intellectual and physical education if they sought to be fully refined and acknowledged at court.

With the flourishing of science, and the coming of the "Enlightenment", man moves to centre stage, as his reason takes him to new heights. With this capacity of science to now obtain precise measurements, and to quantify everything quantifiable, we have a shift that Alan Guttman neatly sums up with the title of his book "From ritual to record"! The stage is thus set for Coubertin and the Olympic games, which have man and humanism as the key actor! Yet, also with this new found confidence in science, comes a certain blind faith in that all which is scientifically possible is also licit. When this mode of scientific thinking mixes with the now much more calculable and relentless pursuit of "citius, altius, fortius", it can become a potent cocktail that continues to inebriate the sport of today.

TRANS-ANTHROPOLOGICAL PARADIGM

So, where are we today? Joisten makes well the case for one last dominant paradigm that she calls "trans-anthropological". In this fourth paradigm, man is concerned, after the disappearance of God, with the task of overcoming his own self. The man centred *Weltanshauung* has become obsolete. The world becomes a manifold intertwined network constituting of a vast web that is very broad but also very shallow! This world view can be described with the help of the image of the rhizome, an underground rootstock which does not posses a main root, thus lacking a centre: the complete opposite of a tree or a root wherein a centre point and a hierarchy is always determined. So too our paradigm today, is a meandrous and labyrinth-like mode of thinking and understanding of the world which lacks a fixed centre and an origin: the Facebook era where it is possible and almost mandatory to be able to connect to every arbitrarily chosen point with one other like the rhizome.

As Joisten notes, Friedrich Nietzsche's mad man describes our situation in a poignant way: "...wither do we move? Away from all suns? Do we not dash unceasingly backwards, sideways, forwards in all directions? Is there still an above and a below? Do we not stray, as through infinite nothingness? Does not empty space breathe upon us? Has it not become colder? Does not night come on continually, darker and darker? ..."[2]

The Enlightenment has expired and there is nothing new that remains to be explained. There is nothing mysterious in it, it is transparent as mesh. It has no depth. Along with the loss of faith there is also a loss of tradi-

tional ties and tradition per se, leaving man radically thrown back on to himself, having lost any foothold or orientation.

So, what will happen to man in trans-anthropocentric age after having before placed all the focus upon himself in the scientifically saturated anthropocentric age? According to Joisten: "After the death of God, the death of traditional relationships and knowledge acquired through experi-ence, the loss of time and space, of values and the omnipresence of technical images, man has – in a figurative sense – begun to kill himself. He has abandoned himself and is now endeavouring with every possible means – whether bio-technology, artificial intelligence or media-theory research – *to create something new and different: a trans-human!*"[3]

There are then two tendencies to overcome the existing human person: one is the *trans-human meta-body*, the other is through a *trans-human intellect*. Both tendencies share the mutual interest of demolishing the physical constrictions and limitations of man to become unlimited, with-out horizon and immortal at last.

We should note how the quest for a trans-human meta-body aligns itself well with the fitness-craze, the quest for the most state of the art doping procedures and the future exploitation of new biotechnologies that could produce made to order genetically modified athletes in the future. In pursuing superior performance, human beings have long sought advan-tages obtainable from better tools and equipment, better training and practice, and better nutrition and exercise. Besides the pharmaceuticals of today, tomorrow, we may also find help in new technological capacities for directly improving our bodies and minds-both their native powers and their activities-capacities provided by drugs, genetic modifications, and surgical procedures (including the implantation of mechanical devices).

In a 2008 *Spiegel* interview[4] with Dick Pound, the former president of Wada spoke of some of the future horrors of Bio genetic engineering with this example. Dr. Sweeney of the University of Pennsylvania has – through genetic engineering – increased the muscle mass in laboratory mice by 35 percent. Half of the emails he receives are from athletes who ask him: "Try it out on me". When Sweeney tells them that he works only with laboratory animals and has no idea how a human body would respond, they email back: "That's ok; do it to me anyway!" According to Pound; the world of people who dope is a sick world!

Thus, something tells me that the dominant paradigm in sport today is not "the important thing is to participate", but rather, the athletic ideal of our time can be understood as the realisation of the trans-human meta-body.

AN ETHICAL RESPONSE: A PARADIGM SHIFT TO VIRTUE ETHICS IN SPORT

A. Proposing a paradigm shift

In the battle against doping, appeals have been made against doping in order to safeguard the long term health of the athletes, as well as to uphold fairness. And this must continue!

We can note that already in 1955, Pope Pius XII observed: "Youth must realize that ... no motives can prevent the sportsman from observing the common moral law with its three-fold object: family, society and self. In this last aspect, one must deplore the error of claiming the right to dispose unconditionally of his body and thereby to submit it to obvious risks and to exhausting efforts, or else, in order to obtain results that are beyond his own natural forces to absorb gravely noxious substances such as the case when consuming highly stimulating drugs, which besides being likely to cause harm to the body of a possibly irreplaceable nature, are considered as fraudulent by specialists!"[5]

Yet, in spite of these appeals, doping is ever more prevalent and is killing athletes just as it will kill sport itself. The lives of many athletes have been claimed because of this scourge, however, sport itself is not dead yet. It seems that the pursuit of excellence that began with the Greeks and continues today with greater intensity – victory at all cost- is the true "Achilles' heal" of sport today? It is sports weak point. Yet, could this same Achilles' heal also be our point of attack, the door to enter into this world and create its transformation; In other words, could the quest for excellence also be a type of catalyst for change? Let me explain.

I was asked to speak about "ethics in sport as a social paradigm". But, in doing so, allow me to propose *"virtue based ethics in sport"* as a new paradigm – or paradigm shift – in the fight against doping and other maladies that afflict sport today.

As noted, the pursuit of excellence is innate to the human person. Our aspirations to reach lofty goals are at the heart of much that we do and much that is admirable about us. Many of us aspire also to excel in the specific activities to which we devote ourselves; and nearly all of us admire superior performance whenever we encounter it, even in areas where we ourselves are only mediocre. Huizinga makes the case in the classic *Homo ludens* that this competitive streak, this desire to play, to pursue excellence in a myriad of fields is also responsible for the creative flare of genius in the human person that has been at the heart of each culture. He sights the ancient Greek Olympics, the magnificent Roman games, or the baroque period in art, as emblematic of this.

In a certain sense, doping has its roots in this quest for excellence in this relentless pursuit of "citius altius fortius". However, it is a pursuit of a false excellence through fraudulent and illicit and health damaging means. True excellence cannot be pursued through non excellence, through illicit means! In our shallow rhizome era, we need a deeper, more comprehensive understanding of true excellence, especially as it applies to sport. While the anti-doping campaign must continue, raising awareness and fostering government and non-government body participation, perhaps we could also tap into this quest for excellence, by rooting it in a hierarchy of values as found within a virtue orientated ethics.

In our third Vatican sports seminar held last fall in November on the mission of Catholic sport associations, we focused one of the panel discussion on "What does it mean to be a champion?" In other words, we set out to explore how we, and how should we, define success? Is it only to be defined in external terms of gold or silver? Or internally?

According to Coach John Wooden, one of most winning coaches in US college basketball, "Success is peace of mind that is the direct result of self-satisfaction in knowing you did your best to become the best you are capable of becoming."[6] One point to stress here is that success is primarily determined from within as you are the only one who really knows whether you have won or whether you have cheated. Perhaps we are quick to forget the deeper thirst for the transcendent that lies within each and every person. He or she is not only "*homo economicus*" but also *homo sapiens,* where it is man's thinking and spiritual capacity that should distinguish him from an ape, setting the human person within

a framework that goes beyond the mere material and extends to the spiritual.

This begs the question of where lies the true source of self-satisfaction. Is it not more internal than external? Are doped athletes really happy in being victorious for a few years until their medals and health are eventually stripped away from them? Where lies their happiness then? I recall these haunting words of former boxer, and also former convict who has spent time in prison, Mike Tyson, who responded to a question in this way before his last fight: "When I'd get up in the morning, my former trainer (Cus D'Amato) would make me breakfast. Now, he's not around anymore. I'm going to do well, but when I come down to it, who really cares? [...] I'm not happy being victorious. I fight my heart out and I give it my best, but when its over, there's no Cus to tell me how I did, and no mother to show my (newspaper) clippings to!"[7]

Pope Benedict, during his recent trip to Prague, touched on this quest for excellence- especially as it relates to youth. "At the present crossroads of civilization- he said- so often marked by a disturbing sundering of the unity of goodness, truth and beauty and the consequent difficulty in finding an acceptance of common values, every effort for human progress must draw inspiration from that living heritage. Europe, in fidelity to her Christian roots, has a particular vocation to uphold this transcendent vision in her initiatives to serve the common good of individuals, communities, and nations. Of particular importance is the urgent task to encourage young Europeans with a formation that respects and nurtures their God-given capacity to transcend the very limits which are sometimes presumed to entrap them.

In sports, the Pontiff went on to say, young people welcome the opportunity to excel. Is it not equally true that when presented with high ideals they will also aspire to moral virtue and a life of compassion and goodness? I warmly encourage parents and community leaders [...] to promote the values which integrate the intellectual, human and spiritual dimensions of a sound education worthy of the aspirations of our young."[8]

B. Virtue ethics in sport

As mentioned before, sports talk is littered with reference to the achievement excellence. So too is virtue ethics. *Arête*, in ancient Greek, meant just that: excellence. *Arête* could mean the excellence of anything. In human terms, a virtue, then, is a way of being humanly excellent. People are not born with excellence but, rather, become excellent by acquiring a certain human quality.

It could be said, that in attempting to establish a singular ethics of sports based upon the cultivation of virtues, I am suffering from excessive nostalgia. There may be some truth in this claim. The shared identities, norms and purposes of the *polis* are long gone and inapplicable to the modern multicultural world that is short on tradition. Yet, if sports, with their explicit rules and implicit ethos of fair play, cannot help to model human behaviour, it is difficult to see what modern practices can. Thus, I uphold that sports, when staged in the right way, could be a *rich arena for practicing virtue ethics.*

What would virtue ethics in sport entail? Obviously, we cannot offer a treatise on this here, but a brief sketch of some of its potential and actual application is in order. Let me explain some of these ways the practice of sport – with its internal dynamic of seeking excellence – can lend itself to the practice of certain virtues.

a) Self-control

There is an English saying: "At table and at play, a man gives himself a way." This is to say that a person manifests his or her character – or, if you prefer, their degree of self dominion – when they are precisely in the heat of the game where the player reveals how much will power or self control dominates over his or her compulsory inclinations? How one plays on the field, doesn't automatically determine how one performs in life, but there is some overflow. One who cheats on the field might easily cheat in other areas of their life; while one who shows composure in the heat of the game – keeping in check their compulsory urge to punch the referee in the face for calling unjustifiable foul – might also show composure in other situations off the pitch. This is one of the ways sport can be a paradigm of human behaviour in general.

Since we are on the eve of another World Cup, allow me to quote from Cardinal Joseph Ratzinger, on the eve of World Cup of 1978. Speaking about the great hype over this event, the then Archbishop of Munich stated: "the fascination for football consists in the fact that it unites the following two aspects in a persuasive manner. First of all, it "compels the human person to exercise self-discipline", so that they may gain control over themselves, and through this control, reach self mastery. In turn, this self mastery leads to freedom."[9]

b) Learning to obey rules

Players of a game, mutually accept certain rules and boundaries that determine the game, and make it what it precisely the type of game. If in a game of soccer, a child picks up the ball and starts to run with it, the children themselves are the first to recognize this breachment of the rules and will unanimously decry the guilty culprit as a spoil sport for not playing by the rules, for the spoil sport has spoiled the play, making it what it isn't.

As moral philosopher Alasdair MacIntyre points out, there are communities constituted by a tradition and also *communities constituted by the practice they develop*. A community of practice is a socially established cooperative of human activity through which goods internal to that form of activity are realized in the course of trying to achieve those standards of excellence which are appropriate to it. He cites sport as an example of such a community of practice. Furthermore, as MacIntyre points out: "A practice involves standards of excellence and obedience to rules as well as the achievement of goods. To enter into a practice is to accept the authority of those standards and the inadequacy of my own performance as judged by them. It is to subject my own attitudes, choices, preferences and tastes to the standards which currently and partially define the practice."[10]

The rules of the game, which all mutually obey, unite the competitors together by a common bond. The freedom of play – when rules are respected – gains a certain seriousness and this tension that directs play is only resolved when the game is over. Note, I am not saying that the presence of contrary vices is not prevalent in sport. I am merely claiming that sports because of the very nature and purposes, place demands on all players. Their responses are obligatory in nature through

rule structures and conventions. Observing them, and doing so not only because of a fear of penalty or sanction, still challenges us because of our weakness of will and the ready availability of (more or less substantial) external goods that incentives the ends of victory over the means of playing fair and well.

c) Role models

In Aristotelian thought, understanding the right thing to do, feel, and see is a product that is learnt from wiser souls than ourselves whose grasp of practical judgement is more reliable than our own. Yet, it is not enough only to *know* what to do, but also *to do it*, for it is by doing just acts that the just man is produced, and by doing temperate acts the temperate man is produced, etc.

But, as Aristotle also keenly notes: "But most people do not do these, but take refuge in theory and think they are being philosophers and will become good in this way, behaving somewhat like patients who listen attentively to their doctors, but do none of the things they are ordered to do. As the latter will not be made well in body by such a course of treatment, the former will not be made well in soul by such a course of philosophy."[11]

This is precisely why philosophers have stressed that sports can be an important arena for the development of virtue: they can provide, in a very public way, occasions for practicing good and evil. Sport activities create relatively controlled, and sometimes contrived situations, we can afford opportunities not merely for sporting youths to "try out" moral action, but to think and feel it out too. Here the role of the coach is crucial!

Yet, also important to note here is that – for better or worse – the importance of sound role models for the young people to emulate. Professional sports are also a realm of heroes – of star athletes who young children look up to. Because of this, elite athletes are publicly held accountable for higher standards of conduct and character. We are setting the bar high and asking of athletes more than might be expected of others. But it is precisely because of their high profile, and the enormous financial endorsements or social prestige, that expectations of higher standards are justified.

In a *New York Times* interview from August 2008, sport psychologist Dr Brim, who is author of the book *The fame motive*, says that seeking fame is not the number one motivation for most athletes, but, according to his research, it is rather, the drive to simply be their best! The article cites the remarks of gymnast Natalie Comaneci: "I didn't want to compete to make history; I wanted to compete to be my best!"[12] Once again, the quest for excellence surfaces.

Although there are plenty of bad apples in professional sports, there are also many positive role models for the youth to look up to, who going against the grain of direct competition, they act in ways that are selfless, (such as assisting fellow athletes who are injured, or deliberately eschewing easy opportunities to win at the expense of incapacitated opponents) or exercising honesty by indicating to the official that they have broken a rule when it was not realised, etc. Clearly many people under such circumstances would seek to gain unfair competitive advantages. Yet, the fact that, with so much to win and lose, the vast majority of athletes rejects opportunities to cheat is one reason that we properly think of them as above everyday folk.

d) Teamwork

It is often said that sports focus on competition which fosters egoism. Logically speaking, this cannot simply be the case. What is playing sport if not an appeal to suspend all differences of creed or colour in order to strive together for victory? Competition requires co-operation. Sporting contests cannot survive without this shared spirit we often call fair play. Neither can team sports excel without team play, as players learn to insert their individuality into the service of the entire group.

e) Other virtues

While it is fairly obvious that one would need virtues such as discipline, determination, persistence and tenacity, as sportspersons whose endeavours are focused on a specified goal, one would also need "courage" and "prudence" in knowing when which levels of risk were really worth taking in one's sporting life, which is usually only a microcosm of a life fully and wholly lived over the full course of one's allotted years. Ignoring one's future health by risk taking in one's adolescent years (say by doping) represents a challenge that demands great prudence and moral imagina-

tion. Yet, all have at their base this quest for virtue in general, this quest to excel at their endeavours.

To sum up this section on virtue ethics in sport, I again turn to Pope Benedict's words with occasion of our last sports seminar: "In our time, when an urgent need to educate the new generations is evident, it is therefore necessary for the Church to continue to support sports for youth, making the most of their positive aspects also at competitive levels such as their capacity for stimulating competitiveness, courage, and tenacity in pursuing goals. However, it is necessary to avoid every trend that perverts the nature of sports by recourse to practices that can even damage the body, such as doping. As part of a coordinated, formative effort, Catholic directors, staff and workers must consider themselves expert guides for youth, helping each of them to develop their athletic potential without obscuring those human qualities and Christian virtues that make for a fully mature person."[13]

C. Implementing a paradigm shift

As we have seen, the trans-anthropological paradigm of today lacks a centre, as it is characterized by shallow, rhizome like roots without depth, nor hierarchy, and consequently, without meaning. Thus, the first step to creating a new paradigm would be to give the human person a firm anchoring, a ground to stand upon.

In his encyclical letter, *Caritas in veritate,* Pope Benedict XVI observes: "Without God man neither knows which way to go, nor even understands who he is [...] A humanism which excludes God is an inhuman humanism. Only a humanism open to the Absolute can guide us in the promotion and building of forms of social and civic life – structures, institutions, culture and ethos – without exposing us to the risk of becoming ensnared by the fashions of the moment." (n. 78).

In previously sketching the various characteristics of each of these dominant paradigms, we can see that each paradigm has its positive aspects as well. The appreciation of excellence and the acute sense of the *telos* present in the essence or nature of each thing is something that could be to our advantage to recover. Especially with regards to the human person, the Holy Father noted just last week: "But today, Nature is considered as a purely mechanical thing, which therefore does not con-

tain any moral imperative in itself, any value orientation: it is purely a mechanical thing and orientation comes from being itself."[14]

Regarding the God centred paradigm of the Middle Ages, it would be beneficial today to recover this sense of being creatures and consequently, of having human limits. From the renaissance era we could recuperate the sense of balance emblematic in the *gallant homme* who cultivated both his body and his intellect, and the quest to integrate science with faith. As for the trans-anthropological era, we can learn form this that a man centred paradigm doesn't suffice, ad man himself thirsts for the transcendent. Yet, instead of seeking to overcoming man himself with a meta body or a meta intellect, we could seek a deeper understanding if his spiritual dimension through a recovery of the spiritual heritage of Europe, this rich patrimony that is all too easily dismissed for a much bleaker horizon. One positive side to the "rhizome-like age" is this a greater sense of being connected with others, could help man overcome a false concept of his autonomy, that claims that man must develop himself by and for himself without impositions from others.

This concept is erroneous, explained Pope Benedict XVI, because man's self is defined in relation to others. "In reality, the essential fact is that the human person becomes himself only with the other. The 'I' becomes itself only from the 'thou' and from the 'you'. It is created for dialogue, for synchronic and diachronic communion. It is only the encounter with the 'you' and with the 'we' that the 'I' opens to itself."[15]

Dominant paradigms are shaped both by the community's cultural background and by the context of the historical moment. Some social scientists attribute the following as the conditions that could facilitate a virtue ethics paradigm would include: educators who propagate the paradigm's ideas by teaching it to students; lay groups that embrace the beliefs central to the paradigm; dynamic leaders to introduce and support this alternative paradigm; professional organizations giving legitimacy to the paradigm; media backing: journalists and editors who write about the system of thought; government agencies who give credence to this other paradigm.

CONCLUSION

In a very general way, we have seen how man's approach to sporting activities and sports heroes reflects in some way his world view of himself in each epoch. This has also given us a sense of where the human person is heading, and what is driving this meta-body trend that is much akin with doping and the use/abuse of biotechnologies of tomorrow. We have also been able to see how attempts to debunk doping in sport was necessary and will continue to be but are at the same time insufficient. We need to change a mentality, and this requires incentives as well as prohibitions. It requires positive role models as well as penalties; it requires preventive education as well as controlled testing. In light of this what was proposed here is a virtue ethics in sport paradigm shift that seeks to incorporate this dynamic of excellence – already latent in sporting pursuits as well as in the deeper aspirations of the human person – into the pursuit of virtue at all levels.

I now conclude by asking whether or not a paradigm shift is actually taking place? Let us reconsider the success of the Paralympics at Beijing, where stadiums were packed full of Chinese spectators to watch Paralympians as they were part of a vast population who couldn't get tickets to the Olympic events. Here we are talking about a country that has a poor track record with regards to human rights, where parents are only permitted one child. Consequently, a perfectly healthy baby- and especially a baby boy are the favoured conditions by some people's standards- in order for that child to survive birth. Nonetheless, in this very same country, its inhabitants were buying tickets and filling mega stadiums to watching Paralympiansa – athletes who might not be considered "ideal" as they might be missing a leg or an arm or are confined to a wheel chair – to compete at the international level.

Such was the popularity of the Paralympics in China that it was rumoured that IOC members were concerned that the Paralympics were growing in popularity while Olympic diminishing. I don't think this is the case. But, I do think that the Paralympic Games live up to their motto of "inspiring and exciting" the world by enabling Paralympic Athletes "to achieve sporting excellence!" The president of the International Paralympic Committee (IPC), Sir Phil Cravens, who participated in our sport seminar last fall in the Vatican, noted: "When talking about Paralympians, we shouldn't talk about champions despite the obstacles; rather, they are champions precisely by overcoming these obstacles!"

The world has enough cheaters. Consequently fans don't want to have to watch them in their favourite sports. They would prefer to see genuine human greatness: human excellence at its best. People have loved sport for its transparency and unpredictability and will continue to do so. Although, other than an Oscar Pistorius, we might not remember the names of the Paralympians, the images of greatness of these athletes – of being champions in spite of and precisely through obstacles – are etched in our mind and strike a deep chord in our heart. These athletes too are true witnesses to the greatness of the human spirit in a way that is very attractive as well as contagious and inspiring. And this greatness of the human spirit is precisely that excellence that virtue ethics in sport and through sport seeks to promote!

1| *Cf. K. Joisten, "Der Mensch, die Endlichkeit und das sportliche Idol – gestern und heute", in: Sport und Christentum: Eine anthropologische, theologische und pastorale Herausforderung, D. Mieth / N. Müller / C. Hübenthal [eds.], Grünewald, Ostfildern 2008, pp: 20-38.*

2| *F. Nietzsche, The Gay Science, W. Kaufmann (ed), Vintage Pub., New York, 1974, pp. 181-82.*

3| *K. Joisten, "Der Mensch, die Endlichkeit und das sportliche Idol – gestern und heute", in: Sport und Christentum: Eine anthropologische, theologische und pastorale Herausforderung, D. Mieth / N. Müller / C. Hübenthal [eds.], Grünewald, Ostfildern 2008, p. 36.*

4| *M. Grossekathöfer / C. Gilbert, „Interview with Former Anti-Doping Czar: Doping Is Organized Along Mafia Lines", in: Spiegel Online, 12/02/2008, http://www.spiegel.de/international/world/0,1518,druck-593937,00.html*

5| *Pius XII, Address to the Centro Sportivo Italiano, 9 October, 1955, found in Italian in Discorsi e radiomessaggi di Pio XII, Vol. XVII (1955), p. 277. [my translation].*

6| *J. Wooden / J. Carty, Coach Wooden's Pyramid of Success: Building Blocks for a Better Life, Regal Books, Ventura, 2005, p. 17.*

7| *T. Kluck, The Reason for a Sports: A Christian Fanifesto, Moody, Chicago, 2009, p. 48.*

8| *Benedict XVI, Address to political and civil authorities and the Diplomatic Corps at Prague Castle, 26 September, 2009, in: "L'Osservatore Romano" Weekly English Ed. N. 39, 30 September 2009, p. 7-8.*

9| *J. Ratzinger, Co-Workers of the Truth: Meditations for every day of the year, Ignatius Press, San Francisco 1992, 262-263.*

10| *A. MacIntyre, After Virtue: A Study in Moral Theory, Notre Dame Press, South Bend, 1984 (2nd ed.), p 187, 190.*

11| *Aristotle, Nicomachean Ethics, Bk. II.V; 1105-21.*

12| *B. Carey, "After Glory of a Lifetime Asking 'What now?'" from August 18, 2008 in New York Times Electronic edition, found at http://www.nytimes.com/2008/08/18/sports/olympics/18psych.html. .*

13| *Benedict XVI, "Message to the President of the Pontifical Council for the Laity on occasion of the International seminar on Sports, Education and Faith: a new season for the Catholic sports movement", in: „L'Osservatore Romano" Weekly English Ed. N. 46, 18 November, 2009, p. 5.*

14| *Benedict XVI, Andress to the General Assembly of the Italian Bishops Conference, 27 May, 2010 in L'Osservatore Romano Weekly English Ed. p.*

15| *Ibid, p.*

DOPING – ETHICAL PERSPECTIVES

Dietmar Mieth

1. THE SITUATION OF SPORT TODAY

Sport can look back on a successful history over the last 100 years, over the course of which it has changed its face greatly. Modern sport has religious-moral sources (Coubertin and the Olympic Idea); it grew out of national-romantic revolutionary movements ("father of gymnastics" Jahn), certain education systems (e.g. in the United Kingdom) and it developed from the democratisation of leisure, which not only increased but became accessible to all.

By contrast, sport today in the early 21st century is marked by the factors of commercialisation, mediatisation and medicalisation. First of all commercialisation: An active interest in sport as a leisure activity and a passive interest in elite sport have increased greatly. On the one hand, this has resulted in an entire industry at the service of sport, right up to boosting one's self-worth through merchandising; on the other hand, industry makes use of sport's success and the demand for it by means of advertising contracts and sponsorship and thus gives sport an enormous financial boost.

The mediatisation of sport in the top-level professional sector peaks in astronomical figures in media marketing. There is a gulf between the growing importance of the media to sport and responsibility in the media.

Ideals, such as "taking part is more important than winning" or "there are higher values than success" are becoming increasingly obsolete in these contexts.

Medicalisation means on the one hand, sport is associated with the benefit of health, but on the other with pressures on health from specific, often one-sided and extreme achievements. The factor of medical care has therefore increased in importance and assumed tremendous proportions. This can be seen in the offerings from the pharmaceutical industry and in the ever-more specialised demands made of medical staff, for whom there are no appropriate training certificates approved by sporting associations or the state.

On the one hand, sport is a mirror on society. Even its ambiguities can be viewed in this context. On the other hand, the supply and demand of sport embody a set of benefits or values with a special profile and therefore appear attractive because they cannot be had (or appear to be had) so efficiently in any other way. These benefits include: health in the meaning of fitness, pleasure in exercise, the experience of competition, enjoyment of achievement and success, discipline, new opportunities for contact, educational and cultural opportunities, a role model function for fairness, solidarity, social mobility and social integration, etc.

Doping is only one factor that appears to be irrevocably linked to the realities of sport today. Doping is attractive as far as the use of problematic means is concerned. It is not just a matter of enhancing performance, but also about compensating for pain and damage, cutting regeneration times and, finally, about the choice between short-term but intensive success and longer participating stability coming down in favour of the former option. Doping is therefore a highly complex phenomenon, the ethical discussion and legal treatment of which have to struggle with particular difficulties.

2. DIFFICULTIES IN ETHICALLY DEFINING THE SUBJECT OF DOPING

The complexity of the phenomenon of doping is often unknown. Since doping is often equated to illegal performance enhancement, sometimes called "artificial", and since this term is considered to be clear, people call for a war against doping without clarifying the complex prerequisites. These are found in the scientific, medical, legal and political spheres.

Viewed medically, anything that damages health is not allowed. But the parameters of health are not easily uniformly normative and cannot be specified at the same time for all types of sport irrespective of context. There is also a lack of scientific studies and follow-up analyses here.

Doping is often pragmatically, politically and legally often equated to banned lists of certain pharmaceutical products. But these lists differ from country to country and differ just as much with respect to sporting associations and sporting disciplines. This not only throws up the question of whether and how harmonisation can be achieved, but also how inclusion or non-inclusion in a banned list is justified.

The different regulations between the sporting associations on the one hand and between sport and the state on the other (see below) increase the difficulty of the argument, especially since different legal reasons are cited and different legal systems have to be taken into account.

The demand for products, their transfer and availability depend on all possible regulations (e.g. customs and bringing into circulation). Even when pharmaceuticals are being produced, the question remains as to whether they clearly serve a medical-therapeutic indication.

Much depends on the status given to the doping problem in the media, in society, in sporting organisations and by those with political responsibility. This is where strict and more relativist positions often come up against each other.

A particular problem is posed by sporting ideologies that either suppress doping as a problem or use it as an excuse to hide other problems. National ideologies or an attempt to claim that sport is clean in face of the facts can have a suppressing effect.

The investigation and testing of doping cases involves a complex and often opaque system of laboratory analyses (with a lack of uniformity), testing methods (situations, times, tension between privacy and legal control), differences in investigation, legal classification and the possible extent of punishment, etc.

The doping problem is thus linked to many other structural, political and legal areas. In particular, at this point it is worth mentioning the problem that dealing with issues of health, economy and law at an early stage is usually missing from child-rearing and education systems.

3. DOPING AND THE PUBLIC

Public opinion is repeatedly concerned about doping. On the one hand, sport is a central expression of life in social culture; on the other, heroism and cheating are very close neighbours when worshipping success. The exposed sport is a sensation ether way. It has its roots in the increased sporting nature of life; the trend towards achievements continues in compensation by means of achievement of another kind. Even if the body corresponds to the norms of health more with abstinence, the motivation to exercise is more tempting.

The public reacts to doping in various, often extreme ways. Strong rejection puts doping on a par with taking drugs, fraudulent manipulation and corruption, which is suspected just as readily in sport as it is in politics – unfortunately often correctly in both regards. But there is also a shoulder-shrugging acceptance that laughs about clean competitors and believes doping is more a type of "business as usual". Thirdly, there is the position of suppression that mostly doesn't want to disturb consumption of sport with negative side effects and shuts its eyes to them.

The inappropriateness of these extremes in view of a highly complex phenomenon is apparent. The fighters against doping have called for more solidarity and partisanship; they are standing up against trivialisation and defeatism as much as against profiteering without a conscience. They are faced by the relativists, who see doping more as an offence that is becoming visible, that complies with standard behaviours; they play it down and refer to the difficulty of clearly identifying the negativity of doping (see below).

Sport, especially top-level sport, owes its existence as a cultural phenomenon to the fact that it whips up feelings. The more central the emotion in the active or passively consumer sporting culture, the more the sensational outshines the moral. Just as a crash involving vehicles and bones can be an instrument of entertainment, the manipulation of performance is just as "sensational" as the performance itself.

All of these phenomena contribute to a veil in front of the matter of "doping" that first of all has to be penetrated with explanation so that doping can be talked about in an ethically relevant way.

The role of the media here, with a few exceptions, seems to be split in two. Because the sport media in particular praise the success and condemn the instruments that lead to it. Often, success can only be logically achieved with the use of instruments that are classified as harmful performance enhancement (see below). The media don't point out the direction here; they live like vultures from flights of fancy and falls, from floating without gravity and from corpses. No help can be given here without assuming a directional task that reflexively gets involved with ethics as thinking about morals. Without ever having understood media ethics, the media use morals as a weapon of revelation and condemnation. Without controlling their own contribution to the collapse in sporting morals, they much rather intensify the lack of ideas and the slippery slope, i.e. the yoyo effect of combating doping. (We are familiar with the yoyo effect from trying to lose weight by using short-term dieting that results in the dieter putting on even more weight when he/she returns to his/her former way of life.)

4. THE TERM "DOPING"

Doping is a complex term. If we equate it with illegal performance enhancement, we have to explain what is illegal and why. Four elements interact in the justification:

Firstly, the risk to the values associated with sport, in particular fairness in competition and fitness appropriate for the body.

Secondly, the health risk to which a doping sportsman or woman additionally exposes himself or herself (and possibly others) according to objective criteria.

Thirdly, the fraud or deception of society's expectations that human capabilities and performance, which are enhanced by training, bring about the success without performance enhancements and advantages being achieved due to medicalised manipulation.

Fourthly, consensus on "what is illegal": a result of a debate about self-regulation in sport and, in the event of insufficient efficiency, a debate about statutory regulations.

Doping along the lines of morally and/or legally impermissible performance enhancement should therefore be viewed as the result of a convergence argument. An argument of this kind is not based on a single decisive reason, but brings together various reasons that converge in a direction. A single categorical criterion for doping would always end up in contradictions. Because not every performance enhancement is wrong; risks to health are tolerated (smoking, extreme sport, etc.); there is no such thing as "natural" performance or it is hard to define; a morally relevant difference between medication and extreme training methods (e.g. space simulation) is hard to prove. On the other hand, health in sport, for example, is a value inherent to sport that must not be allowed to be inverted into its opposite and every competitive system in society needs an understanding of equal starting opportunities and taking impermissible advantages. For it is precisely in a society in which personal freedom has a high standing that the condition of the opportunities of freedom have to be constantly examined and regulated if necessary. This is the much-praised "Justice as Fairness" (John Rawls). Laying down the criteria for the debate needed for this is part of the duties of ethics.

5. DOPING AS CROSSING A BOUNDARY

There are morally acceptable methods to enhance performance. They are characterised by the fact that they revive, develop, intensify and strengthen the body's resources. They should also be used permanently where possible and it should therefore also be possible to conserve them. This is not always possible in the same way. But the short-term performance of the body should be balanced with the sustainability of a good physical condition and should not lead to long-term damage.

The limits of the body can be shifted, but not removed. They must not be shifted too far or for too long. That is why gradual and cautious methods of performance enhancement should be preferred over abrupt and interventionist methods. In this regard we also talk about "naturalness". This also means care and finite nature with respect to the body.

This is also the case for limits to developing mental strengths (concentration, motivation, stabilisation, etc.). The experience that elite sport can only be practised for a certain time is not just due to the depletion of physical strengths. This experience is also typical of other extreme performances, e.g. in management careers.

Doping is therefore a crossing of a boundary that can no longer be defended. Since the boundaries and the limits for pressure can differ individually, the individual ethics of performance enhancement can also vary. But since sport is a part of social culture and social solidarity, the boundaries need to be generalised. Law cannot be based on an individual case. That is why it has to set average values for physical capacities. Thresholds (e.g. in emission protection) are always the result of negotiation processes in a culture of experts. As many perspectives of responsibility as possible must be involved.

The identification of doping methods is therefore linked to a debate aiming at consensus. However, this consensus should not simply adhere to the strategic minimum or the lowest common denominator of those involved; its argumentation should refer to the above-mentioned boundaries, the recognised values in sport as a sponsored cultural phenomenon and thus the justified expectations of society and, in particular, the health propagated by sport and the resultant obligations to act as a role model.

6. INVESTIGATION METHODS

A list of doping methods should include standardised descriptions of the types, the quantities, the ingestion methods, etc. just as much as standardised methods of taking doping samples and testing substances in the lab. The investigations should handle an appropriate combination of ritualisation and surprise in order to ensure both legal certainty and efficiency.

So that sampling, testing and investigation methods can really test doping, or scare people off doping, there must be commensurate financial, scientific, technical and structural investment in them. Some of the income of sporting associations should be tied to this purpose, in a way that can be legally checked. At a subsidiary level, state investments, e.g. by setting up foundations, could also be considered.

In view of the dispute about testing reliability and its efficiency, there should be (anonymous) surveys among sportsmen and women at regular intervals to ensure a realistic assessment.

Any future developments should be foreseen and addressed preventively. For example, this is the case for genetic and/or neurological effects, where they can be classified under the above-mentioned perspectives of responsibility and crossing boundaries.

7. MEDICAL ASPECTS

The usual medical ethical principles also apply to sports medicine: Respect of autonomy, non-maleficence, orientation to the wellbeing of the person being treated and fair distribution of the available resources.

Such criteria can come into conflict with each other if the sportsman or woman reclaims autonomy as self-determination over his or her own body and if the doctor then has to plead non-maleficence. The doctor should not respect any autonomy that has to be interpreted as arbitrary self-harm. Because he is working as a sports doctor, or is working in sports medicine as a sideline, he should primarily remain obliged to his patient but, also to the patient's benefit, he should also be obliged to the values to which the sportsmen and women and their associations have committed themselves and under the preconditions of which society culturally privileges and funds sport. A specific code for sports medicine could be considered along these lines. This would ensure the legal attri-butability of medical doping incidents to the doctors involved. The loop-hole of a specific codified ethics in sports medicine should be closed. But it is essential to ensure that the doctor does not become a sports official, but primarily remains obliged to his patient. Neither top-level nor grass-roots sport can be practised without adequate medical care. But since a specific spectrum of commodities worthy of protection determines the cultural value of sport, this also has to be taken into account in medical provision.

8. ECONOMIC ASPECTS

Sport as a popular cultural activity is often also indirectly or directly becoming an economic activity. Be it via merchandising, advertising, sponsorship, capital formation or inclusion in share ownership and the

associated acquisition and valuation structures – the economic aspects are pushing themselves more and more to the fore. However, the sports economy cannot guarantee the smooth annexation of sport to the laws of business; it is obliged to adapt the economic forces and autonomies of the specific culture of sport. Sport economy in a responsible sense means economy in sport, not economisation of sport. Only under the condition of the autonomy of value-orientation of sport, in top spot here, the value-compatibility of performance enhancement, does economic assistance make sense in terms of sports ethics.

The commercialisation of sport also includes duties towards sport. The instrumentalisation of sport for profit should be associated with the promotion of the values whose standing is brought about by economic success. That is why sponsors, the media and people marketing sport should also be prepared to take part in the war against doping – as a risk to health, unfair competition and the disappointment of justified expectations. Financial contributions, the withdrawal of support and participation in campaigns to combat doping should be part of a voluntary undertaking code in the sport economy.

9. LEGAL ASPECTS

Different legal situations can be seen in the internal regulation of doping in the various international sports associations. They are also characteristic of nationally differing procedures in matters of investigation, prosecution and punishment. Standardisation is needed here. It can probably only be achieved by means of a charter, a convention or – with the appropriate consensus – an EU directive. The autonomy of sport must be respected, but firstly it is relative vis-à-vis the overlapping laws and secondly it can be removed if sport cannot solve its own inherent problems that also affect society. There are two sides to the principle of subsidiarity: the granting of self-regulation by the higher-level body and its obligation to intervene and help if regulation is not enough or is not applied efficiently. The legally valid definition of doping should be the same internationally. Furthermore, the levels of authority and their interactions should be clarified. The legal reasons for access to and condemnation of doping should also be uniform (self-harm, harming others, cheating analogies, etc.).

The more important the sporting cultural activity has become at the top and in the masses, the less it can avoid juridification. This is also a matter of aspects that touch on doping, but go beyond it: the protection of young people, children's rights, the protection of clean athletes against manipulation by their environment.

Furthermore, it is about institutions such as the World Anti-Doping Agency, that have to be legally secured to such an extent that they are an independent body vis-à-vis the sporting associations, sport economy and sport politics.

10. ETHICAL ASPECTS

If doping is viewed as an ethically wrong use of means for competitiveness, reducing pressure, enhancing performance and regeneration, it must be explained what is against good morals and what can be called ethically wrong. This is about values that are inherent to sport and to which it owes its reputation and attractiveness (1), furthermore it is about rights that those involved in sport can claim actively and passively (2), finally it is about the duties of solidarity that exist mutually between sport and democratic society (3).

For the active sportsman or woman the values or benefits anchored in sport, the realisation of which is ethically relevant, even ethically required, are health, fitness, enjoyment of exercise and life, discipline, opportunities for contact, educational opportunities, cultural values, such as travel, languages, leisure opportunities and much more. In relation to other active people, the values are comradeship, fairness, cultural integration, recognition of the other and what is different about him or her, consideration and much more. With respect to the social status of sport, they are role model functions in the performance society and in a society based on solidarity, cultural and educational function, integration of foreigners, moral ties of social expressions of life and their forms of expression and much more.

The rights to be anchored in sport are:

- Self-development and self-determination in harmony with the voluntary undertaking of the values recognised by participating in sport;
- Right to the inviolability of one's own body, of one's development in identity with person and gender;
- Right not to be instrumentalised or exploited. This is especially the case for children;
- The protection of vulnerable groups of people (e.g. sport for the disabled);
- Equal access, limited only by talent and performance;
- Non-discrimination;
- Right not to be deceived and tempted;
- Right for a balance between risks and success;
- Right to non-maleficence by others (trainers, competitors, doctors, associations, media, audience);
- Right to co-determination by the active participants;
- Right to a share in the resources developed by sport
- (and many more)

The duties of solidarity for sport are:

- Preventive measures to protect the sporting nature of sport and the associated values;
- appropriate cultural promotion or, under certain circumstances, withdrawal of the same;
- legal general conditions under the condition of subsidiarity;
- supervision of the social, ecological and media environment;
- protective measure for people involved in sport actively and passively;
- duties of solidarity among active participants;
- duties of solidarity among active participants vis-à-vis legitimate expectations.

All of these values, rights and duties can be defined with respect to the doping phenomenon. This is especially the case since doping by definition limits or endangers the realisation of the values, rights and duties under solidarity. Whereas direct combating of doping can be tackled under sports law, criminal law and institutionally (investigation, revelation, prosecution), indirect combating of doping is also possible by promoting the values, the rights and adherence to duties. In particular, asserting one's own rights must include respecting the rights of others.

LITERATURE

- *R.T. Cherkeh, Betrug (§263 StGB), verübt durch Doping beim Sport. Frankfurt a.M. 2000.*

- *Centre National de la Recherche scientifique, Expertise Collective: Dopage et pratiques sportives (Paris, octobre 1998).*

- *J. Court / Wilder Hollmann, Doping. In: O. Grupe / D. Mieth (eds.) Lexikon der Ethik im Sport. Schorndorf 21998, 97-105.*

- *Etude des legislations nationales relatives au Sport en Europe. Editions du Conseil de L'Europe 1999.*

- *E. Grayson, Sport and the Law. London 1994.*

- *B. Houlihan, Dying to win – Doping in Sport and the development of anti-doping policy. Editions du Conseil de l'Europe 1999.*

- *D. Mieth, L'Europe, garante de l'éthique sportive ? Conférence inaugurale. In: Les Cahiers de l'université sportive d'Eté no. 15, Pessac 2002, 43-50.*

- *ders., Doping – die abschüssige Bahn der Normalität. In: O. Grupe (ed.), Einblicke, Aspekte olympischer Sportentwicklung, Schorndorf 1999, 52-58.*

- *ders. Le dopage, Doping. In; G. Hottois / J. N. Missa (eds.), Nouvelle encyclopédie de bioéthique, Brüssel 2001, 293-297.*

- *C. Pawlenka, Utilitarismus und Sportethik. Paderborn 2002.*

- *C. Tamburrini / T. Tännsjö (eds.), Values in Sport. Leicester 1999.*

- *R. Tricker / D. L. Cook (eds.), Athletes at Risk. Drugs and sport. Dubuque 1990.*

- *K. Vieweg (ed.), Doping – Realität und Recht. Berlin 1998.*

- *I. Waddington, Sport, Health and Drugs. Leicester 2000.*

EDITOR AND AUTHORS

Dr. Thomas Bach
President of the German Olympic Sports Confederation (DOSB) and
Vice-President of the International Olympic Committee (IOC)

Thomas Bach was born in Würzburg on 29 December 1953, he has a
doctorate in law, was in the 1976 Olympic Champion and 1976 and
1977 World Champion fencing teams (foil), member of the Competitors'
Council of the German Sports Confederation (DSB) from 1977 to 1981,
being Chairman from 1980. Thomas Bach has been a member of the
IOC since 1991, an executive member of the IOC from 1996-2004 and
since 2006 and Vice-President of the IOC between 2000 and 2004 as
well as since 2006. Within the IOC, he is Chairman of the Juridical Commission and the Sports and Law Commission, member of the Marketing
Commission, Commission for TV Rights and New Media and the Anti-
Doping Disciplinary Commission. Since 1994 Thomas Bach has been
Chairman of the Appeal Chamber at the International Court of Arbitration
for Sport.

Armin Baumert
Chairman of the German National Anti-Doping Agency (NADA)

Armin Baumert was born in Grünberg (Silesia) in 1943 and completed his
schooling at the Besselgymnasium in Minden (North Rhine-Westphalia) in
1961. He went on to undertake a technical apprenticeship at the Farbenfabriken Bayer AG in Leverkusen (1961-1964). After his apprenticeship,
Mr Baumert studied at the German Sport University Cologne, taking his
exam to become a certified sports instructor in 1971. From 1971 to
1972 he worked as a certified sports instructor at Eifelland-Wohnwagen
GmbH Mayen and for a further four years at the state-run modern language institute Gymnasium Mayen. Eventually, he became senior national coach of the Berlin Athletics Association from 1976 to 1978. At the
Rhineland-Palatinate Sports Association in Mainz, he worked as a consult-
ant for competitive sport and sports science, and in 1987 he was appointed Manager of the Olympiastützpunkt (Olympic Base) in Berlin for
eight years. From 1995 to 2004, he worked both as a senior competitive
sports director and as CEO of the German Sports Federation in Frankfurt
am Main. In 1996, he was also Deputy Chief of Mission of the German

Olympic team in Atlanta. In 2000, he worked as Sports Co-ordinator of the German Olympic team in Sydney and has been Chairman of NADA Germany since 2004. In addition, Mr Baumert is an 11-time national athletics champion, winning among other things the long-jump gold medal at the 1996 European Indoor Games. He has also taken part in numerous volunteer initiatives. For example, he was a longstanding member of the 'Sportforum' working group (CDU (Christian Democratic Union) Rhineland-Palatinate) and has been both Chairman of the sports forum established by CDU Berlin (1977-1978) and Coach of the German Athletics Federation (1977-1984).

Dr Christoph Bergner MdB [Member of the German Bundestag]
University Agricultural Engineer, Parliamentary Secretary of State in the Federal Ministry of the Interior

Born in Zwickau on 24 November 1948; protestant; married; three children.
University entrance qualifications, vocational training as cattle breeder. University degree. Basic military service in the Army of the German Democratic Republic. Until 1990 Scientific Employee at the "Institute for the Biochemistry of Plants" at the Academy of Sciences in Halle. 1990 to 2002 Member of the Land Parliament of Saxony-Anhalt, 1993 to 1994 Prime Minister of Saxony-Anhalt. 1989/1990 member of New Forum; member of the CDU since 1971, 1991 to 1994 Deputy Land Chairman of the CDU, 1995 to 1998 Deputy National Chairman of the CDU. Member of the Bundestag since 2002; Parliamentary State Secretary in the Federal Ministry of the Interior since November 2005, Federal Government Commissioner for Issues relating to Repatriates and National Minorities. President of Sportverein Halle e.V.

Dr Werner Blumenthal
Konrad-Adenauer-Stiftung, Central Department Political Education, Head of the Department Educational Institutions and Centres, Head of the NRW Political Education Forum of the Konrad-Adenauer-Stiftung

Werner Blumenthal was born in St. Tönis in 1953, studied Political Sciences, Sociology, Educational Science and History at the University of Bonn and completed his doctorate in 1988. Since 1989 he has been working in Political Education at the Konrad-Adenauer-Stiftung and, since 1999, he has been responsible for the content and organisation of the "Eichholz Sports Fora".

Herbert Fischer-Solms
Deputy Director of the Sports Desk, Deutschlandfunk/Deutschlandradio

Herbert Fischer-Solms was born in Löbau (Lausitz) on 11 December 1946. He completed a traineeship at the newspaper *Giessener Allge-meine Zeitung* and was later Editor of both the Evangelical Church Press in Kassel and the daily *Wiesbaden Kurier*. In 1973, he joined the Sports Desk at Deutschlandfunk and began broadcasting on German national radio. He now works as a reporter for the public service broadcasting group ARD, covering sports policy. Mr Fischer-Solms is also a member of the Doping Task Force at ARD radio. In 2009, he published an article entitled "Spritzensport – Doping in Ost und West" ("Sport and syringes – Doping in the East and West") which appeared in a publication for an exhibition, *Wir gegen uns – Sport im geteilten Deutschland* (*"Us versus us – Sport in Divided Germany"*), in the Haus der Geschichte der Bundesrepublik Deutschland (House of the History of the Federal Republic of Germany).

Dr. Peter Liese MEP
Co-ordinator of the EPP group in the Committee on the Environment, Public Health and Food Safety at the European Parliament

Dr. Peter Liese was born on 20 May 1965 in Olsberg. In the year 1991, he absolved his second state examination in medicine. In the period between 1989 and 1992 he graduated as Dr. med. at the Institute of Humane Genetics of the University of Bonn. Until 1994 he was engaged as ward doctor in Paderborn children's hospital and was Doctor in general practice and internist since 1994. Dr. Liese is a former member of the Land executive of the Young Union in North Rhine-Westphalia and District Chairman of the Junge Union (1991-1997). He is a member of the Land executive of the CDU of North Rhine-Westphalia. In the period from 1989 until 1994 he was member of the Bestwig local council. Furthermore, he has been appointed Vice-Chairman of the Young Group from 1994 to 1999. During the same period, Dr. Peter Liese operated as reporter for the working party on bioethics and biotechnology. Since 1994 he is a member of the European Parliament and is member of the Group of the European People's Party (Christian Democrats). He is member of the Committee on the Environment, Public Health and Food Safety and of the two Delegations for relations with the countries of Central America and the Delegation to the Euro-Latin American Parliamentary Assembly. Also, he is a member of the central committee of German Catholics.

Reverend Kevin Lixey L.C.

Head of the "Church and Sport" Section at the Vatican

Rev. Kevin Lixey is originally from Michigan, USA. He was ordained priest in the congregation Legionaries of Christ in 2001 and holds Master's degrees in philosophy and systematic theology from the Pontifical Athenaeum Regina Apostolorum in Rome. He is currently finishing his doctoral thesis on a theology of play in sports. Since June 2004, he heads the "Church and Sport" section within the Vatican's Pontifical Council for the Laity. This office was willed by the late John Paul II as a kind of Vatican observatory and research desk for the world of sports and is supposed to serve as a point of reference at the international level for the Catholic Church's pastoral work within youth sports especially.

Professor Dr Arne Ljungqvist

Chairman of the Medical Commission of the IOC, Vice President of WADA

Professor Dr. Arne Ljungqvist was born on 23 April 1931. He is married and has three children. Between 1992 and 2001 he was President of the Swedish Cancer Society. In the same year he became Rector at the Swedish University College of Sport and Physical Education for four years. In the period between 1983 and 1992, Professor Ljungqvist was Chairman of Department of Pathology and Cytology in Karolinska Hospital. At the Karolinska institute he was Pro-rector and Vice dean of the Medical Faculty at the same institute (1972-1977). Since 1986 to date, he has been appointed Lord-in-Waiting to His Majesty the King of Sweden. During the period 1977 until 1986 he was Chamberlain to His Majesty the King of Sweden. Professor Ljungqvist still serves as Vice President of WADA, he is member of the Board and Executive committee of WADA, Chairman of the Health, Medical & Research Committee of Wada, member of the Board of World Anti-Doping Agency (WADA), Chairman of IOC Medical Committee and member of the International Olympic Committee. Between 1981 and 2007 he headed the Medical Committee and the Anti-Doping Commission Chairman IAAF. That same year, he became Vice President IAAF and held this position for 18 years. Furthermore, he was member of the Council of the IAAF (International Amateur Athletic Federation). From 1989 to date he was member of the Swedish Olympic Committee. In addition to this, he served as President of the Swedish Sports Confederation (1989-2001) and as President of the Swedish Council of Sports Research (1980-1992). Ljungqvist was part of

the Council Swedish Sports Confederation (1975-1989). From 1973 to 1981 he was appointed President of the Swedish Amateur Athletic Association. Moreover, he was member of the Council of the Swedish Athletic Association from 1971-1973. It is also necessary to mention he own great competitive sports career. He was a Top class Swedish High Jumper (1952), Swedish Senior Champion – High Jump (1952) and Swedish Junior Champion – High Jump (1951).

Professor Dr Dietmar Mieth
Professor for Theological Ethics at Tübingen University

Born in Berlin in 1940. 1959-1967 studied Theology, German and Philosophy in Freiburg, Trier, Munich and Würzburg, state examinations there in 1967, doctorate in Theology 1968. 1967-1974 Academic Assistant at Tübingen University in the Chair for Moral Theology/Theological Ethics, post-doctoral lecturing post in Theological Ethics 1974. 1974-1981 Professor for Moral Theology and Director of the Moral Theological Institute at Fribourg University, Switzerland. 1977-1981 Founder and first publisher of the series "Studies on Theological Ethics". 1981-2008 Professor for Theological Ethics with special attention to Social Sciences at Tübingen University, while still deputising this Chair (Dean 1984/85, 1996-1998, 2007-2008); Commissioner for Studium Generale; guest professorships in Fribourg, Switzerland (Moral Theology 1986), Zürich (Theological Ethics 1993) and Nijmegen (Philosophy 1995). 1994-2000 Appointed German member of the interdisciplinary group of advisors (9-12 members) of the European Commission, Brussels: "Ethics in the Sciences and the New Technologies" (European Group on Ethics, EGE). 2000-2003 Seconded German member of the Council of Europe Working Group of the "Bioethics" Steering Committee for the Protocol on Embryo Protection of the "Human Eights Conventions on Biomedicine".
2003-2005 Member of the Inquiry Commission "Ethik und Recht der modernen Medizin" of the German Bundestag. Since 2005, member and chair of the Science Advisory Board of the Catholic Theological Faculty of Vienna University.

Doris Pack MEP

EPP group, Chairwoman of the Committee on Culture and Education at the European Parliament

Doris Pack was born on 18 March 1942 in Schiffweiler/Saar. She has been MEP since July 1989 and member of the Group of the European People's Party (Christian Democrats).

She graduated university in 1965 and taught in primary schools between 1965 and 1974. From 1983 until 1985 she worked at the Saarland Ministry of Education. Doris Pack is member of the CDU and the Konrad-Adenauer-Stiftung. Moreover, she was President of 'Women in the EPP'. In addition, she became Executive Member of the European People's Party (EPP). From 1967 to 1974, she was member of Bübingen council and from 1974 to 1976, she was member of the Bundestag, and again from 1985 to 1989. She was a member of the Parliamentary Assembly of the Council of Europe and of the WEU Assembly (1981-1983 and 1985-1989). Moreover, she was chair of the Franco-German Foundation for Cultural Cooperation. She was President at the European Children's Book Fair Association and the Saar Adult Education Association. In addition to this, she was President of the European Movement on the Saar, the board of Otzenhausen European Academy and the German Association of the European Foundation for Cultural Cooperation in Europe. Also, she is a member of the ZDF Television Council. Doris Pack is member of the Conference of Committee Chairs and the Delegation for relations with Albania, Bosnia and Herzegovina, Serbia, Montenegro and Kosovo.

Manfred Palmen MdL [Member of the Land Parliament]

Lawyer, retired council chief executive, retired Parliamentary State Secretary

Born in Kaarst on 11 March 1945; one son. University entrance qualifications in 1966. 2-years voluntary military service in the 261 Paratroopers Batallion in Lebach/Saar; major in the reserves. Studied law at Bonn University. 1. State exams in law 1972, 2nd state exams in law 1975. From 1 April 1976 to 30 April 1990 with Düsseldorf local government, most recently as Senior Director Water & Waste. 1977 to 1978 one year in the NRW Ministry of the Interior. From 1 May 1990 to 30 September 1999 Council Chief Executive of Kleve. Since 1 October 1999 lawyer, licensed at the Local and Regional Courts of Kleve. Member of the CDU since 1982. Member of the Kleve Municipal CDU Association since 1999,

member of the Kleve District CDU Association since 2000. Member of the Presidium of the North Rhine-Westphalian Federation of Municipalities and Local Authorities from 1993 to August 2005. From 2002 to August 2005 on the board of the NRW Council of Districts. June 2005 to July 2010 Parliamentary State Secretary for Administrative Structure and Sport, NRW Ministry of the Interior. Member of the CDA since August 2005. Member of the North Rhine-Westphalia Land Parliament since 2 June 2000.

Professor Dr Wilhelm Schänzer
Head of the Institute for Biochemistry at the German Sport University Cologne

Professor Wilhelm Schänzer was born in Spellen am Rhein in 1951. In 1973, he completed his sports studies at the German Sport University Cologne (DSHS). He went on to read chemistry at the University of Cologne. In 1979 he received his Diploma in Sports Science and passed both his state chemistry exam and his secondary-school teacher training. After graduating in 1980, he worked as a research associate at the Institute for Biochemistry at the DSHS. In 1984, Professor Schänzer, under the supervision of Professor Manfred Donike, gained his PhD with a thesis entitled "Investigations in the determination and metabolism of doping substances and steroid hormones, with emphasis on the use of high performance liquid chromatography". In 1986, he conducted research into anabolic-androgenic steroid hormones (metabolism of synthetic anabolic steroids in humans, identification, synthesis and gas chromatographic/mass spectrometric detection). At the DSHS, he completed his habilitation in biochemistry in 1994. Since 1996 he has had IOC laboratory accreditation and now organises the annual International Cologne Workshop on Doping Analysis (Manfred Donike Workshop). He also edits *Recent Advances in Doping Analysis*, the written proceedings of the annual workshop. Since 1997, Professor Schänzer has been Head of the Institute of Biochemistry at the DSHS Cologne, and in 2004, he was awarded laboratory accreditation by the World Anti-Doping Agency (WADA).

Andreas Schwab

Head of Nationale Anti-Doping Agentur Austria GmbH (NADA Austria)

From 1970 to 1983, Andreas Schwab was both a competitive athlete and a student of sports science and geography at the University of Salzburg. Following his studies, he became head of the Austrian sports foundation "Sporthilfe" (until 1997). He also spent nine years in charge of the ski areas Schladming-Planai and Hauser Kaibling. In addition, he served as Sports Director of the Austrian Golf Association from 2006 to 2008 and has been in charge of NADA Austria since 2008.

Dr Marco Steiner

Deputy Director of Antidoping Switzerland

Dr Marco Steiner was born in Sion (Switzerland) in 1978. He studied law at the universities of Lausanne and Ottawa from 1998 to 2003. He also completed a one-year postgraduate course in European law at the universities of Lausanne, Neuchâtel, Geneva and Freiburg. Between 2004 and 2005 he worked as a lawyer for the legal department of Providentia, a Swiss life insurance company in Nyon, and spent two years as an assistant in comparative law while studying for a PhD in sports law at the University of Lausanne. From 2007 to 2008 he was a practising lawyer for the then "Fachkommission für Dopingbekämpfung" (Expert Committee for the Fight against Doping) at Swiss Olympic. Since 2008, he has been Deputy Director and Head of the Legal Department for the independent foundation Antidoping Switzerland. In 2009 he completed his PhD with a thesis entitled "La soumission des athlètes aux sanctions sportives – Etude d´une problématique négligée par le monde juridico-sportif" (Submitting athletes to sporting sanctions - Study of an issue neglected by the legal-sporting world). Since then, Dr Steiner has been a member of the Court of Arbitration of the International Canoe Federation.

Dr. Thomas Ulmer MEP

Sports Physician, EPP Group

Dr. Thomas Ulmer was born on 25 July 1956 in Karlsruhe. He studied medicine in Heidelberg, Mannheim and Freiburg (1976-1982) and wrote his doctorate in 1982. Three years later he was qualified as a doctor and started working as a general practitioner in 1986. In 1984 he was

member of the Mosbach town council and CDU Group Chairman. That same year, he became Member of the Neckar-Odenwald District Council (until 1994). He was also engaged in sports medicine, occupational medicine and radiological protection as well as emergency medicine. His clinical practice began in Bretten, Mosbach and Hardheim (1986-1987). Dr. Ulmer has his own practice since 1986. Since 1990 he is Vice-Chairman of the Neckar-Odenwald District CDU and became the Nordbaden CDU District Executive nine years later. Since 1998 he has been Vice-Chairman of the Mosbach Volksbank e.G. supervisory board. In 2000 he was appointed health policy spokesman at the CDU Nordbaden. Five years later Dr. Ulmer became Member of the Baden-Württemberg CDU Land Executive Committee. Dr. Thomas Ulmer is Vice-Chair of the delegation for relations with Switzerland, Iceland and Norway and of the European Economic Area (EEA) Joint Parliamentary Committee.

CONTACT PERSON AT THE KONRAD-ADENAUER-STIFTUNG

Dr Werner Blumenthal
Head of the Department Educational Institutions and Centres
Head of the NRW Political Education Forum
Hauptabteilung Politische Bildung
Bildungszentrum Schloss Eichholz der
Konrad-Adenauer-Stiftung e.V.
Urfelder Str. 221
50389 Wesseling
Tel.:   +49(0)-22 36-7 07-42 15
E-Mail: werner.blumenthal@kas.de